CLÉS SPIRITUELLES
POUR UNE PLÉNITUDE DE VIE

Thérapie chrétienne au service de l'homme contemporain

DANS LA COLLECTION « THEOLOGIA » :

Suivre Jésus avec Marie, Un secret de sainteté de Grignion de Montfort à Jean-Paul II, père Étienne Richer, EdB, 2006, 328 p.

Viens Esprit Créateur, Méditations sur le Veni Creator, père Raniero Cantalamessa, EdB, 2008, 336 p.

Libres en Christ, La liberté chrétienne selon l'anthropologie de Hans Urs von Balthasar, père Tanguy Marie Pouliquen, EdB, 2008, 360 p.

Le shabbat biblique, Temps pour Dieu, repos de l'homme, respect de la Création, Sylvaine Lacout, EdB, 2009, 192 p.

La Miséricorde, Notion fondamentale de l'Évangile, Clé de la vie chrétienne, Cardinal Walter Kasper, EdB, 2015, 216 p.

Le Shabbat et la Terre, Étude de Lévitique 25 et 26, Sylvaine Lacout, EdB, 2015, 216 p.

La grâce du baptême dans l'Esprit Saint, Fondements scripturaires et théologiques, père Jean-Baptiste Alsac, EdB, 2016, 184 p.

Révision de la traduction : Marie-Noëlle Villedieu de Torcy

ISBN : 979-10-306-0078-0

Conception de la couverture : Éditions des Béatitudes
Illustration de couverture : © Rupnik – Centro Aletti – mars 2015
La descente aux enfers (détail), baptistère de Casciago, Italie

Christophe Lesniewski

CLÉS SPIRITUELLES POUR UNE PLÉNITUDE DE VIE

Thérapie chrétienne
au service de l'homme contemporain

Traduit du polonais par Colette Courtoy

EdB

AVANT-PROPOS

L'homme moderne est exposé à toutes sortes de dangers qui contribuent à marquer son existence par l'anxiété et un sentiment d'échec. Bien souvent, l'expérience ébranle son sens de la vie, surtout lorsque, suite à des relations perturbées, il perd la foi en un Dieu personnel. On remarque de plus en plus souvent, surtout dans les sociétés de consommation, le besoin d'avoir recours à des spécialistes qui parviennent à soulager les souffrances psychologiques et aident à recouvrer les forces vitales. Autant l'aide psychologique, psychothérapeutique et psychiatrique offre habituellement de bons résultats chez ceux qui se déclarent non-croyants, autant elle s'avère insuffisante chez la plupart des chrétiens. Lors d'interrogatoires en vue d'un diagnostic, les chrétiens expriment souvent le besoin de donner une vraie place à la dimension spirituelle, signifiant par-là que ce domaine a une influence significative sur leur estime de soi, leur confort psychique et leur état de santé. Cependant, beaucoup de psychologues ou psychothérapeutes ne disposent pas des outils diagnostiques et thérapeutiques nécessaires pour venir en aide à celui qui souffre. Voilà pourquoi le besoin d'une thérapie valorisant la dimension spirituelle de la personne humaine se fait sentir.

Le livre *Clés spirituelles pour une plénitude de vie, Thérapie chrétienne au service de l'homme contemporain* est susceptible d'intéresser un large cercle de lecteurs. Il sera certainement une aide pour ceux qui sont atteints de diverses maladies de nature psychique, comme par exemple la dépression ou la névrose. Ce guide a été écrit pour les personnes blessées, perdues dans la société de consommation contemporaine, qui cherchent un sens à leur vie ou sont plongées dans la peur d'un avenir proche ou lointain. L'interaction entre l'état de l'esprit humain et les pathologies psychiques ainsi que certaines maladies du corps y est exposée dans un langage clair et compréhensible.

En quoi se différencient les *Clés spirituelles pour une plénitude de vie* de tous les autres manuels de psychologie déjà disponibles sur le marché ? On trouve une différence importante dans la définition du thérapeute : qui guérit réellement dans le cadre d'une thérapie ?... D'un point de vue chrétien, il est évident que seul Jésus-Christ est par excellence le médecin et thérapeute de l'homme. Il désire guérir la personne tout entière, c'est-à-dire son esprit, son âme et son corps. Il le fait principalement à travers l'Église qui, pour ceux qui croient en Dieu, est le lieu du salut et le véritable hôpital.

Depuis de nombreux siècles, les chrétiens disposent d'outils de diagnostic concrets qui permettent d'avoir un regard sur le cœur de l'homme. Connaître la vérité sur soi-même et ses faiblesses est nécessaire pour recouvrer la liberté ou en repousser les frontières. Ce n'est que de cette façon que l'homme pourra avoir le courage d'effectuer des choix conscients et qu'il pourra prendre la responsabilité de sa vie et de celle des autres. C'est également pour cette raison que ce livre, tel un miroir, permet de diagnostiquer la maladie au niveau du corps (gourmandise, impureté, cupidité), au niveau de la psyché (colère, tristesse, acédie) et au niveau de l'esprit (vanité et orgueil). Avant de procéder à un examen approfondi de l'état spirituel de l'homme, il serait bon de se concentrer sur son cœur, qui est non seulement un organe extrêmement important du corps humain mais également, d'un point de vue chrétien, le centre spirituel de la personne humaine. Le mystère de la personne humaine est *« caché au cœur de l'homme »* (1 P 3, 4) : c'est là qu'il découvre son identité à travers sa relation à Dieu, aux saints, aux anges, aux personnes, et même aux démons. Vouloir prendre soin du cœur spirituel de l'homme est le point de départ d'une vie saine et heureuse. Dans une démarche de thérapie d'ordre spirituel, il est essentiel d'entrer dans une attitude de profonde contrition, de persévérer dans la conscience de l'imminence de la mort ainsi que dans le souvenir du Jugement Dernier. Dans l'Église d'Orient, les pasteurs encouragent à demander à Dieu le don des larmes, ce qui permettra de libérer les émotions bloquées et de se pardonner à soi-même et aux autres, miracle d'une nouvelle qualité de vie. Pour que le miracle d'une réelle transformation de la personne humaine ne cesse de s'accomplir, il faut désirer sans cesse expérimenter la présence de Dieu.

Dans la partie finale du livre, l'auteur, ayant conscience que le corps comme l'esprit a une dimension relationnelle, indique des méthodes concrètes pour s'ouvrir totalement à Dieu par le jeûne, les psaumes et la prière de Jésus. Les deux derniers chapitres, qui traitent de l'Évangile et de l'Eucharistie, unissent en une seule réalité le fondement de la foi chrétienne avec la source de la vie et le don de guérison.

Bien qu'ils aient été élaborés dans des milieux monastiques de l'Église orientale, les principaux éléments de cette thérapie présentés dans les *Clés spirituelles pour une plénitude de vie* sont une richesse dont peuvent profiter tous ceux qui désirent une vie plus saine et plus heureuse. L'efficacité de cette forme de thérapie est attestée par de nombreux témoins qui l'ont pratiquée durant des siècles. Grâce à elle, on peut acquérir ou retrouver la santé aussi bien physique, psychique que spirituelle et, qui plus est, approfondir sa relation à Dieu et aux autres.

En la Solennité de la Très Sainte Trinité
21 mai 2015

Chapitre I

ÊTRE UN CHRÉTIEN EN BONNE SANTÉ ! COMMENT ?

Toutes les questions relatives à la santé, à la beauté – comment acquérir une forme physique éblouissante, comment vivre sans souci ni maladie jusqu'à un âge avancé – sont aujourd'hui largement abordées dans la plupart des médias. On a l'impression qu'on en parle partout. Il n'est pas exagéré de dire que le slogan : « être en bonne santé, beau, riche et éternellement jeune » est devenu la raison de vivre d'une grande partie de l'humanité. Ce n'est cependant pas un hasard si les gens veulent être beaux et en bonne santé. Et ce désir ne provient pas seulement d'ingénieuses stratégies publicitaires. Car il correspond aux besoins inhérents à l'homme. Bien que les annonces publicitaires se concentrent habituellement sur les besoins les plus élémentaires, certaines cependant se réfèrent aux besoins spirituels, afin de les transposer habilement au plan matériel. Et c'est justement cette publicité qui est la plus efficace, car en transposant les plus grands désirs spirituels, pour atteindre ses propres objectifs, elle se réfère sans scrupule à ce que les gens désirent le plus, consciemment ou inconsciemment : être heureux, s'accomplir, trouver un sens à sa vie, c'est-à-dire ce qui équivaut pour eux à une haute qualité de vie.

Bien que cette qualité de vie attendue et souhaitée dépende de plusieurs facteurs (pas seulement pour la publicité), le plus important est certainement la santé. « La santé, c'est l'essentiel... », dit la sagesse populaire. Et effectivement, le souci de la santé – considérée comme la condition *sine qua non* du bonheur et d'une meilleure qualité de vie – est aujourd'hui primordial pour un bon nombre de personnes. Mais qu'est-ce que la santé ? Quelle santé recherche-t-on en fait ? Harcelés par des appels venant de tous côtés à prendre soin de notre santé, savons-nous vraiment ce que c'est ? Nos contemporains comprennent-ils vraiment ce que sont la santé, la beauté et la jeunesse ? Sous l'influence des médias, prônant un mode de vie sain pour prolonger à tout prix la jeunesse, ne considérons-nous pas la santé comme la conservation d'une condition idéale de la vie biologique, tout en négligeant d'autres dimensions de l'être humain ? L'homme moderne n'aurait-il besoin que de cette santé-là ?

Cela vaut la peine d'analyser exactement ne serait-ce que quelques aspects relatifs à la santé, afin de mieux comprendre ce que les gens mettent derrière ce mot. La définition que l'on en donne servira en effet à mieux saisir la conscience que l'homme contemporain a de lui-même. Autrement dit : sans approfondir le sujet de « la santé » nous ne sommes pas en état de comprendre l'homme. Alors, qu'est-ce donc que la santé ?

La santé présente de multiples facettes et en fonction de l'aspect que nous privilégierons, nous en obtiendrons une définition différente. Selon une définition toujours d'actualité, qui a été adoptée par l'Organisation Mondiale de la Santé en 1948, la santé « est un état de complet bien-être physique, mental et social, et ne consiste pas seulement en une absence de maladie ou d'infirmité ». Cette définition est digne d'attention, car elle précise sans ambiguïté que la santé n'est pas seulement une absence de maladie, mais plutôt une sorte de bien-être intégral – bien-être lié à quelque chose de plus que la santé mentale, car il concerne également l'état du cœur de l'homme et ses relations sociales. La santé est alors le contraire de l'état de maladie et exige un mode de vie approprié (qualité de la nourriture, exercice physique, repos, etc.) ainsi que la capacité à contrôler ses pensées et ses émotions. Dans cette définition, on peut remarquer que la santé est associée à la vie intérieure et sociale de l'homme ainsi qu'à son souci de se maintenir en bonne condition physique.

Cette définition de la santé ainsi formulée a sans aucun doute contribué à changer lentement, mais sûrement, la manière de prendre soin de sa santé, voire même le fonctionnement de la médecine. Quoique les adaptations soient différentes selon les pays, la manière de traiter le patient a complètement changé. On s'écarte du modèle socio-médical, dans lequel le médecin est avant tout un ingénieur s'occupant de la machine de l'organisme humain pour s'orienter vers un modèle socio-écologique, dans lequel le médecin doit non seulement connaître le corps humain et les différents traitements, mais aussi être suffisamment psychologue pour comprendre ce qu'il doit faire avec la personne souffrante concrète qu'il a en face de lui et qui a sa propre personnalité. Cette ligne d'évolution montre que la médecine cesse d'être une science se limitant à traiter le corps humain, coupant ainsi avec ses racines issues des hypothèses du positivisme du XIXe siècle où l'on séparait la physique de la métaphysique. Le modèle médical contemporain adopté par l'Organisation Mondiale de la Santé, de plus en plus courant dans de nombreux centres médicaux du monde entier, accentue le traitement subjectif du patient. Le patient cesse d'être une machine endommagée, sans âme.

Dans ce contexte, la maladie elle aussi se comprend différemment. C'est elle qui provoque habituellement la souffrance que l'homme éprouve au plan physique, mental et spirituel. La souffrance fait prendre conscience de la fragilité de la nature humaine et rappelle que la santé et la vie biologique sont quelque chose de limité dans le temps, en raison de l'imminence de la mort. Les thèmes relatifs à la maladie, à la souffrance et à la douleur, se frayent difficilement un passage, car dans ce monde contemporain, laïcisé, on traite souvent la vie biologique comme l'unique forme de vie possible pour l'homme, et la santé mentale comme le bien-être, perçu presqu'exclusivement en catégories matérialistes. On tente à tout prix d'éliminer la douleur et d'éviter toute forme de souffrance. La mort biologique est considérée par beaucoup comme la fin absolue de l'existence humaine. Pour ces raisons, de nombreuses personnes aujourd'hui attendent de la médecine leur salut, qui est habituellement perçu comme la conservation de l'état de santé et le prolongement de la durée de vie. Dans cette situation, le médecin devient « le nouveau prêtre de l'époque et le roi qui possède le pouvoir de vie et de mort sur les personnes, ainsi que le prophète du sort ultime de l'homme » – comme l'a justement fait remarquer le théologien français Jean-Claude Larchet. La position de l'homme contemporain par rapport à la maladie, à la souffrance, à la mort et au rôle du médecin, trouve ses fondements dans de plus larges hypothèses anthropologiques ainsi que dans l'espoir qu'a l'humanité de surmonter toute maladie et d'avoir une vie longue, heureuse et sans aucune souffrance. Cependant, on ne peut séparer le corps de l'âme ni de la dimension spirituelle qui est pour l'homme plus fondamentale que la dimension biologique. Évidemment, le corps est très important car non seulement il exprime la personne et, jusque dans une certaine mesure, il est la personne, mais malgré tout la personne en tant que telle dépasse infiniment les frontières de son corps. Le rejet de la dimension spirituelle de l'homme dans des thérapies qui se bornent à traiter les niveaux biologique et psychologique conduit à la réification de la créature de Dieu qui, indéniablement, porte en elle, dans son essence même, l'empreinte de Dieu.

Les tendances humanisantes qui se font jour dans la médecine mondiale conventionnelle sont une réponse à l'appel universel à changer de modèle thérapeutique et à adopter des thérapies qui soient plus favorables à l'homme, composant avec son caractère multidimensionnel. Cependant, cette « humanisation » du modèle thérapeutique proposé par la médecine conventionnelle est-elle suffisante ? Respecte-t-elle pleinement l'intégrité et les multiples aspects de l'être humain ? On pourrait citer de nombreux arguments « pour » et « contre » le bien-fondé de l'orientation actuelle dans le développement de la médecine contemporaine. Une chose semble cependant certaine. Si cette orientation était vraiment bonne, prenant en considération toutes les dimensions de l'homme, assisterions-nous à un tel retour vers la médecine non-conventionnelle, comme par exemple la médecine chinoise ou asiatique, vers divers systèmes thérapeutiques ou encore vers des écoles de spiritualité de diverses origines ? Que chercheraient de plus nos contemporains s'ils avaient déjà à leur disposition une médecine considérée comme un modèle socio-écologique – comme on l'a déjà mentionné – c'est-à-dire une médecine « humanisée » ?

La médecine contemporaine ne dispose pas de remèdes garantissant la guérison de l'homme dans son intégralité, c'est-à-dire dans toutes ses dimensions. Aucun médicament ne guérira la sphère spirituelle de l'homme. La conscience des limites de la médecine traditionnelle, et peut-être l'intuition que les thérapies se bornant à traiter le plan physique ou psychosomatique ne sont ni suffisantes, ni efficaces, conduisent l'homme à avoir recours à des maîtres spirituels ou des « voyants ».

Qu'y a-t-il d'attrayant et de séduisant dans les grands systèmes médicaux chinois, indiens, africains ou grecs qui existent depuis des siècles ? Ce n'est pas le lieu d'en faire ici une analyse exhaustive, mais il semble que leur caractéristique commune est le traitement holistique de la personne humaine ainsi que le lien entre la thérapie et la foi : foi magique ou foi découlant de la religion professée. Cela vaut la peine de noter que plusieurs siècles avant notre ère, dans la médecine traditionnelle chinoise, on considérait le corps humain comme un système de parties interdépendantes, qui jouissaient d'un équilibre naturel. La maladie était comprise comme un dysfonctionnement de cet équilibre, qui pouvait être perturbé par de nombreux facteurs, en raison par exemple d'une alimentation inadéquate, d'un manque d'exercice et de sommeil ou de relations sociales déréglées. La tâche du médecin consistait surtout à prévenir, c'est-à-dire à empêcher l'émergence et le développement de la maladie.

À l'époque de la Grèce antique, dont l'exemple le plus parlant est Hippocrate (460-377 av. J-C), le médecin était non seulement un spécialiste des maladies et des moyens de les traiter, mais il était également un sage et un philosophe qui ne s'occupait pas seulement du corps mais également de l'âme. Cet ancien proverbe l'exprime bien : « Lorsque l'âme est malade, le corps ne se porte pas bien ». Dans l'antiquité, la manière de vivre lorsqu'on était en bonne santé et de se soigner lorsqu'on était malade était l'étalon de son niveau de culture. La beauté et la vertu formaient un tout, l'exercice physique était lié à la musique, à la danse et à la poésie, ce qui servait autant le corps que l'âme. Dans le traitement médical, c'était la diète qui avait la première place, venaient ensuite les médicaments, puis la chirurgie en dernier lieu. Cette hiérarchie indique clairement que le plus important était la prévention, c'est-à-dire le maintien de l'état de santé.

Toutes les grandes religions du monde ont leur propre compréhension de l'homme, et donc aussi de la santé et de la maladie. Dans notre culture, c'est le christianisme qui a joué et joue encore aujourd'hui un rôle prépondérant.

Dans le christianisme, la manière de concevoir la santé et la maladie est conditionnée par l'herméneutique des textes bibliques ainsi que par la tradition spirituelle de l'Église. En étudiant de près l'enseignement de l'Église, il est possible d'affirmer que, dès les premiers siècles du christianisme, la santé de l'être humain dépend des trois éléments qui le composent : le corps, l'âme et l'esprit. Dans cette conception, être en bonne santé ne signifie pas seulement être beau et en bonne forme physique, mais aussi avoir une bonne santé psychique et spirituelle.

Le christianisme est sans aucun doute une religion qui apporte la guérison. Cette vérité générale se base sur des idées qui trouvent leur justification tant dans la personne et l'enseignement de Jésus-Christ – comme le montre l'Évangile – que dans toute la grande tradition patristique, liturgique et ascétique de l'Église. Le Verbe éternel de Dieu s'est fait Homme pour sauver celui-ci. La vérité concernant l'Incarnation et ses conséquences pour l'humanité déchue, pécheresse et malade dépasse les frontières de notre compréhension. La venue du Messie Jésus-Christ dans le monde plongé dans l'obscurité a apporté la lumière qui éclaire le cœur de tout être humain. Durant sa vie terrestre, Dieu fait Homme n'a pas seulement annoncé la Bonne Nouvelle du salut, mais il a lui-même guéri des maladies spirituelles, mentales et physiques. Jésus est le Sauveur (gr. *Soter*) (cf. Lc 2, 11 ; Ac 5, 31 ; 13, 23 ; Ph 3, 20 ; Ep 5, 23 ; 1 Jn 4, 14), qui non seulement sauve (gr. *sozo*) d'un danger menaçant (cf. Mt 8, 25 ;

14, 30), mais aussi guérit les malades (cf. Ac 4, 9 ; Jc 5, 15). Le terme *sozo* apparaît seize fois dans les récits évangéliques de guérisons opérées par Jésus. Il y est souvent dit que c'est la foi avec laquelle on demande la guérison qui guérit. Le salut ne se limite donc pas à la sphère physique de l'homme, mais touche également sa dimension spirituelle (cf. Lc 7, 50 ; Mt 8, 25). Il ressort de l'Évangile selon saint Luc que le fait d'être sauvé équivaut à entrer dans le Royaume de Dieu (cf. Mc 10, 25-26 ; Lc 13, 20-24). Parlant de lui-même, Jésus dit : *« Le Fils de l'homme est venu chercher et sauver* (gr. *sosai*) *ce qui était perdu »* (Luc 19, 10). Le salut *(soteria)* s'accomplit donc à la fois dans le présent et dans l'avenir puisqu'il est l'entrée dans le Royaume de Dieu. Jésus est le médecin (gr. *iatros*) des personnes (cf. Lc 4, 23). Il a dit lui-même :

> *« Ce ne sont pas les gens bien portants qui ont besoin du médecin, mais les malades. Je ne suis pas venu appeler les justes, mais les pécheurs. »* (Mc 2, 17)

Les guérisons de Jésus sont exceptionnelles, car il utilise parfois la guérison comme un premier pas vers la purification des péchés, ou bien il pardonne d'abord (cf. Mt 9, 2.) et ensuite seulement guérit. Les miracles de guérisons sont des signes (cf. Jn 2, 11. 23 ; 4, 48) et des annonces qui donnent un avant-goût de la victoire finale sur le royaume de Satan. Ce contexte messianique et eschatologique donne aux guérisons de Jésus une signification particulière à l'histoire du salut, en raison de Sa personne et de Sa mission exceptionnelles. La guérison est directement liée à l'expulsion des mauvais esprits, qui sont à l'origine de nombreuses maladies humaines. C'est pourquoi Jésus donne à ses disciples le pouvoir de chasser les démons (cf. Mc 3, 15). La guérison au nom de Jésus est autant physique que spirituelle. En témoigne cet ordre du Sauveur :

> *« Chemin faisant, proclamez que le Royaume des Cieux est tout proche. Guérissez les malades, ressuscitez les morts, purifiez les lépreux, expulsez les démons ! »* (Mt 10, 7-8.)

La mise en pratique de l'exhortation du Christ à chasser les démons et à guérir, très vivante aux temps apostoliques, a trouvé son prolongement aux siècles suivants dans la vie des saints, tant en Orient qu'en Occident. Ce précepte a été suivi de manière particulière dans les milieux monastiques de la tradition orientale. En effet on pensait qu'il ne s'agissait pas seulement d'un appel à faire des guérisons miraculeuses au nom de Jésus, mais plutôt à entrer dans un processus de guérison spirituelle que Dieu accomplissait à travers son Église. En pratique, cela signifiait lutter contre les mauvais esprits qui sont à l'origine de diverses maladies et libérer la personne de la convoitise, qui paralyse la vie spirituelle, affecte la psyché humaine au sens large et se manifeste également dans les troubles physiologiques. Cette vulnérabilité à la convoitise trouve ses racines dans le péché et dans la chute de nos premiers parents. Ses conséquences ont tragiquement marqué la nature humaine et les différentes facultés de l'homme ainsi que sa conception de l'existence.

Par l'offrande de sa Vie dans le Mystère Pascal, Jésus-Christ a donné une vie nouvelle, a apporté la guérison et le salut ; cependant l'homme ne peut recevoir ces grâces que s'il s'ouvre et désire avoir part au don de Dieu. Le baptême nous permet d'expérimenter la présence du Christ Médecin, qui guérit également par les sacrements de la confirmation, de l'Eucharistie, de la réconciliation ou de l'onction des malades. Il suffit que l'homme déchu, pécheur et malade désire de tout son cœur collaborer avec son Médecin. La guérison n'est pas possible pour ceux qui n'en ressentent pas le besoin ou qui refusent de collaborer activement à la grâce guérissante de Dieu.

D'un point de vue chrétien, l'Église – Corps du Christ et communauté des croyants dans le Saint-Esprit – est également un hôpital, c'est-à-dire le lieu où s'accomplissent le traitement et la guérison de l'homme. Saint Jean Chrysostome était proche de cette compréhension de l'Église, comme en témoigne son interprétation de la parabole du Bon Samaritain (cf. Lc 10, 30-35). Car, de même que le Samaritain a soigné les plaies de l'homme meurtri et blessé, l'a emmené à l'auberge et a pris soin de lui jusqu'au moment de sa guérison, de même le Christ prend soin de l'homme blessé, l'emmène à l'auberge, c'est-à-dire à l'Église-hôpital, et prend soin de lui jusqu'à sa guérison complète. Citant le Psaume 38 au verset 6 : « *Mes plaies sont puanteur et pourriture : à cause de ma folie* », saint Jean Chrysostome explique que les blessures sont provoquées par le péché, et le Samaritain est une figure du Christ qui vient sur terre pour soigner l'homme blessé. Le Sauveur le conduit à l'auberge, c'est-à-dire à l'Église, et le confie à l'hôtelier – à saint Paul, et par saint Paul, aux prêtres, enseignants et serviteurs de l'Église, afin qu'ils s'occupent du malade et déposent des baumes sur ses blessures : les paroles prophétiques et l'enseignement de l'Évangile – la Parole de Dieu dans l'Ancien et le Nouveau Testament – ainsi que les sacrements et enseignements spirituels. L'Église du Christ est donc un hôpital où sont soignés ceux qui sont tombés malades à cause du péché et le rôle des évêques et des prêtres consiste à soigner le Peuple de Dieu.

La guérison de l'homme ne s'étend pas uniquement au niveau biologique ou psychique. Cette conception, largement répandue surtout dans les premiers siècles de la chrétienté et confirmée par de nombreux miracles accomplis au nom de Jésus-Christ, est toujours actuelle dans l'Église. Le thème de la guérison se trouve non seulement dans la Bible, mais aussi dans l'enseignement des Pères de l'Église et des mystiques. Saint Ephrem le Syrien concevait l'histoire du salut comme un long processus de traitement et de guérison qui a commencé dans l'Ancien Testament et se poursuit dans l'Église (notamment à travers le Baptême, l'Eucharistie, la foi par l'écoute de la Parole de Dieu, la prière, le jeûne, le repentir et la pénitence).

Vivante durant des siècles, la conscience du rôle guérissant de l'Église a favorisé la formation d'écoles de spiritualité où se sont développés différents moyens pour soigner l'homme, entre autres par des pratiques ascétiques. Dans l'Église occidentale on peut nommer les qualités thérapeutiques exceptionnelles des spiritualités franciscaine, bénédictine et ignacienne.

De même, dans l'Église orientale, la sensibilité théologique et pastorale, se référant au Christ comme Médecin, a fait naître une méthode concrète de guérison de l'homme. Le caractère exceptionnel de cette méthode consiste principalement dans le fait que le processus de guérison s'accomplit dans une collaboration active entre la grâce de Dieu et la volonté de l'homme. Une telle approche se base sur la conception que toute thérapie doit être centrée à la fois sur Dieu et sur l'homme et pas seulement sur l'homme comme dans les méthodes psychiatriques habituelles. D'ailleurs le christianisme oriental a été comparé à la psychiatrie, ce qui, selon le Métropolite grec orthodoxe Nafpatkos Hierotheos est très adéquat, parce que « l'Église est l'auberge et l'hôpital dans lequel chaque personne malade ou stressée peut être guérie » par le Christ-Médecin.

Le christianisme oriental ne possède pas de formes variées de spiritualité tout en étant dans son essence une réalité très complexe. Comme en Occident, la spiritualité s'est essentiellement développée dans les milieux monastiques, avec cette différence qu'en Orient il n'existe qu'un seul courant de spiritualité, l'hésychasme (gr. *Hesychia* – être en paix), qui s'identifie avec la tradition philocalique (gr. *Filokalia* – amour de la beauté). Les origines de la spiritualité de l'Orient chrétien sont à chercher dans le désert d'Égypte ainsi que dans d'autres lieux qui sont les berceaux de la vie érémitique et cénobitique. On peut distinguer quatre grandes périodes, liées au rôle dominant d'importants centres monastiques. La première période est l'époque des Pères du Désert avec la croissance de la vie monastique dans le désert d'Égypte ; la deuxième période, appelée la tradition du Sinaï, se situe à l'époque des grandes autorités spirituelles qui étaient en relation avec le Monastère Sainte Catherine dans le Sinaï ; la troisième période est celle des Studites de Constantinople et la quatrième est l'époque de l'épanouissement de la vie monastique au Mont Athos, habituellement appelée école de spiritualité athonite. Dans le passé, chacun de ces centres monastiques a considérablement contribué au développement de la spiritualité chrétienne. Il est également vrai que la spiritualité de l'Orient chrétien ne se limite pas à ces quatre centres historiques, car son développement s'est aussi poursuivi dans d'autres endroits. Sa faculté à s'adapter aux conditions locales se confirme par le fait que, dans les pays slaves, elle a choisi une forme adaptée à la mentalité des peuples qui y habitaient. La spiritualité de l'Orient chrétien s'est répandue durant des siècles, et se répand encore aujourd'hui au-delà des milieux monastiques. Ceci s'apparente au fait que la spiritualité est par essence une réalité complexe, car elle touche à la vie de personnes qui « entrent dans un milieu social, déterminé culturel et historique, et réagissent librement aux diverses influences du monde ou de la grâce de Dieu toujours présente dans l'Église et dans la conscience de chaque homme », comme l'a écrit Ch. A. Bernard[1].

La spiritualité hésychaste dans l'Orient chrétien est profondément liée à la vie liturgique, et parallèlement, dès les premiers siècles, elle a favorisé le développement des conditions nécessaires à une thérapie efficace pour l'homme. Parmi tous les remèdes préconisés, une valeur particulière est accordée à la lutte contre les pensées et les idées venant de l'imagination, au repentir sincère et à la conversion, autrement dit, chacun est appelé à un profond changement du cœur par la prière continuelle et la vigilance du cœur et invité à réfléchir à la mort et au Jugement Dernier, à faire mémoire de Dieu et à trouver la paix intérieure. Cependant, la guérison spirituelle de l'homme est finalement un don de Dieu, et tous les moyens mis à notre disposition par l'Église ne sont qu'une aide permettant de s'ouvrir toujours plus à Sa présence salvatrice.

Depuis ces dernières décennies, on remarque parmi les catholiques et les protestants, un accroissement de l'intérêt pour la spiritualité orthodoxe. Ne s'agit-il là que d'une mode passagère, ou bien d'un réel besoin du cœur ? Est-ce le résultat d'une recherche consciente des racines communes de la grande tradition de l'Église, ou le sentiment d'une insuffisance dans sa

1. Ch. A. Bernard, *Traité de théologie spirituelle*, Cerf, 1986.

propre tradition ecclésiale qui ne permet pas d'assouvir sa faim spirituelle ? Ou peut-être ce genre de spiritualité est-il considéré comme un antidote à la menace provenant des sectes d'Extrême-Orient, qui proposent une guérison rapide et efficace et des expériences mystiques accessibles par des pratiques de méditation ?

On pourrait multiplier les questions de ce genre. Elles dénotent que la recherche de nouvelles inspirations dans la tradition philocalique de l'Orient est un sujet actuel et important. C'est un signe des temps, sur lequel le Pape Jean-Paul II a attiré l'attention, encourageant les chrétiens durant plusieurs décennies à « respirer avec les deux poumons : Orient et Occident » afin de puiser la sève vitale à une source unique, que le Christ a confiée à l'Église tout entière. Au paragraphe 12 de la *Lettre apostolique à l'occasion de millénaire du Baptême de la Rus' de Kiev*, du 25 janvier 1988, intitulée *Euntes in mundum universum*, le Pape dit :

> « L'Europe est chrétienne dans ses racines. Les deux formes de la grande tradition de l'Église – occidentale et orientale – ces deux formes de culture, se complètent mutuellement comme les deux 'poumons' d'un même organisme. Tel est le témoignage du passé. L'héritage des peuples qui vivent sur notre continent. On pourrait dire que les deux courants, l'oriental et l'occidental, sont devenus simultanément les premières grandes formes d'inculturation de la foi, au sein desquelles la plénitude une et indivise, confiée par le Christ à l'Église, a trouvé son expression historique. Dans les diverses cultures des nations européennes, que ce soit en Orient ou en Occident, dans leur musique, leur littérature, leurs arts figuratifs et leur architecture, comme dans leurs systèmes de pensée, coule une sève commune puisée à une source unique. »

Le postulat de « respirer avec ses deux poumons : Orient et Occident », découlait de la conviction de Jean-Paul II, qu'il existe une « grande tradition de l'Église », qui possède des formes différentes, cachant en elles « de grandes richesses de louange ». Cette « grande tradition de l'Église » appartient tant à l'Orient qu'à l'Occident. Une respiration consciente « avec ses deux poumons » peut renforcer l'identité chrétienne et être un soutien efficace « pour faire progresser le dialogue entre l'Église catholique et les autres Églises ou Communautés ecclésiales d'Occident. L'Église en marche pourrait également, grâce à cela, chanter et vivre de manière plus parfaite son *Magnificat* ». C'est ce qu'écrivait le Pape dans son encyclique *Redemptoris Mater*. Par ailleurs, lors de l'Angélus du 3 novembre 1996, Jean-Paul II a qualifié la prière de Jésus de « grand trésor » estimé non seulement par les chrétiens d'Orient, mais également populaire parmi les chrétiens d'Occident, prière qui permet à l'homme d'expérimenter plus facilement la présence de Dieu en toutes circonstances et son amour transformant :

> « La prière de l'Orient, comme celle de l'Occident connaît, outre la liturgie, de nombreuses autres formes d'expression. Les auteurs spirituels recommandent avec une prédilection particulière la "prière du cœur", qui consiste à écouter – dans un silence profond et recueilli – la voix de l'Esprit. Celle qu'on appelle la "prière de Jésus" est grandement appréciée, vulgarisée également en Occident grâce à l'œuvre d'un auteur russe connue sous le nom de *Récits d'un pèlerin russe.* Elle se prie ainsi : "Seigneur Jésus-Christ, Fils de Dieu, aie pitié de moi, pécheur". Cette forte invocation, exprimée avec ces paroles ou d'autres semblables, et répétée fréquemment, devient comme le souffle de l'âme. Elle permet à l'homme de percevoir la présence de Dieu dans tout ce qui l'entoure, et de se sentir aimé par Dieu en dépit de ses faiblesses. Quoiqu'elle soit récitée dans l'âme, elle rayonne mystérieusement sur la communauté. Selon les Pères, cette "petite prière" est un grand trésor et unit tous ceux qui prient devant le visage du Christ... »

C'est un fait que de plus en plus d'articles, de livres et de sites Internet, dans différents pays du monde, parlent de la prière de Jésus, ce qui montre bien que la spiritualité chrétienne d'Orient jouit d'un regain d'intérêt dans différents milieux – tant orthodoxes que catholiques et même protestants.

À l'époque où des sectes proposent toutes sortes de techniques de méditation qui promettent une expérience spirituelle, l'apaisement des sens ou l'auto-transcendance, ainsi qu'une meilleure qualité de vie, une thérapie de l'homme, développée dans le christianisme oriental, peut être une alternative suffisamment forte.

Comme cela a déjà été mentionné, la spiritualité de l'Église d'Orient a acquis depuis quelque temps une dimension œcuménique. Elle a été découverte par d'autres chrétiens comme une valeur enrichissante. L'intérêt et même la fascination que les chrétiens d'Occident, catholiques et protestants, éprouvent pour la spiritualité du christianisme oriental permettent de prendre conscience des racines spirituelles communes et incitent à approfondir la tradition spirituelle de sa propre religion. Dans ce sens, la métaphore des « deux poumons » à laquelle s'est souvent référé Jean-Paul II, trouve son incarnation pratique dans la spiritualité du christianisme oriental. Il arrive souvent qu'un catholique qui commence à respirer avec son « poumon d'Orient », puisant une force spirituelle dans la prière de Jésus, soit également incité à intensifier la respiration de son « poumon d'Occident » ; cela l'amènera par exemple à pratiquer la liturgie catholique romaine des heures ou à réciter le chapelet. Saisir un « souffle spirituel plus profond » grâce à la prière de Jésus peut également aider à poser un regard différent sur l'Église orthodoxe et à réaliser que nous appartenons tous à la même famille chrétienne. Tout comme l'icône est devenue quelque chose de tout à fait normal dans les églises catholiques, même si elle provient de l'Orient chrétien, de même elle est de plus en plus présente dans les milieux protestants ; ainsi le climat spirituel de la prière de Jésus peut revitaliser la piété des chrétiens d'Occident. Enrichis par le « grand trésor » du christianisme oriental, ils pourront ainsi approfondir leur propre identité religieuse.

Comme on le voit, la spiritualité du christianisme oriental dépasse l'Église orthodoxe et est considérée par les chrétiens d'Orient et d'Occident comme un bien commun – qui n'a rien perdu de son actualité. De plus, cet héritage commence à fonctionner comme une méthode thérapeutique, découverte et utilisée avec succès par des thérapeutes classiques. Une telle renaissance de cette thérapie chrétienne éveille l'étonnement et la curiosité.

Dieu attend toujours et est toujours prêt à coopérer avec l'homme. Mais l'homme ne sait pas toujours comment se rapprocher de Lui. La thérapie chrétienne peut constituer un instrument concret, tant dans le processus pour atteindre et maintenir la santé, que pour expérimenter la proximité d'un Dieu aimant. Ce livre permettra ainsi de mieux connaître ce moyen et de l'utiliser pour résoudre ses propres problèmes spirituels et pour aider les autres.

La base de la thérapie spirituelle du christianisme oriental est la *Filokalia*, qui est une forme particulière dans la littérature théologique de l'Orient chrétien. Les sources philocaliques sont principalement des écrits ascétiques dont le but est d'instruire. Ces recueils d'enseignements, qui ont leurs racines aussi bien dans la Parole de Dieu, dans l'enseignement des saints et des Pères de l'Église, que dans l'expérience des ermites et des moines vivant en communauté, ont été écrits dans des formes littéraires différentes. On peut y trouver des sentences brèves, de longues méditations, des discours et des traités, le tout constituant la richesse du patrimoine spirituel de l'Orient chrétien. Quelle est donc cette spiritualité et en quoi consiste-t-elle ? I. Hausherr apporte la réponse à ces questions :

> « La spiritualité orientale, comme toute la spiritualité chrétienne, a des objectifs très ambitieux – la joie de la résurrection, la déification. Bien qu'elle vise si haut, elle avertit les fidèles de ne pas se tromper eux-mêmes en pensant qu'ils ont déjà obtenu tout ce à quoi ils pensaient ou ce qu'ils écrivaient. Car ce qui

est devant eux n'est pas une spéculation à comprendre, mais une vie à vivre toujours plus intensément. »

La thérapie chrétienne n'est donc pas une sorte de gnose réservée à un cercle restreint d'initiés, comme dans une secte, mais c'est une spiritualité ouverte, une spiritualité de rencontre avec Jésus-Christ, Dieu-fait-homme, une spiritualité orientée vers l'expérience de la présence du Saint-Esprit. Elle ne consiste pas seulement en pratiques extérieures de prière. Malgré de nombreuses exhortations et interdictions, elle n'est pas moraliste car, en pratique, l'enseignement des saints ascètes a pour seul but de susciter et d'orienter la conscience de l'homme vers la présence aimante de Dieu. C'est à cela que doivent servir les conseils prodigués, comme par exemple la vigilance, l'attention, le réalisme spirituel, l'apaisement intérieur ou le souvenir continuel de Dieu. Dans la spiritualité de l'Orient chrétien, il est extrêmement important de prendre en compte les conséquences de l'Incarnation de la Deuxième Personne de la Sainte Trinité pour la nature humaine, et pas seulement au niveau ontologique – le renouvellement en l'homme de l'image de Dieu – mais également au niveau physiologique. Qu'est-ce que cela signifie dans la pratique ? Avant tout, que la prière continuelle liée à la respiration influe sur l'expérience que nous faisons de Dieu, dont le couronnement peut être la déification (gr. *Theosis*). C'est un fait que les Pères de l'Église d'Orient prêchent souvent sur le thème de l'Incarnation : Dieu a pris la nature humaine, et même un corps de péché, pour permettre à l'homme de devenir semblable à Lui. Ce sujet a trouvé son expression concrète dans une thérapie chrétienne de l'homme.

Les œuvres philocaliques sont à la fois théologiques et ascétiques, ce qui est typique de la spiritualité de l'Orient chrétien. Elles se sont formées progressivement à partir du milieu du IVe siècle jusqu'au milieu du XIVe siècle, et donc à partir de l'époque des Pères du désert, jusqu'à celle de Saint Grégoire Palamas, et cela continue. L'anthologie philocalique la plus connue, *La Philocalie des Pères Neptiques*, se compose de plusieurs dizaines d'œuvres d'auteurs différents, en commençant par Saint Isaïe l'Ermite (env. 370-491) et Évagre le Pontique (env. 345-399) et se terminant par saint Antoine le Grand (251-356) et saint Siméon le Nouveau Théologien (949-1022). La *Philocalie* a été assemblée par saint Nicodème l'Hagiorite (1749-1809) et un moine du monastère de Dionysiou du Mont Athos, devenu ensuite évêque de Corinthe – saint Macaire Notaras (1731-1805).

À qui était destinée la *Philocalie* ? Un bref coup d'œil au sommaire de cette œuvre permet déjà d'affirmer que tous les textes qui la composent ont été écrits par des moines. Cela ne signifie cependant pas que le milieu monastique devait en être son seul destinataire. La *Philocalie* était adressée à tous les chrétiens. Comme l'a justement fait remarquer le métropolite Kallistos (Ware), son but « n'est pas la mortification, mais la spiritualisation du corps ». Tout en mettant en valeur la rigueur ascétique, la *Philocalie* se caractérise par une vision profondément positive de l'amour de Dieu pour l'homme. En principe, le renoncement ascétique qui y est proposé, se fait bien sûr par la puissance de Dieu, dans le cadre de la coopération entre Dieu et l'homme. Saint Nicodème l'Hagiorite lui-même a écrit dans l'introduction de l'anthologie qu'elle est destinée à tous, autant aux laïcs qu'aux moines.

Pour bien interpréter ces textes et les choisir en fonction de sa maturité dans la vie spirituelle, il est extrêmement important d'avoir un père spirituel, qui assurera une direction spirituelle adéquate. Les éditeurs de la *Philocalie* savaient que ce chemin ne serait pas toujours facile et que certains, sans direction spirituelle appropriée, pourraient s'égarer sur cette voie à cause de leur prétention. Cela ne les a toutefois pas empêchés de publier l'anthologie. Car ils étaient convaincus qu'il faut faire confiance à Celui qui dit de Lui-même : *« Je suis le chemin et la vérité »* (Jn 14, 6) et qu'il faut aider les croyants qui sont prêts à découvrir le Royaume de Dieu en eux-mêmes, c'est-à-dire à découvrir le trésor qui se trouve dans leur cœur (cf. Mt 13, 44).

Dans le christianisme, la guérison de l'homme dans toutes ses dimensions est donc possible. Dans l'Église du Christ, l'élan naturel qui pousse l'homme vers la bonne santé est lié à la foi en la présence de Dieu et en son action guérissante et salvatrice. Grâce à une sage coopération avec le Sauveur, le chrétien peut non seulement désirer constamment son salut, mais également profiter de plus en plus d'une bonne santé de l'esprit, de l'âme et du corps.

Chapitre II

PRENDRE SOIN DU CŒUR SPIRITUEL DE L'HOMME

Dans leurs enseignements, les Pères philocaliques, plus sensibles à l'anthropologie biblique qu'aux concepts de la philosophie grecque, se soucient beaucoup de la guérison du cœur, qui est perçu comme le centre spirituel de la personne humaine. Le cœur de l'homme a une fonction particulière puisqu'il joue un rôle d'unification ; participant à la fois à la sphère spirituelle et à la sphère physique, il est en même temps le lieu d'inhabitation de Dieu. Pour contrôler ce qui se passe dans le cœur il faut prendre conscience du fait qu'il est ouvert à l'action de Dieu, mais aussi à l'influence du Mauvais, ce qui signifie qu'il est le centre autant des bonnes que des mauvaises pensées. Ces dernières mènent à la maladie, et même, dans des cas extrêmes, à la mort spirituelle.

Purifier le cœur de tous les maux est donc une condition indispensable pour transformer l'homme – par le combat spirituel, par la garde du cœur, l'attention et la vigilance, afin de ne pas laisser entrer d'images ni de pensées destructrices. Les Pères de l'Église recommandent depuis des siècles de s'efforcer de se recueillir en adoptant une attitude appropriée du corps et une manière particulière de respirer. Grâce à ce genre d'exercice, il est possible d'apaiser son cœur, en engageant toutes les dimensions de l'homme et en les ouvrant à la présence guérissante de Dieu.

1. Un cœur pensant

Le cœur, dans la compréhension biblique, est le lieu d'interaction de deux formes d'énergie qui ont une influence décisive sur la vie spirituelle de l'homme. Selon saint Grégoire le Sinaïte, ces énergies proviennent de deux sources différentes : la grâce et l'illusion. La première d'entre elles est « l'énergie de la grâce », c'est-à-dire une bonne énergie spirituelle, et la deuxième est « l'énergie du mal », c'est-à-dire l'énergie démoniaque. Ces deux formes d'énergie donnent naissance à trois sortes de ferveur : la première est provoquée par la grâce, la seconde par l'illusion ou le péché, et la troisième, « par l'excès de sang », qu'il faut comprendre comme « un tempérament fougueux ».

L'énergie de la grâce est ce feu spirituel qui, pour un certain temps, réchauffe et purifie l'âme, apaise toutes sortes de tentations et retient les instincts du corps. Elle remplit le cœur de joie et de bien-être. Les signes de la présence de cette énergie dans le cœur sont les larmes, le repentir, l'humilité, la maîtrise de soi, le silence, la patience, la modestie.

Ce sont des qualités totalement opposées qui caractérisent «la force de l'illusion», qui est un désir peccamineux. Il enflamme les pensées de l'âme qui éveillent les désirs du plaisir sensuel, ce qui conduit à un état de chaos intérieur et d'insouciance. Le but est de prendre possession de l'âme afin que celle-ci, se concentrant sur l'assouvissement des désirs concupiscents, rejette la grâce. Les mauvaises pensées qui souillent l'homme sortent du cœur – cet enseignement ne vient pas seulement de l'Évangile (cf. Mt 15, 18-19), mais était déjà présent dans l'Ancien Testament : *« Prends garde qu'il ne te vienne au cœur cette pensée indigne. »* (Dt 15, 9) Saint Grégoire Palamas enseignait que les pensées naissent dans l'intellect, puis se transformant en passion, influencent le cœur.

Saint Théodore le Grand Ascète comparait les mauvaises pensées à une vipère venimeuse. Car si l'on prend une vipère sur son sein, on risque la morsure et la mort ; de même si l'âme entretient de mauvaises pensées dans son cœur, elle court le danger d'absorber un poison virulent. C'est pourquoi il faut supprimer ces pensées de son cœur et ainsi tuer cette *« race de vipères »* (Mt 3, 7). Saint Siméon Métaphraste avertissait que sinon la vipère se ferait un nid dans les chambres intérieures de l'âme, c'est-à-dire dans les « profondeurs insondables du cœur » et, de là, attaquerait ce qui est le plus vulnérable. Alors, affirme saint Maxime le Confesseur, l'homme qui n'accomplit pas la volonté de Dieu, alors qu'il est croyant, verra son cœur se transformer en un « atelier de mauvaises pensées », qui le contamineront par la convoitise. Dans le langage imagé de saint Siméon Métaphraste, le cœur est entouré d'un « voile de ténèbres » – « le feu de l'esprit du monde » – qui fait obstacle à son union à Dieu, empêche l'âme de prier, de faire confiance et d'aimer Dieu.

Deux forces – le bien et le mal – agissent dans le cœur de celui qui débute sur le chemin spirituel, remarque saint Grégoire le Sinaïte. D'où cela vient-il que l'homme ait en lui des bonnes et des mauvaises pensées ? Ce n'est pas parce que le Saint-Esprit et le démon cohabitent dans le cœur de l'homme, mais parce « qu'il n'a pas vraiment pris conscience ni expérimenté la bonté du Seigneur ». Il est intéressant de remarquer que la grâce cache d'abord sa présence dans le cœur des baptisés, attendant de voir de quel côté l'âme va se diriger. Quand l'homme se tourne entièrement vers le Seigneur, la grâce révèle alors au cœur sa présence et fait vivre une expérience que l'on ne peut exprimer par des mots.

Lorsque l'homme s'est ouvert à la bonté de Dieu, et a progressé dans la pratique des vertus, son cœur se tourne alors vers le bien et devient semblable à une source pure. Nicétas Stéthatos affirmait que « la source du cœur ne peut produire à la fois de bonnes et de mauvaises images ». Il l'a démontré en prenant des exemples dans les lois du monde naturel. De même qu'une bonne source ne peut donner une eau nauséabonde, ni une eau à la fois douce et amère, de même le figuier ne peut porter des olives, ni la vigne des figues (cf. Jc 3, 11-12) – c'est ce qui se passe dans le cœur. C'est pourquoi on ne peut tirer du bon et du mauvais du trésor de son cœur. Les paroles de Jésus le confirment :

> *« L'homme bon, du bon trésor de son cœur, tire ce qui est bon, et celui qui est mauvais, de son mauvais fond, tire ce qui est mauvais : car c'est du trop-plein du cœur que parle sa bouche. »* (Lc 6, 45)

Selon saint Diadoque de Photicé la grâce et le péché ne peuvent cohabiter dans un cœur. Le point de départ de sa réflexion était sa polémique avec ceux qui se référaient aux paroles du Prologue de l'Évangile de Saint Jean : *« La lumière luit dans les ténèbres, et les ténèbres ne l'ont pas saisie »* (Jn 1, 5). En bon théologien, il voulait par ces mots montrer que le Verbe de Dieu a choisi de révéler la vraie lumière à l'homme par son Incarnation, allumant en lui dans sa grande compassion la lumière de la connaissance de Dieu. Satan n'a jamais réussi à connaître la vraie lumière ; elle ne brille pas en lui. Dès lors l'homme, après avoir entendu parler de la puissance et des miracles du Fils de Dieu, devrait désirer dissiper les ténèbres de son cœur, et lutter de toutes ses forces pour atteindre la lumière de la connaissance spirituelle. L'objectif que s'efforce d'atteindre le diable est de pousser l'homme à enfreindre les commandements de Dieu en insinuant des pensées mauvaises dans son cœur. Sa stratégie consiste à amener l'homme, une fois qu'il a accueilli ces pensées, à exprimer en paroles et en actes, ce qui a pris forme en lui. Ce n'est pas par hasard que l'Évangile nous met en garde, car effectivement la bouche exprime ce qui déborde du cœur (cf. Mt 12, 34). Si le cœur n'est pas vigilant à rejeter la première tentation par la prière – avertit Saint Philothée – elle se transformera en insultes et en mauvaises actions. Il est important de prier Dieu pour qu'il change notre cœur car, comme l'a enseigné saint Thalassius, « un bon cœur engendre de bonnes pensées qui correspondent à ce qui habite son cœur ».

Discerner les pensées qui apparaissent dans le cœur est extrêmement important dans la vie spirituelle. Certaines de ces pensées proviennent de l'ennemi et sont mauvaises, et d'autres viennent de nous-mêmes. L'homme qui examine attentivement ses pensées aime véritablement les commandements de Dieu. Selon saint Théodore le Grand Ascète, il rejette alors les pensées qui viennent de l'ennemi, afin qu'elles ne s'installent pas dans son âme. En revanche, il place les bonnes pensées dans son trésor, c'est-à-dire « dans le sanctuaire le plus intime de son âme ». En progressant sur le chemin de la perfection, où il est nécessaire de se débarrasser de tout ce que l'on possède et de pratiquer la vertu, l'ascète, à un certain moment de son cheminement, devient digne que la grâce éclaire les profondeurs de son être et qu'elle l'embrase d'un grand amour pour Dieu. Lorsqu'il atteint cet état, il peut alors éteindre les flèches enflammées du démon avant qu'elles ne parviennent à son cœur. C'est l'œuvre de l'Esprit Saint, qui donne la paix au cœur, ce qui permet d'éteindre les flèches du démon déjà à mi-chemin. Saint Diadoque de Photicé fait cependant remarquer que Dieu laisse parfois les démons attaquer même celui qui a déjà atteint un certain degré de perfection et qui a réussi à dominer le péché par des efforts ascétiques. Si Dieu le permet, c'est afin de faire progresser l'ascète dans la vie spirituelle.

2. Un cœur purifié

Sur le chemin de la connaissance de Dieu, outre de nombreuses pratiques ascétiques, dont le but est d'acquérir des vertus, il est extrêmement important de purifier le cœur de toute concupiscence. Pour saint Philothée du Sinaï, cette purification suppose un combat impitoyable et incessant dans lequel les athlètes du Christ se détachent de toutes les choses matérielles et gardent vivant le souvenir de la mort et de l'enfer. Pour triompher dans cette lutte, il est indispensable de persévérer dans la vigilance du cœur et de savoir discerner entre les différentes pensées qui se présentent. Grâce à la présence de l'Esprit Saint, qui transforme complètement le corps et l'âme de l'homme, il est alors possible de « dépouiller entièrement les sens et le centre spirituel de l'homme des activités naturelles liées aux choses connues par les sens et accessibles par l'intellect ». Saint Maxime le Confesseur comprenait justement cela comme une « circoncision mystique » ou « circoncision du cœur dans l'esprit », en référence aux paroles de saint Paul, que *« la vraie circoncision est celle du cœur, selon l'esprit et non selon la lettre »* (cf. Rm 2, 29).

Les sens présentent à l'homme l'image de différentes choses matérielles. Celui qui se concentre sur elles sera trompé. Saint Hésychius le Sinaïte a remarqué que chaque pensée pénètre dans le cœur sous forme de représentations liées à un quelconque objet connu des sens. Par conséquent, le cœur doit d'abord être purifié de toutes les pensées imaginatives pour que la lumière de la volonté de Dieu se manifeste au cœur pur, c'est-à-dire pour que le cœur, entièrement libéré, soit éclairé. Car alors, lorsqu'il n'y a dans le cœur aucune image ni représentation qui y soit liée, il est prêt à contempler les réalités divines. À ce stade-là, les profondeurs du cœur sont mues par l'Esprit Saint qui crie : *« Abba, Père »* (cf. Ga 4, 6). Saint Grégoire le Sinaïte appelait un tel cœur le «véritable sanctuaire», exempt de distractions et rempli de la présence de l'Esprit Saint.

3. Un cœur gardé

Pour les Pères de l'Église, la garde du cœur constituait l'essentiel du travail spirituel. Ils étaient absolument convaincus qu'en se concentrant sur cette unique tâche, ils seraient en mesure d'atteindre toutes les vertus. De plus, ils étaient conscients que, sans une pratique constante de la garde du cœur, il n'est pas possible de progresser dans la vertu. En quoi consistait donc cette garde du cœur qui avait tant d'importance ? Il est difficile de fournir une réponse définitive à cette question, parce qu'il a été donné à cette pratique différentes définitions. Dans l'ouvrage intitulé *Trois modes de prière*, attribué à saint Syméon le Nouveau Théologien, celui-ci a recensé les différents termes pour définir la garde du cœur qui, pour les saints Pères, était synonyme de vigilance, d'apaisement du cœur, d'attention et d'examen de ses pensées. Pour dire cela, les Pères se basaient sur ce qui se passait « sur le terrain de leur propre cœur » : il est essentiel de le savoir pour comprendre tous ces concepts.

Saint Isaïe le Solitaire est convaincu qu'il faut absolument garder son cœur tant que l'on vit sur cette terre, c'est-à-dire dans le corps. Car jusqu'à son dernier souffle, l'homme ne peut prévoir quelle convoitise peut venir l'attaquer, de même qu'un agriculteur n'est jamais sûr qu'il ne se passera rien et qu'il rassemblera dans son grenier la récolte qui mûrit encore dans son champ. Garder son cœur suppose de rompre avec le mal et de parvenir à comprendre comment les péchés et les passions se métamorphosent en convoitises. Saint Nicéphore l'Ermite remarque qu'il est très difficile de persévérer dans la radicalité, c'est pourquoi il est fondamental d'y aspirer de toutes ses forces, afin de garder son corps sans péché dans l'espoir d'expérimenter un jour la miséricorde de Dieu. En pratique, il faut s'efforcer de garder autant le corps que l'âme. Car lorsque le corps est souillé par des rapports sexuels impurs avec un autre corps, l'âme l'est également par l'union avec le mal ainsi qu'avec des pensées impures. Cet avertissement reste toujours actuel : « [...] *les pensées tortueuses éloignent de Dieu* » (Sg 1, 3). C'est pourquoi il est bon de suivre ce conseil, comme le disait si bien saint Siméon Métaphraste : « garde ton cœur avec diligence, car la vie y a sa source ». Pour que ce soit possible, il faut joindre la garde du cœur à l'écoute de la Parole de Dieu et supplier Dieu d'accorder la grâce de mieux discerner les ruses du démon. Il faut développer et entraîner son cœur pour ne pas être abusé par des pensées menant à la révolte, la rébellion ou l'arrogance.

Pour les Pères philocaliques, ce qui fonde surtout la garde du cœur, c'est le commandement du Christ lui-même :

> « *Veillez donc, car vous ne savez pas quel jour va venir votre Maître. Comprenez-le bien : si le maître de maison avait su à quelle heure de la nuit le voleur devait venir, il aurait veillé et n'aurait pas permis qu'on perçât le mur de sa demeure .* » (Mt 24, 42-43)

Ils reliaient ce texte à une autre péricope évangélique, contenant un avertissement du Christ :

> « *Tenez-vous sur vos gardes, de peur que vos cœurs ne s'appesantissent dans la débauche, l'ivrognerie, les soucis de la vie, et que ce Jour-là ne fonde sur vous comme un filet.* » (Lc 21, 34)

Se basant sur ces deux textes, saint Isaïe le Solitaire a démontré qu'il convient de veiller sur son cœur et sur ses sens. En se souvenant continuellement de Dieu et en possédant une solide connaissance pour discerner la nature des pensées, l'homme sera capable d'identifier celles qui veulent y pénétrer et risquent de le souiller. Discerner les mauvaises pensées est comme attraper les voleurs en flagrant délit d'effraction dans la maison sur laquelle ils ont jeté leur dévolu – comme le mentionne Matthieu dans son évangile. Saint Jean Cassien avertit que, si la maison du cœur n'est pas surveillée, elle se remplit de mauvaises pensées, d'images impures et de toutes sortes de péchés. C'est alors que s'appliquent pleinement ces paroles de Jésus :

> *« Du cœur en effet procèdent mauvais desseins, meurtres, adultères, débauche, vols, faux témoignages, diffamations. »* (Mt 15, 19)

La garde du cœur n'est pas uniquement mentionnée dans le Nouveau Testament, il en est également question dans l'Ancien Testament. Le cœur est l'un des thèmes principaux des psaumes. Dès les débuts de la vie monastique, le chant des psaumes a joué un rôle très important. Il n'est donc pas étonnant que les Pères de l'Église aient cité avec prédilection les Psaumes, qui constituaient une part importante de leur relation quotidienne avec Dieu. Saint Isaïe le Solitaire a écrit au sujet des dangers qui menacent l'homme, à cause de l'état de son cœur. Au sujet de la paresse il dit : *« Fils d'homme, jusqu'où irez-vous dans l'insulte à ma gloire ? »* (Ps 4, 3) ; pour la perversité il cite le verset : *« Ils sont remplis de malveillance »* (Ps 5, 10) ; et pour la vanité et le mépris : *« Il dit en son cœur : Dieu oublie, il se couvre la face pour ne pas voir jusqu'à la fin »* (Ps 10, 11). Et il ajoute que, pour interpréter correctement le texte biblique, il faut réfléchir à qui s'adresse ce texte et à quelle occasion il a été écrit. La réponse à ces questions sera une aide pour ne pas succomber aux tentations de l'ennemi, dont le but est de disperser les pensées et de captiver le cœur. Selon saint Jean Cassien, le sens de la vue dépend de la manière dont l'âme l'utilise. Dieu a créé les yeux pour une bonne fin. S'ils deviennent indiscrets et concupiscents, c'est signe d'une maladie de l'âme. C'est pourquoi, indique saint Jean Cassien, il n'est pas écrit dans le Livre des Proverbes : « Par-dessus tout, veille sur tes yeux », mais *« Plus que sur toute chose, veille sur ton cœur »* (Pr 4, 23). Le remède est donc la garde du cœur dont dépendra la manière de regarder. L'Ecclésiaste avertit que Dieu jugera l'homme sur la manière dont il aura suivi les voies de son cœur et ce qui aura attiré ses yeux (cf. Qo 11, 9). En accord avec l'interprétation de saint Syméon le Nouveau Théologien, il est également question, dans l'épître aux Éphésiens, de garder son cœur. Ces paroles en sont un bon exemple :

« Car ce n'est pas contre des adversaires de chair et de sang que nous avons à lutter, mais contre les Principautés, contre les Puissances, contre les Régisseurs de ce monde de ténèbres, contre les esprits du mal qui habitent les espaces célestes. » (Ep 6, 12)

4. Un cœur attentif

Persévérer dans l'attention est d'une grande importance pour le processus de purification du cœur. Qu'est-ce donc que l'attention ? L'explication donnée par saint Hésychius de Jérusalem sera d'une aide précieuse pour répondre à cette question : « L'attention est l'apaisement du cœur, pur de toute pensée ». Dans cet état, le cœur invoque continuellement la personne de Jésus-Christ, Fils de Dieu, qui est Dieu. Il confesse également que seul le Christ a le pouvoir de pardonner les péchés. C'est uniquement avec son aide que l'on peut se dresser courageusement face à tous les ennemis qui s'insinuent subrepticement dans le cœur. Lorsqu'il est attentif, le cœur peut faire l'expérience d'être saisi par le Christ qui l'emplit alors de sa divinité.

Selon saint Marc l'Ermite, cet effort d'attention du cœur, pour être efficace, exige que nous soyons prêts à accepter la souffrance, que ce soit des mauvais traitements ou des humiliations, dus à la cruauté des autres. C'est alors que l'on peut vraiment marcher à la suite des apôtres et, comme eux, porter sa croix ou des chaînes (cf. Mt 16, 24 ; Ac 28, 20). Il ne suffit pas de garder son cœur dans l'humilité, il faut également être prêt à repousser ses ennemis, à réfléchir sur l'heure de sa mort et à appeler Jésus-Christ à l'aide, ce qui, selon saint Hésychius, est la condition pour devenir digne de l'illumination, grâce à laquelle il deviendra possible de voir le Saint des Saints et de pénétrer des mystères insondables.

5. Un cœur vigilant

L'état de vigilance s'oppose à l'hébétement, l'étourdissement produit par la drogue ou l'ivresse de l'alcool. Si le cœur de l'homme n'est pas purifié par la vigilance, il n'a aucune possibilité de croissance spirituelle. Car ce qui se passe dans le cœur agit dans toutes les sphères de la personne. Saint

Paul a montré cette vérité de manière imagée, en prenant la symbolique de l'arbre. Si la racine de l'arbre est sainte, ses branches et ses fruits le seront également (cf. Rm 11, 16). Il est très important de se concentrer sur la purification du cœur par la vigilance, car alors la vision de la vérité devient possible. Si l'homme lève les yeux et le cœur vers les cieux, alors que son cœur n'est pas purifié, il risque de s'égarer dans l'imaginaire. Saint Syméon le Nouveau Théologien compare le processus de purification du cœur à la construction d'une maison. Il est impossible de commencer à construire une maison par le toit. La succession est importante : il faut toujours commencer par les fondations, ensuite poser les murs, et terminer par le toit. Il en va de même pour les réalités spirituelles. Si quelqu'un veut construire une «maison spirituelle», il doit d'abord poser « le fondement spirituel de la maison », c'est-à-dire garder son cœur et rompre avec toutes les convoitises. Ensuite, il faut construire les murs de la maison, c'est-à-dire refouler les confusions provoquées par les mauvais esprits qui utilisent les sens pour attaquer l'homme. La dernière étape de construction de la maison spirituelle est la pose du toit, ce qui signifie se couper de toutes choses et se donner entièrement à Dieu.

Nicétas Stéthatos a enseigné que, grâce à la vigilance du cœur, nous pouvons consciemment faire l'expérience de l'Esprit Saint, qui « renouvelle la flamme de notre désir des bénédictions célestes et réchauffe notre force spirituelle engourdie par le froid que produisent les convoitises ». En veillant sur son cœur, il est possible, comme l'a expérimenté saint Antoine le Grand, de voir Dieu et d'atteindre la pure vision. C'est dans le cœur que se fait la rencontre de l'homme avec Dieu. Car c'est là que Dieu se manifeste comme le feu purificateur et comme la lumière qui éclaire le cœur et le rend semblable à Lui-même.

6. Un cœur combattant

Ces méthodes pour purifier le cœur – telles que la garde du cœur, l'attention et la vigilance – supposent une connaissance, même élémentaire, de la stratégie du démon, car alors seulement elles seront efficaces dans le combat spirituel.

Saint Isaïe le Solitaire a présenté, sous une forme synthétique, cette stratégie qui se caractérise par la ruse. Dans la lutte avec l'homme, les mauvais esprits utilisent un stratagème : ils sortent du cœur pour un certain temps et s'enfuient. Leur but est d'affaiblir notre vigilance et de nous empêcher de veiller sur nos pensées. Lorsqu'ils remarquent qu'ils ont réussi, ils attaquent soudain l'âme, en prennent possession et l'incitent à commettre toutes sortes de péchés, pires que ceux qu'ils ont commis auparavant. Ce n'est qu'en veillant constamment sur notre cœur et en pratiquant les vertus que la malice des ennemis peut être démasquée.

Saint Philothée le Sinaïte a décrit avec plus de détails ce combat spirituel. Cette guerre contre l'âme qui se déroule de manière cachée possède les mêmes caractéristiques que la guerre visible : préparation des armes, mobilisation des forces, élaboration de stratagèmes, affrontements terribles, victoires remportées, défaites. Seule la déclaration de guerre est différente. Dans le cas du combat spirituel, l'ennemi commence toujours brusquement, sans crier gare, et tend une embuscade à l'intérieur même du cœur pour tuer l'âme par le péché. Son but est de l'attirer dans un piège en y amassant toutes sortes d'images et d'endormir sa vigilance. Saint Syméon le Nouveau Théologien démasque également une autre stratégie perverse des démons, qui, une fois expulsés du cœur, font tout pour l'influencer de l'extérieur, par les sens. Le cœur est alors continuellement exposé aux attaques des démons contre lesquels il doit se battre. Ne sont libérés des démons que ceux qui ont atteint « la stature de l'homme parfait », c'est-à-dire ceux qui se sont coupés de tout le monde visible, et se sont élevés à la contemplation des choses célestes.

Il est particulièrement utile dans le combat spirituel de trouver dans l'Écriture une méthode et de l'appliquer sur son cœur comme un « sparadrap guérissant ». Les Pères de l'Église recommandent de se tenir dès l'aube à la porte de son cœur, pour y monter la garde et tuer les pensées coupables (cf. Ps 101, 8), prier et garder perpétuellement le souvenir de Jésus-Christ. Pour gagner le combat spirituel, il est indispensable de détruire les pensées ennemies dès qu'elles surviennent. Cette pratique et cet ordre ont été déterminés par Dieu Lui-même ; leur respect et leur mise en pratique dans la vie conditionnent la victoire. Pour y parvenir, il devrait y avoir une certaine cohérence entre ce que disent nos lèvres et ce qui se passe dans notre cœur. C'est pour cela que, si nous parlons de Dieu avec notre bouche et qu'en même temps nous nourrissons de mauvaises pensées dans notre cœur, cette prière sera « trouble » et « insouciante » et donc Dieu ne l'acceptera pas, dit saint Isaïe le Solitaire. Selon lui, pour extirper efficacement du cœur ce qui fait naître toutes sortes de mauvaises pensées, il est indispensable de subordonner sa volonté propre à la Loi de Dieu, car alors seulement le cœur placera sous cette loi tout ce qui lui est assujetti, en particulier les facultés et impulsions de l'âme. Selon saint Thalassius, fermer l'accès des sens par l'apaisement est d'une grande aide pour examiner les pensées qui attaquent le cœur, car il est alors plus facile de les discerner, de les nommer et de les rejeter. Il résulte de la lecture des œuvres de saint Isaïe le Solitaire que rompre avec le mal permet à l'homme de mieux comprendre quels péchés il commet contre Dieu. Seul, celui qui rompt consciemment avec le mal et s'en détache avec dégoût peut véritablement voir ses péchés. Ce niveau de croissance spirituelle se manifeste par le don des larmes et par un sentiment de honte, dû aux convoitises et à l'attachement aux passions. Lorsqu'on veut avancer dans la vie spirituelle, il est normal de se heurter à la difficulté de garder son corps pur de tout péché.

Les Pères philocaliques sont conscients qu'il est difficile de voir tous ses péchés, surtout les plus cachés, et de se tourner vers Dieu de tout son être. Les paroles du Psalmiste : « *Qui s'avise de ses faux pas ? Purifie-moi du mal caché* » (Ps 19, 13) restent toujours actuelles pour tous ceux qui désirent être dans la vérité et l'amour devant leur Sauveur. Pour parvenir – avec l'aide de l'Esprit Saint – à une connaissance de soi toujours plus profonde et à une ouverture du cœur à Dieu, non seulement la prière et la foi sont nécessaires, mais il faut également être plus vigilant afin qu'aucune mauvaise pensée ne s'introduise dans le cœur (cf. Pr 4, 23). Saint Isaïe le Solitaire estime qu'il ne faut pas succomber à la tentation de l'acédie ni demander : « Comment pourrais-je garder mon cœur, puisque je suis pécheur ? ». Car une telle question affaiblit la vigilance et sépare de l'amour de Dieu. Cela va contre la transformation du cœur – la *metanoia*, c'est-à-dire le renouveau spirituel de l'homme – affaiblit le cœur et renforce toutes les convoitises de la chair. Il faudra pourtant parvenir à affermir son cœur pour qu'il puisse se livrer à l'amour. L'ascète doit stimuler son cœur pour atteindre ce but (cf. Ph 3, 14), tout en ayant bien conscience que le combat spirituel est beaucoup plus difficile que la lutte contre les sens. Saint Philothée assurait même qu'il faut «renoncer à tout, même au corps, et mépriser la vie présente, si l'on veut posséder Dieu dans son cœur».

7. Un cœur priant

Faire descendre la prière dans le cœur, afin d'y mener la guerre contre Satan est – selon saint Nicéphore l'Ermite – la tâche la plus importante pour l'ascète. La descente vers les profondeurs du cœur est possible avec l'aide de Dieu à travers la prière. Saint Marc l'Ermite enseigne que la première tâche, après la descente dans le cœur, devrait être de débusquer les « trois redoutables géants », c'est-à-dire l'oubli, la paresse et l'ignorance. Tant qu'ils seront présents dans le cœur, ils soutiendront les « hordes de Philistins démoniaques », qui incitent les mauvaises passions à devenir actives. Alors elles s'infiltrent et pénètrent dans le cœur, y habitent et tendent à prendre le pouvoir.

Saint Grégoire Palamas pose comme postulat qu'il faut établir la loi du cœur non seulement dans le cœur, mais aussi dans « le centre du ventre, c'est-à-dire le nombril ». Selon lui, c'est dans ce lieu stratégique que réside la force du démon contre lequel il faut se battre. Un verset de l'épître aux Romains : *« mais j'aperçois une autre loi dans mes membres qui lutte contre la loi de ma raison et m'enchaîne à la loi du péché qui est dans mes membres »* (Rm 7, 23) nous donne une bonne clé pour comprendre ce que voulait dire saint Grégoire Palamas. La loi du péché règne dans les membres du corps et y exerce sa domination. Le mauvais esprit, chassé une première fois par le bain régénérateur du baptême, revient avec sept autres esprits qui sont encore plus mauvais que lui, et ils entrent à nouveau dans le cœur de l'homme pour y habiter. Les ravages qu'ils y accomplissent sont tellement grands que l'on peut les décrire par les paroles de l'Évangile : *« Et l'état final de cet homme devient pire que le premier »* (Lc 11, 26). Il est donc très important que, par la prière continue, le « terreau » du cœur fasse éclore des fleurs divines : des roses – image de la réalité immatérielle, des lys – symbole de la luminosité de la réalité corporelle et des violettes – image des jugements de Dieu, difficiles à comprendre. Cela devient possible lorsque les paroles des Psaumes descendent dans le cœur. Car c'est elles qui, comme des graines, font naître et éclore les fleurs spirituelles. C'est de cette manière imagée que saint Élie le Prêtre décrit l'une des pratiques spirituelles les plus importantes, à savoir la descente de la prière dans le cœur. Saint Grégoire le Sinaïte se réfère également au symbole du «grain» pour interpréter les paroles du Livre de l'Ecclésiaste : *« Le matin, sème ton grain, et le soir ne laisse pas ta main inactive, car de deux choses tu ne sais pas celle qui réussira, ou si elles sont aussi bonnes l'une que l'autre. »* (Qo 11, 6), et explique que par « grain » il faut comprendre la « graine de la prière ».

De quelle manière peut-on faire descendre la prière dans le cœur ? En réponse à cette question, saint Grégoire Palamas attire notre attention sur les mouvements qui accompagnent ce processus. Il en distingue deux : un linéaire et un circulaire. Celui qui s'efforce de se recueillir ne peut y parvenir qu'en introduisant son cœur dans un mouvement circulaire. C'est pour cette raison qu'il est important de concentrer son regard sur la poitrine. Cette forme de mouvement répétitif au niveau du cœur est liée à la respiration. Lorsque cet état se prolonge, l'attention se détourne des soucis du monde, des images et des pensées, pour se tourner vers les profondeurs du cœur, habité par Dieu. Évidemment, la position avec la tête baissée favorise la forme circulaire, car non seulement elle garantit la séparation du monde environnant, mais elle concentre aussi l'énergie interne de l'homme, auparavant éparpillée, à l'intérieur du cœur. Si, par contre, l'attention est dispersée, elle est soumise aux lois du mouvement linéaire. L'essentiel de ce mouvement consiste en effet à orienter la conscience de l'homme vers les réalités du monde visible.

Nicéphore l'Ermite enseignait que « le cœur est source de vie et de chaleur pour le corps ». Décrivant la respiration, il a particulièrement insisté sur le fait que c'est le cœur qui attire à lui l'air qui est aspiré, afin qu'en libérant une partie de sa chaleur durant l'expiration, il puisse conserver la même température. Bien sûr, Nicéphore l'Ermite savait que ce sont les poumons qui servent à respirer, mais il portait son attention sur la fonction que remplit le cœur. Il affirmait que « par le refroidissement et le rejet de la chaleur par la respiration, le cœur remplit la fonction pour laquelle il a été créé, et qui consiste à maintenir la vie ». À quelle vie pensait-il ici ? Était-ce seulement la vie biologique, ou peut-être également la vie spirituelle ? Le fait même que, dans les œuvres de Nicéphore, on trouve la description du rôle du cœur dans le contexte relatif à l'expérience de Dieu, donne à penser qu'il faut le considérer comme un organe spécifique indispensable à la méditation. Abba Philémon apporte une lumière sur la compréhension de ce texte en unissant clairement la méditation au changement qui se produit dans le cœur. La méditation, comme forme de prière liée au souffle, avait pour tâche de garder le cœur par la prière de Jésus. Cependant il faut d'abord amener la prière jusqu'au cœur. On atteint ce but avec la respiration. Comment cela se passe-t-il ? Saint Nicéphore l'Ermite a décrit ainsi ce processus :

> « Assieds-toi donc, concentre-toi sur ton cœur et conduis-le sur le chemin de l'inspiration. Que ton souffle se dirige vers le cœur. Insiste, persévère et force la prière à pénétrer dans ton cœur avec l'air inspiré. »

Il découle de ce texte que la respiration joue un double rôle : elle contribue au maintien de la vie biologique et fait entrer la prière dans le cœur. Il faut se rappeler que le cœur doit être compris dans son intégralité, comme organe du corps et centre de la vie spirituelle de l'homme. Le fait de le relier à la physiologie de l'être humain découlait des conséquences pratiques du Mystère Pascal du Christ, en particulier de Son Incarnation et de Sa Résurrection.

Tant que la prière ne reste pas dans le cœur de manière habituelle, il faut s'y exercer systématiquement – ce qui est pour elle, surtout au début, une grande limitation ; alors elle s'habituera et ne voudra plus quitter l'intérieur du cœur. Saint Nicéphore l'Ermite nous rappelle que l'Évangile dit que le Royaume des Cieux est au milieu de nous (cf. Lc 17, 21), c'est-à-dire dans notre cœur. Si donc l'homme concentre son attention sur le cœur, et si par une prière pure il y cherche avec persévérance le Royaume des Cieux, il sera alors dégoûté de tout ce que l'on peut trouver en dehors du cœur. À ce stade-là, les convoitises de la chair n'ont plus d'influence sur lui et il est détaché des attraits de ce monde. Il vit dans l'Esprit Saint et surveille efficacement la « forteresse des vertus », de sorte que les attaques des démons sont inefficaces.

Il est difficile de décrire ce qui se passe lorsque la prière arrive dans le cœur. Saint Grégoire le Sinaïte a écrit que l'homme peut alors atteindre, tout comme les chérubins, le sublime privilège de converser directement avec Jésus. Chaque croyant, sans exception, peut y parvenir, car tous les chrétiens sont appelés à conserver la loi du Saint-Esprit gravée sur les tables de leur cœur (cf. 2 Co 3, 3). La promesse d'une telle relation directe avec Dieu trouve son fondement dans l'Ancien Testament (Is 54, 13 : *« Tous tes enfants seront disciples du Seigneur, et grand sera le bonheur de tes enfants »*) et dans le Nouveau Testament (cf. Jn 6, 45 : *« Il est écrit dans les Prophètes : Ils seront tous enseignés par Dieu lui-même. Quiconque s'est mis à l'écoute du Père et à son école vient à moi »*). Le Saint-Esprit, présent dans le cœur du chrétien, agit sur lui afin qu'il désire ardemment être proche de Dieu. Saint Grégoire le Sinaïte distingue deux voies pour entrer dans la prière intérieure, toutes les deux inspirées par l'Esprit Saint. Dans la première voie le cœur s'unit directement au Seigneur (1 Co 6, 7), tandis que, dans l'autre, la prière se nourrit progressivement de la joie spirituelle, attire le cœur vers elle et l'unit à Dieu par l'invocation du Nom de Jésus. Saint Grégoire le Sinaïte a décrit « la véritable énergie de la prière qui coule perpétuellement dans les profondeurs du cœur », comme une des caractéristiques de la sainteté. Dans un tel état, le cœur, libéré de toute image et distraction, contemple la lumière de Dieu et s'élève avec émerveillement au-delà des frontières du monde créé, vers l'infini, expérience qu'aucun mot ne peut décrire.

Dans la tradition de l'Orient chrétien, la prière du cœur est comprise dans un sens très large – assure le métropolite Kalistos Ware. Elle ne se limite pas uniquement aux sentiments et aux passions, mais le corps y est également impliqué. C'est donc une prière de l'homme tout entier, puisque le cœur, au sens théologique, n'est pas seulement le centre physique de l'organisme, mais également le centre de la vie spirituelle, le lieu où réside la prière. Descendre dans le cœur signifie pour l'homme retourner à Dieu et s'unir à Lui.

Par quoi se caractérise la prière de Jésus – cette « prière authentique du cœur » ? Nous pouvons trouver la réponse à cette question dans les œuvres de saint Grégoire le Sinaïte. La prière de Jésus se caractérise principalement par le fait qu'« elle jaillit dans le cœur, comme une source d'eau de l'Esprit ramenant à la vie ». Elle est accompagnée d'une chaleur, parce que Jésus Christ est Celui qui apporte un feu sur la terre de nos cœurs (cf. Lc 12, 49). Ce feu brûle la convoitise et remplit l'âme de joie et de délices. Dieu donne à l'homme les choses les plus magnifiques, c'est pourquoi il ne faut avoir aucune crainte, parce que Celui qui dit : *« Confiance ! C'est moi ; n'ayez plus peur ! »* (Mt 14, 27) est avec nous et nous protège à jamais. Il faut seulement Le chercher et L'appeler avec audace et détermination. Saint Grégoire le Sinaïte a enseigné que ceux qui sont au début de leur cheminement spirituel éprouvent l'action de l'Esprit Saint sous la forme d'un « feu de joie », et à ceux qui sont à la fin de cette route, Il se révèle comme une « lumière, qui est devenue parfumée grâce à l'Énergie Divine ».

En se reportant à *L'Échelle Sainte*, célèbre ouvrage de saint Jean Climaque, saint Grégoire le Sinaïte donne trois conditions pour atteindre l'apaisement. Il faut donc se séparer complètement de tout, se concentrer résolument sur la prière – qui consiste à chanter les psaumes en se tenant debout – et ne pas interrompre le travail du cœur : il s'agit donc de rester concentré, en position assise, dans une prière incessante. Entrer dans cet état d'apaisement n'est possible qu'après la guérison du conscient et de l'inconscient. Avant que la grâce ne pénètre profondément dans l'homme et ne transforme tout ce qui influence sa mémoire et son imagination, il a expérimenté ses propres limites. Les guides spirituels entendaient constamment leurs disciples évoquer des problèmes de toutes sortes, comme par exemple : « Pendant mon sommeil, je vois beaucoup d'images futiles » ; c'est une des raisons pour lesquelles ils s'adressaient à leur père spirituel. En réponse, ceux-ci leur donnaient des recommandations très concrètes, qui n'ont rien perdu de leur actualité. Dans *Le discours d'Abba Philomena* il est écrit qu'ils les encourageaient à ne pas céder à la paresse ou à la nonchalance, et à lutter contre les mauvaises pensées, donc à ne pas se laisser abuser par le diable. Un grand rôle thérapeutique était attribué au chant des psaumes et à la lecture de l'Évangile à haute voix – en se tenant debout ! – ainsi qu'à la méditation intérieure. Avant d'aller dormir, il était également recommandé de réciter l'acte de foi, ce qui découlait de la conviction que la vraie foi en Dieu est la source et la gardienne de toutes les bénédictions.

8. Un cœur apaisé

Lorsqu'on avance dans la vie spirituelle en suivant les recommandations des Pères de l'Église, on peut arriver à un état appelé *hésychia* en grec. Étymologiquement, ce mot signifie surtout « paix » et « silence », mais pas seulement, car la racine du mot indique une notion de lieu et le fait de se concentrer sur quelque chose. On peut dire que l'*hésychia* constitue l'essence de la spiritualité de l'Orient chrétien, et désigne aussi bien la théorie que la pratique qui permet d'atteindre cet état. L'*hésychia* est une réalité dynamique. Elle définit à la fois la voie pour atteindre cet état de paix intérieure et persister dans une attitude d'ouverture à Dieu, par la concentration, la pratique de la prière pure et la garde du cœur, mais aussi un état de profonde union à Dieu.

C'est Nicétas Stéthatos qui a écrit l'essai le plus représentatif pour définir ce qu'est la paix intérieure :

> « L'*hésychia* est un état permanent, où l'âme libre et joyeuse jouit de la paix, où le cœur demeure paisible et immobile en Dieu, contemple Sa lumière et entre dans la connaissance de Ses mystères, où la raison purifiée par la vertu a conscience de la sagesse de Dieu et scrute les profondeurs insondables des desseins de Dieu, où le cœur est en extase et vit avec Dieu, où la vigilance est éveillée, la prière spirituelle, le repos sans trouble même au milieu de grandes souffrances, enfin c'est un état où l'on vit en solidarité et en union avec Dieu. »

Saint Pierre de Damas ajoute que ce don merveilleux permet à l'homme de connaître ses faiblesses, de reconnaître la ruse des démons et de se purifier du péché. Grâce à sa paix intérieure, l'homme entre plus profondément dans la Parole de Dieu, ce qui lui permet de comprendre la puissance de Dieu et sa providence. La paix intérieure est également une des conditions pour surmonter les passions humaines et les convoitises cachées dans l'homme – enseigne saint Thalassius de Libye. C'est pourquoi Évagre le Pontique encourage à tout faire pour parvenir à l'*hésychia* sans être victime de distractions. Cela sera possible lorsqu'on prendra l'*hésychia* comme critère pour tout évaluer et choisir ce qui est profitable. Évagre compare quelqu'un qui vit ainsi à un marchand astucieux qui vise à faire le plus de bénéfices possible. De plus, il recommande de diriger son cœur vers le lieu où il lui sera possible de se concentrer le mieux. Si l'on ne peut atteindre l'*hésychia* là où l'on vit, il vaut peut-être la peine de s'exiler, pas nécessairement de changer de lieu, mais de préparer son cœur pour un voyage spirituel.

Saint Syméon le Nouveau Théologien a expliqué que l'*hésychia* est un des termes qui désignent la garde du cœur ou l'examen des pensées. Indépendamment de la terminologie adoptée, il est essentiel de vivre sans distraction et loin des préoccupations du monde, ce qui suppose une distance envers les personnes qui, vivant dans le chaos, perdent leur temps en vains bavardages et sont asservies aux soucis de la vie. C'est ainsi que saint Pierre de Damas comprend la première des sept formes de discipline du corps. En ce qui concerne la vie ascétique, Nicétas Stéthatos considérait l'*hésychia* comme l'une de ses cinq caractéristiques. La tâche du moine était d'associer les cinq sens aux cinq spécificités de la vie ascétique. Il faisait les associations suivantes : la vue – la veille, l'ouïe – la méditation, l'odorat – la prière, le goût – la tempérance (c'est-à-dire la maîtrise de soi), le toucher – l'*hésychia*. La relation de chacun des cinq sens avec la pratique ascétique correspondante permettait de purifier le cœur, d'être libéré de ses passions et d'atteindre la vision béatifique. Dans les écrits de Nicétas Stéthatos, il est difficile de découvrir une explication logique du principe selon lequel il a effectué ces associations, mais on peut supposer qu'il s'agissait de motivations pratiques. Cependant – comme le dit saint Pierre de Damas – à celui qui commence à pratiquer l'*hésychia* Dieu donne d'avoir part aux bénédictions divines, ce qui le confirme dans cette voie. Entrer dans l'état d'*hésychia* est particulièrement bénéfique pour tous ceux qui sont faibles ; de plus, pratiquer l'*hésychia* en obéissance à un directeur spirituel est un remède très efficace pour ceux qui sont assujettis aux passions et qui ne possèdent pas la connaissance des réalités spirituelles.

L'*hésychia* étant une réalité dynamique, saint Grégoire le Sinaïte en indique les trois principales étapes. La première consiste en une attente vigilante de Dieu. La phase intermédiaire se caractérise par l'illumination du cœur et la contemplation, enfin la phase finale, c'est-à-dire le but ultime de l'*hésychia*, consiste en une extase qui entraîne le cœur vers Dieu.

Quels exemples les Pères de l'Église donnaient-ils pour montrer ce qu'est la réalité de l'*hésychia* ? Qu'apporte l'*hésychia* pour les sens et pour le cœur de l'homme ? À tous ceux qui veulent commencer le combat spirituel, saint Hésychius de Jérusalem propose d'observer l'araignée car, selon lui, ce petit animal peut servir d'exemple pour montrer ce qu'est l'*hésychia*. Car, comme l'araignée chasse les petites mouches, le contemplatif chrétien est obligé de chasser ses pensées. Sa tâche doit être de tuer les « *enfants de Babylone* » (cf. Ps 136, 9), c'est-à-dire les pensées concupiscentes qui l'attaquent. La manière dont l'araignée chasse les insectes indique une stratégie dont devrait s'inspirer le contemplatif dans sa lutte contre les pensées. En effet, elle prépare sa toile, tout en se cachant dans sa tanière, et attend patiemment que les insectes viennent s'y prendre, ce qui correspond exactement à la stratégie du combat spirituel contre les pensées. Saint Hésychius donne un autre exemple : quand quelqu'un se regarde dans un miroir qu'il tient à la main, il y voit autant le bien que le mal inscrit dans son cœur. Cela lui permet d'approfondir sa connaissance de lui-même et de garder la distance envers toutes les idées qui ne cessent de lui traverser l'esprit. Conscient des risques auxquels les sens exposent l'homme, saint Thalassius recommandait de les « sceller » par l'*hésychia*, de discerner et de juger les pensées qui attaquent le cœur. Le cœur peut s'élever jusqu'au ciel dans un char tiré par quatre coursiers qui sont l'*hésychia*, la prière, l'amour et la maîtrise de soi.

Quelles sont les conditions pour durer dans l'*hésychia* ? Cette question très pratique, qui a certainement été soulevée bien des fois par de jeunes novices dans les voies spirituelles, trouve dans la littérature ascétique des réponses diverses et complémentaires. Selon saint Nil d'Ancyre et saint Maxime le Confesseur, le point de départ pour atteindre cet état est de tout quitter, d'abandonner tous ses biens. Car seul celui qui n'est pas attiré par les choses de ce monde peut durer dans l'*hésychia*. Ne plus dépendre des influences du monde n'est pas seulement un signe d'apaisement intérieur, mais aussi d'amour pour tous les hommes – dit saint Thalassius de Libye. À ceux qui désirent l'*hésychia*, mais qui sont faibles et tiraillés par la convoitise, saint Pierre de Damas recommande de partir loin des hommes et des affaires humaines. Par contre, selon saint Hésychius, arriver à la paix et à l'*hésychia* devrait être l'occupation de toute notre vie – de jour comme de nuit. Si quelqu'un aspire continuellement à ce que ce but guide sa conduite, il découvrira qu'il est relativement facile de devenir indifférent à toutes les choses matérielles. Le souci de calmer les tempêtes intérieures et les passions anarchiques est important car – comme le dit Nicétas Stéthatos – la pratique de l'*hésychia* mène de cette manière à «un état de perfection sainte et divine». En outre, selon saint Marc l'Ermite, l'apaisement du cœur dépend de l'apaisement du corps, c'est-à-dire de la transformation de la convoitise qui le harcèle. Les paroles du Psaume encouragent à l'*hésychia* : *« Restez en paix et voyez que je suis Dieu »* (Ps 45, 11). Les grands ascètes de l'Orient chrétien, non seulement connaissaient la Parole de Dieu, mais la mettaient en pratique dans leur vie. Pour pouvoir renoncer au chaos et à la terrible vanité de la vie, Nicétas Stéthatos considérait l'*hésychia* comme la base de tout. Dans cet état, il est bon de mettre toute son attention à discerner l'essence des choses et de rechercher la plus haute connaissance de Dieu. Découvrir le Royaume de Dieu en soi (cf. Lc 17, 21) nécessite généralement un long processus, qui consiste à effacer les traces du mal dans l'âme, jusqu'à la restauration totale de sa beauté originelle, ce qui lui permettra de plaire entièrement à son Créateur. Saint Nil l'Ascète attirait l'attention sur le fait que, tant que l'homme vit dans le monde et qu'il a des activités multiples et variées, les racines du mal sont si profondément ancrées en lui qu'il n'y a pas accès. Lorsqu'après avoir renoncé au monde, il atteint l'*hésychia*, le mal jusque-là enfoui dans les profondeurs et tombé dans l'oubli, remonte à la surface par l'intermédiaire de la mémoire. Même si les pensées impures s'efforcent d'entraver la pratique de l'*hésychia*, c'est la volonté de l'homme qui est décisive. Si celui-ci fait tout pour suivre constamment la voie de l'*hésychia*, il sera, avec le temps, libéré des mauvaises pensées qui le harcèlent. Le cœur doit donc être affermi pour parvenir à l'*hésychia* et pouvoir refouler résolument toutes les mauvaises pensées – enseigne saint Théodore le Grand Ascète. Tandis que saint Pierre de Damas ajoute que le maintien dans cet état dépend également de l'humilité et de la conviction que personne ne peut nous faire de mal, si nous ne le voulons pas. En raison des multiples pièges des démons et de nos fautes passées, il est important de reconnaître la puissance de Dieu et d'avouer notre propre faiblesse. Car alors nous ne tombons pas dans le désespoir et nous aurons de la distance, tant envers nous-mêmes que face aux épreuves qui nous adviennent. Nous rappelant la compassion de Dieu, nous garderons confiance en Dieu. L'*hésychia* devrait être indissociable de la patience et de l'humilité. Sinon, surviennent l'apathie et l'arrogance, qui engendrent toutes sortes de distractions, paresses et somnolences. Il s'ensuit que le corps devient lui aussi paresseux et somnolent, le cœur s'endurcit et est accablé de pensées et d'images qui le troublent. Saint Grégoire le Sinaïte affirmait que, pour durer dans l'*hésychia*, il est indispensable de préserver la paix et une humeur sereine. Se souvenant que Dieu est paix (cf. Ep 2, 14), on peut s'élever au-dessus de l'angoisse et du tumulte qui viennent du monde.

Qu'est-ce qui perturbe l'*hésychia* ? Tout d'abord, les relations avec trop de personnes, parce que cela distrait le cœur. Si un moine a choisi la voie du silence, alors il ne devrait pas perdre de temps en dehors de sa cellule. Saint Théodore le Grand Ascète justifiait cet enseignement de la manière suivante : « car cela est nuisible, te prive de la grâce, assombrit ton esprit et affaiblit ton aspiration ». Saint Jean de Karpathos estimait que les démons sont plus dangereux encore que les personnes, car ils «aiguisent l'épée de la tentation» et ne cessent jamais leurs attaques afin de troubler la paix des ascètes.

Comment atteindre l'*hésychia* ? Que faire pour s'arracher aux tentations du monde et se concentrer sur Dieu ? Évagre le Pontique donne des conseils pratiques. Ils étaient surtout destinés aux moines vivant dans le désert égyptien. Mais à cause de leur universalité, ils sont devenus la référence pour décrire l'*hésychia*. Le moine doit donc s'assoir dans sa cellule et s'efforcer de se concentrer au niveau de son cœur. Ce procédé aide à se rappeler que le jour de sa mort approche et à imaginer la décomposition de son propre corps. Il n'est pas nécessaire de se défendre contre la douleur provoquée par ce genre d'évocation. Pour avancer dans cette voie, il est important de rejeter les vanités de ce monde, ses folies ainsi que les conventions qu'il impose. Il faut inciter le cœur à penser à ce que l'on subit dans l'enfer : les innombrables souffrances, la terrible agonie et les pleurs sans fin, mais également à évoquer sa résurrection et le jour où l'on comparaîtra devant Dieu. Comme condition préalable, saint Grégoire le Sinaïte propose de rejeter les pensées provenant des réalités accessibles par la raison et les sens. Pour atteindre l'*hésychia*, la foi, l'espérance et la charité sont indispensables, ainsi que la patience et la force. Saint Thalassius estimait que la plus grande arme du moine était la maîtrise de soi, ainsi que l'amour, la prière et la lecture spirituelle. À ceux qui aspiraient à l'*hésychia*, saint Grégoire le Sinaïte préconisait de prier en chantant les psaumes debout. Le *Discours très utile au sujet de l'Abbé Philémon* nous enseigne que, pour suivre la voie de l'*hésychia*, il faut éviter tout mal, obtenir les bénédictions de Dieu et son amour parfait. Les plaisirs sensuels ou charnels qui incitent l'âme à se livrer aux passions n'auront pas le dessus si elle trouve sa joie dans la contemplation du vrai Bien. Le niveau d'apaisement intérieur se vérifie pour une bonne part au degré de purification du cœur et à la manière dont Dieu se révèle à lui.

Selon saint Thalassius, le cœur lorsqu'il est purifié par l'*hésychia* et par la prière peut exercer un véritable discernement spirituel, ancré dans la réalité. Se détacher de toutes les tentations du monde devient possible lorsque le contemplatif « scelle ses sens » par la pratique de l'*hésychia* et se concentre sur Dieu, lorsqu'il « pratique la vertu » et lutte de cette manière contre les souvenirs qui le harcèlent.

En quoi consiste la vie dans l'*hésychia* ? À quoi peut-on la comparer ? Pour saint Nil l'Ascète, vivre dans l'*hésychia* est de loin plus précieux que de posséder de grandes richesses. Pour saint Pierre de Damas ce genre de vie est «la voie royale» pour une petite communauté centrée sur la méditation des commandements du Christ et des enseignements de l'Écriture Sainte, de jour comme de nuit. Appelée également «la voie des anges», elle commence par la purification des âmes de tous ceux qui sont soumis aux convoitises et ne sont pas en état de dominer leurs désirs. Aspirer à l'*hésychia* est une bénédiction. Les moines sont donc heureux, qu'ils vivent en communauté ou en complète solitude. Bienheureux sont-ils lorsqu'ils persévèrent dans l'obéissance à leur guide spirituel, expérimenté dans la pratique des vertus, et qu'ils recherchent en tout ce qu'ils disent ou pensent l'avis d'un homme d'expérience. Grâce à l'apaisement intérieur, la personne humaine se détache d'elle-même et concentre son attention sur Dieu en s'unissant de plus en plus à Lui. Dieu, quant à lui, la comble de la surabondance de ses dons, entre autres, de la sagesse et de la connaissance de Dieu.

Est-ce que beaucoup de personnes sont capables d'accéder à l'*hésychia* ? Quels en sont les résultats ? Que se passe-t-il alors dans le cœur de l'homme ? Il est très difficile de trouver des personnes qui vivent en état d'*hésychia*. Ce point de vue de saint Philothée du Sinaï reste toujours d'actualité. Même parmi les moines, il en est peu qui désirent de tout leur être et par tout leur mode de vie acquérir la grâce de Dieu ainsi que ses bénédictions. L'*hésychia* produit beaucoup de bons fruits – disait saint Marc l'Ermite. Il dépouille le mal de sa puissance et contribue ainsi à atteindre le détachement. Selon saint Hésychius, le cœur tire grand avantage de l'apaisement, il se produit notamment un grand changement au niveau des pensées qui menaçaient et attaquaient le cœur. Elles ne possèdent plus autant de force qu'auparavant. En effet, dès qu'elles avaient atteint le cœur, elles provoquaient tellement de confusion qu'elles parvenaient à faire commettre des actes coupables. Saint Thalassius déclarait qu'« un apaisement intérieur bienheureux donne naissance à des enfants bienheureux : la maîtrise de soi, l'amour et la prière pure ». Saint Pierre de

Damas a noté que l'*hésychia* a aussi pour conséquence qu'il est beaucoup plus facile à l'homme de suivre les commandements. Saint Pierre de Damas approfondit cette idée, ajoutant que grâce à l'*hésychia*, le désir de Dieu ne cesse de s'intensifier dans le cœur. Alors, l'âme est libérée des sens et toutes ses facultés retournent à leur condition originelle. L'*hésychia* apporte la connaissance de Dieu, ce qui est d'un grand secours, même pour les plus faibles et pour ceux qui sont le plus dépendants des passions. Pour parler le langage de saint Hésychius, apercevoir « la hauteur et la profondeur de la connaissance » ne deviendra possible que quand le cœur aura atteint l'*hésychia*. Dans cet état, le cœur apaisé peut entendre « les merveilleuses choses de Dieu ». Il ne désire plus que Jésus-Christ – Fils de Dieu et Dieu lui-même – et ne cesse de l'invoquer. Grâce à l'apaisement, le cœur se fortifie, ce qui guérit la mémoire. La pratique assidue et la véritable mise en œuvre de l'*hésychia* conduisent le chrétien à un état de perfection sainte et divine, qui lui donne d'avoir accès à la plénitude de la sagesse et des bénédictions.

***

Pour être efficace, une thérapie chrétienne ne peut se concevoir sans respecter toute une série de conditions permettant à l'homme de retourner à Dieu et de s'ouvrir à Sa Présence. Dans ce retour vers Dieu, les Pères de l'Église ont particulièrement insisté sur la nécessité d'une conversion du cœur ainsi que d'une profonde contrition. Dans les écrits ascétiques, on trouve un certain nombre de recommandations concrètes pour atteindre une plus grande maîtrise de soi et mieux contrôler ses mauvaises pensées. Ces conseils proviennent de la conception biblique qui se concentre sur le cœur. Son but est de pouvoir exercer un contrôle sur le cœur par l'attention, la vigilance et l'*hésychia*. Car c'est le cœur qui est le centre spirituel de l'homme.

Chapitre III

DIAGNOSTIC ET TRAITEMENT DES MALADIES SPIRITUELLES DE LA PERSONNE HUMAINE

Les notions abordées dans ce chapitre, qui traite des trois dimensions essentielles de l'homme, constituent le fondement indispensable à un bon diagnostic de la maladie pour un traitement efficace. En effet, il est impossible de traiter une maladie de manière efficace sans un diagnostic sûr, qui donne un aperçu du cœur spirituel de l'homme. Définir la maladie est indispensable pour utiliser convenablement les remèdes choisis.

Les Pères philocaliques ont également fait un tel diagnostic. C'était pour ainsi dire un « électrocardiogramme » spirituel, c'est-à-dire l'examen de l'état du cœur spirituel. Son degré de précision dépendait de l'expérience personnelle du guide spirituel ainsi que de sa connaissance du traitement. Si le guide spirituel était profondément uni à Dieu et possédait le don de voir dans les cœurs, cela lui permettait un aperçu très précis du cœur de l'homme. La *Philocalie* montre très clairement ce que les maîtres spirituels ont pris en compte pour poser leur diagnostic.

Il est étonnant que les Pères de l'Église aient considéré l'imagination (gr. *fantasia*) de l'homme comme la faculté la plus importante, car selon eux elle a une influence décisive sur le développement de certaines maladies que l'on peut identifier à l'apparition de certaines convoitises (gr. *pathi*). L'imagination peut être comparée à un baromètre qui mesure les changements de pression de l'atmosphère spirituelle dans l'homme, et donc la succession des hauts et des bas spirituels qui affectent son moral. Par conséquent, les Pères de l'Église enseignaient que chaque péché a un rapport direct avec l'imagination, parce qu'elle est comme le « magma primordial » chauffé par les mauvais esprits, dont jaillit tout mal. Le péché prend forme dans l'imagination de l'homme. Étant donné qu'elle a une influence sur la conscience, elle n'est pas seulement une des facultés de l'âme, mais elle est aussi le lieu principal où s'effectue le diagnostic dans une thérapie chrétienne. Les pensées (gr. *logismoï*) sont directement liées à l'imaginaire et ont une influence sur le cœur de l'homme par l'intermédiaire des sens. A l'époque d'Évagre le Pontique, la connaissance spirituelle était déjà bien développée, surtout en ce qui concerne les différentes pensées, que les esprits mauvais insinuent dans le cœur et qui le contaminent. Dans ce chapitre, nous approfondirons la manière dont fonctionne l'imagination de l'homme et comment les mauvaises pensées qui s'y sont accumulées mènent à des pathologies au niveau du corps, de l'âme et de l'esprit. Elles se manifestent essentiellement par une dégradation des sentiments et de la volonté, ainsi que par des troubles relationnels, pouvant même aboutir à des ruptures.

Dans une thérapie chrétienne, après avoir mis en place certaines conditions favorisant l'ouverture du cœur à la présence guérissante de Dieu, il est indispensable d'entrer dans un état de prière continuelle et de mettre en pratique les recommandations détaillées pour lutter contre les troubles aussi bien physiques que psychiques et spirituels. Dans ce combat, où Dieu est aux côtés de l'homme, les méthodes utilisées contre les maladies peuvent être comparées à des médicaments agissant de manière sélective contre des virus ou des bactéries concrets. Ainsi il devient possible de combattre chacun des huit esprits du mal et d'en être victorieux, à condition d'utiliser en même temps tous les autres moyens thérapeutiques mis à notre disposition. Alors seulement il sera possible de soigner les symptômes de la maladie et ses causes. La prière qui est guérissante joue un double rôle. D'une part, elle constitue un antidote contre les toxines produites par les convoitises, d'autre part, elle permet de renforcer le « cœur caché de l'homme » (cf. 1 P 3, 4). De plus elle a l'avantage d'englober toute la physiologie de l'homme grâce au lien entre la prière perpétuelle et la respiration. L'homme tout entier, dans toutes ses dimensions, s'ouvre donc à la présence guérissante du Sauveur aimant.

Dans un diagnostic chrétien des troubles pathologiques, on préfère situer la gourmandise, l'impureté et la cupidité au niveau du corps ; la colère, la tristesse et l'acédie au niveau de l'âme et la vanité et l'orgueil au niveau de l'esprit ; la thérapie suit donc les mêmes règles de classification des passions que les traités spirituels.

Le lieu spécifique où s'accomplit la thérapie chrétienne d'un fidèle est la communauté ecclésiale. En effet chaque maladie ou péché possède une dimension communautaire. Il ne s'agit pas seulement du problème personnel d'un croyant en particulier, mais aussi d'une blessure provoquant la souffrance de tout le Corps du Christ. À la lumière de cette réalité, on peut définir l'Église comme une communauté de personnes malades qui ont besoin d'une thérapie et de saints qui ont déjà été guéris. Les Pères de l'Église ne faisaient pas de distinction entre personnes morales et immorales, bonnes ou mauvaises selon des règles morales, estimant qu'une telle division est artificielle. D'un point de vue thérapeutique, il est essentiel de faire une distinction à un niveau plus profond entre les malades qui ne se soignent pas, ceux qui sont en traitement et ceux qui sont guéris. C'est pourquoi le contexte ecclésial pour pratiquer cette méthode est très important et, bien que les Pères de l'Église ne l'aient pas spécifié dans leurs enseignements, c'était pour eux une évidence existentielle.

1. L'imagination comme champ de bataille du combat spirituel

Les processus de pensée sont étroitement liés à l'activité de l'imagination. C'est là que naissent les images provenant tant des bons que des mauvais esprits. Si les images sont de nature démoniaque, alors l'homme spirituel sera en danger, ce qui se traduira par une interaction des passions concupiscentes et des actes peccamineux. Pour les Pères philocaliques c'est bien l'imagination qui est la source des différentes perturbations au niveau du corps, de l'âme ou de l'esprit.

On entend par imagination la faculté que possède l'esprit de former des images. Quel sens a-t-elle dans la spiritualité de l'Orient chrétien ? Comment l'ont qualifiée les Pères philocaliques ? En quoi consiste son action ? De nos jours, on comprend habituellement l'imagination comme une caractéristique du psychisme humain, qui s'exprime par une faculté à créer. On l'associe aussi à différentes représentations fantaisistes ou imaginaires ainsi qu'à une capacité à prévoir, compléter et reproduire des événements, le vécu d'autres personnes, des situations, etc.

L'homme ne maîtrise pas son imagination de manière absolue, parce que le subconscient, les associations d'idées ou des causes de nature biologique, sociale, culturelle ou religieuse font apparaître toutes sortes d'images sans la participation de sa volonté. Par l'imagination, la personne humaine peut librement créer des images, associer, prolonger ou modifier des phénomènes vécus autrefois. On peut également reconstituer le passé ou construire l'avenir. Une telle faculté à anticiper et à créer est un moteur puissant pour le développement de la science et les réalisations artistiques. L'imagination peut parfois être un obstacle pour connaître la réalité. On court le risque de prendre ce que produit l'imagination – craintes, opinions, espoirs – pour la réalité et d'y associer des jugements erronés, voire irréalistes. Apprécier la réalité de manière erronée non seulement perturbe le raisonnement, mais provoque également de nombreux troubles dans la vie de l'homme.

Comment l'imagination était-elle perçue par les Pères philocaliques ? Le fait de considérer l'imagination comme une réalité négative pour la vie spirituelle de l'homme est attesté par saint Grégoire le Sinaïte, qui était convaincu qu'elle est une des passions concupiscentes qui tourmentent le cœur. Elle n'entre évidemment pas dans les huit principales convoitises, mais on peut arguer qu'elle est associée à chacune d'elles car, comme en témoigne saint Maxime le Confesseur, elle tente le cœur et, par la passion concupiscente, lui suggère quelque chose qui n'existe pas réellement. Saint Grégoire le Sinaïte avertit que les souvenirs, bons ou mauvais, peuvent soudain faire surgir une image dans l'âme qui est une illusion, l'éveiller ainsi au plaisir et l'inciter à jouir de ces perceptions fantasmagoriques. Elles peuvent conduire à porter un jugement inadéquat, faussé, sur son développement spirituel, et surtout créer des illusions, renforçant la conviction d'avoir déjà atteint un degré élevé de spiritualité. Le résultat de ce mensonge à soi-même, provoqué par toutes sortes de fausses représentations, est que le chrétien devient un rêveur, incapable de tempérance dans sa vie spirituelle. L'illusion, le leurre et même les tentations se manifestent habituellement de deux manières : sous la forme d'images nées de l'imagination, ou par une influence démoniaque directe. L'origine de ces images nées de l'imagination est la vanité. Elle conduit l'homme à se faire une fausse représentation de la réalité divine : il se laisse alors abuser par des images et idées créées par son imagination. Ce genre de leurre, avec les représentations effrayantes que l'on peut percevoir aussi bien éveillé qu'en rêve, conduit au blasphème. Dans cet état, l'âme est saisie d'effroi et d'agitation. C'est ensuite un comportement en chaîne qui commence par de l'arrogance, qui est une forme d'orgueil, et se termine par des perturbations dans le fonctionnement de la raison. Les étapes suivantes de ce processus sont étroitement liées. Au début on trouve l'arrogance, qui conduit à l'illusion ou à une fausse conception des choses, l'illusion mène au blasphème, le blasphème à la crainte, la crainte à l'effroi, et l'effroi conduit à la confusion et au trouble de l'état naturel de la raison.

Selon saint Grégoire le Sinaïte, c'est l'adultère, la masturbation et les pensées mauvaises qui ouvrent la porte aux influences démoniaques. Par la soumission aux influences concupiscentes, il se produit une libération naturelle de l'énergie durant le sommeil suite à des représentations peccamineuses, inspirées par le démon, mais il se peut aussi que l'énergie, libérée de manière non naturelle, soit provoquée par des représentations démoniaques, auxquelles on a donné son consentement lorsqu'on était éveillé. La première est sans danger, tandis que la seconde est un péché qui demande repentance. Les représentations démoniaques se caractérisent par un changement constant de forme. Saint Diadoque de Photycé l'explique par la ruse des démons, qui sont incapables de se satisfaire longtemps du mode de vie qu'ils ont choisi. Ils parviennent à adopter une apparence différente et à s'identifier à plusieurs personnes. Ils crient et menacent si fort qu'ils peuvent parfois étourdir l'âme de leurs cris. Selon saint Jean Cassien, seul le cœur qui a atteint l'état de pureté peut reconnaître les astuces des démons, et secouer le corps de sa torpeur. Durant le sommeil, l'imagination contaminée produit des représentations liées aux huit principales passions concupiscentes. Former des images obscènes n'est pas un péché en soi, mais simplement le signe que l'âme est malade et n'a pas été libérée des convoitises qui la harcèlent. Le fait que cela se passe durant le sommeil, c'est-à-dire au niveau de l'inconscient, révèle une maladie cachée dans les profondeurs de l'âme.

Comment peut-on discerner l'origine des représentations qui sont le fruit de l'imagination ? Il a été expliqué ci-dessus qu'elles peuvent être d'origine démoniaque, ce qui d'emblée leur donne une connotation négative. Ce n'est pas leur unique provenance, car les images peuvent également provenir de puissances angéliques. Par leur intermédiaire, ceux qui ont déjà atteint un état de quiétude, sans aucune passion, peuvent rencontrer les saints et jouir de leur présence. Les moines du désert d'Égypte essayaient déjà de comprendre comment, durant le sommeil, les démons réussissaient à imprimer des formes et des images dans le cœur de l'homme. Évagre le Pontique expliquait que, généralement, le cœur les a d'abord perçues par les différents sens, par les yeux lorsque la personne regarde, ou par les oreilles lorsqu'elle entend. Et c'est par l'intermédiaire de la mémoire que ces choses, perçues par les sens du corps, se transforment et s'impriment dans le cœur. Durant le sommeil, lorsque l'activité des sens est au repos, les démons stimulent la mémoire et y déposent leur empreinte. Les démons peuvent le faire parce que l'homme est encore soumis à la passion concupiscente. Ce n'est qu'après avoir atteint l'état de quiétude que l'homme cesse d'avoir ces représentations démoniaques durant son sommeil. L'attaque du démon jaloux peut parfois s'avérer dangereuse durant la prière ascétique. Il trouble alors la mémoire de l'ascète et perturbe la relation de l'âme avec le corps, formant d'étranges images dans son cœur. Il opprime le cœur, habituellement absorbé par des pensées, qu'il s'attache à détourner, de sorte que celui-ci cesse d'acquérir une connaissance immatérielle et informe et se laisse dominer par l'imagination. Ainsi, le cœur est abusé et prend des vessies pour des lanternes.

Quelle stratégie les démons utilisent-ils donc dans ce processus ? Les Pères philocaliques ont traité bien souvent cette question, ce qui témoigne de son importance, surtout dans le contexte du combat spirituel.

Les tentations provenant des passions sont très dangereuses. Elles commencent par des représentations futiles et insignifiantes, mais acquièrent bien vite un tel pouvoir qu'il est difficile d'y résister. Saint Nil d'Ancyre les compare à des fourmis qui progressent sans qu'on s'en aperçoive et s'accroissent jusqu'à acquérir une force semblable à celle d'un lion. Les passions concupiscentes se nourrissent de sensations provenant des sens et d'images apparaissant dans le cœur. L'attaque des représentations démoniaques sur le cœur est si forte que celui-ci est incapable de les repousser par ses propres forces. Sans le secours de Dieu, le cœur ne devrait même pas essayer – dit saint Hésychius du Sinaï dans son livre *Sur la vigilance et la sainteté* – car les démons sont rusés et adaptent leur stratégie à chaque situation. Ils arrivent à faire croire qu'ils ont été vaincus et à susciter chez l'homme un sentiment excessif de confiance en soi. S'ils y parviennent, ils font de grands ravages dans le cœur de l'homme.

Jour et nuit, les mauvais esprits s'efforcent de suggérer images et mensonges, afin que l'homme les admette comme vérité et perde son cœur – avertit saint Pierre de Damas. En exaltant l'amour-propre, ils incitent très habilement à se soumettre au plaisir des sens. On trouve un bon exemple de cette stratégie du démon dans le récit biblique de la tentation d'Ève au Paradis (cf. Gn 3, 1-5). Selon saint Maxime le Confesseur, le but des démons est de séparer l'homme de Dieu et d'apporter la division dans l'humanité et en chacun, en multipliant les idées, les opinions et les images. Saint Grégoire le Sinaïte a présenté de manière imagée la stratégie des démons :

> « Les démons façonnent notre cœur, ou plutôt, se parent d'images qui correspondent à la convoitise la plus dominante et active dans notre âme, et nous tentent de cette manière pour que nous acceptions cette convoitise. Les

démons se servent de cette convoitise pour fabriquer des images. Que nous soyons éveillés ou endormis, ils mettent devant nos yeux toutes sortes de représentations. »

Il est incontestable que les démons, qui sont à l'origine de la colère et du mal, cherchent toujours à séduire l'âme par des images impures – enseigne saint Théodore le Grand Ascète. Ils se réjouissent lorsque l'homme perd sa sainteté et s'éloigne de Dieu. Ils font le contraire des bons anges qui, eux, sont des serviteurs de l'amour et de la paix. Ceux-ci se réjouissent du repentir de l'homme, de la conversion de ses pensées (cf. Lc 15, 7) et de son progrès dans la sainteté. De plus, ils aident les hommes à entrer dans la contemplation spirituelle et à accéder à la béatitude.

Les mauvais esprits prennent un malin plaisir à s'attaquer à ceux qui sont déjà plongés dans la contemplation des Trois Personnes de la Sainte Trinité. Ils assaillent les facultés raisonnable et spirituelle de l'âme humaine en les abusant par des illusions. Ces attaques sont également dirigées contre le cœur. L'esprit de mensonge utilise toutes sortes de fausses représentations afin d'obtenir la victoire, en particulier chez tous ceux qui sont encore inexpérimentés dans le combat spirituel. C'est ce qu'enseigne saint Grégoire le Sinaïte. Saint Philothée du Sinaï complète sa pensée en ajoutant que l'ennemi attaque les profondeurs du cœur brusquement, sans aucun avertissement, et y tend une embuscade à l'aide de toutes sortes d'images. Si la personne n'arrive pas à se contenter de ce qu'elle possède dans la vie, mais qu'elle veut plus, il est beaucoup plus facile pour les démons de l'asservir par la convoitise. Ils font tout pour inspirer à son âme des pensées et des images, choisies de manière adéquate, pour la convaincre que ce qu'elle a ne suffit pas – lisons-nous dans le traité *Du caractère des personnes et de la vie vertueuse*, attribué à saint Antoine le Grand. La présence de la grâce de l'Esprit Saint en l'homme terrifie les mauvais esprits, mais cela ne signifie pas qu'ils abandonnent la lutte. N'osant pas pénétrer dans le sanctuaire intérieur de l'homme, lorsque resplendit la lumière de la présence de Dieu, ils essaient de le harceler et de le troubler à l'aide d'images, de bruits horribles et de cris incompréhensibles, afin de le détourner de la vigilance et de la prière – explique Nicétas Stéthatos. Le but des illusions, suggérées à l'âme par les démons, est de l'inciter à les accepter, permettant ainsi qu'elles se transforment en actes concrets par l'intermédiaire du corps. On arrive au péché lorsque l'on cède aux représentations suggérées par les démons. Il n'y a pas d'autre possibilité car, comme l'enseignait saint Hésychius de Jérusalem :

« Tout comme il est impossible que le feu et l'eau passent simultanément par le même tuyau, il est donc impossible que le péché entre dans le cœur sans d'abord frapper à sa porte sous forme d'images inspirées par le diable. »

Avant qu'apparaissent les images, il faut une occasion qui provoquera des distractions. Ces pensées permettront alors l'apparition d'images qui, à leur tour, conduiront à éveiller des passions concupiscentes, ouvrant la voie aux démons. Une représentation ne peut se transformer en une image attrayante, ni une passion se déchaîner sans un stimulant démoniaque invisible et imperceptible. Bien que Satan soit tombé et déchu, il reste cependant encore plus fort que nous et s'élève bien au-dessus de nous, utilisant la paresse à laquelle nous cédons facilement.

Il est également vrai que des actes coupables provoquent des convoitises et celles-ci, à leur tour, éveillent des distractions qui amènent avec elles des images. L'oubli provoque la division de la mémoire. Une mémoire divisée donne naissance à une multiplicité d'idées, à la paresse et à l'ignorance. Selon saint Grégoire le Sinaïte, la paresse est provoquée par les pensées concupiscentes qui, elles, proviennent de sentiments mal orientés, conduisant au péché. Les péchés s'appuient sur des désirs mauvais irraisonnés et sur un fort attachement à ce qui flatte les sens et aux plaisirs de la chair. Il est important de noter dans ce contexte que les images divisent également le cœur, par ce qui le dissipe ou ce qu'il a volontairement choisi. Elles ont une influence dévastatrice sur la prière, car elles brisent l'unité du cœur et de l'esprit. L'intelligence prononce les paroles de la prière et le cœur, par contre, sous l'influence de représentations, se détache de la connaissance de Dieu. La thérapie consistera alors à se libérer des influences démoniaques et à guérir des convoitises, pour cela il sera bon d'avoir recours aux remèdes proposés par l'Église, c'est-à-dire les sacrements, et d'entrer dans le véritable combat spirituel.

Qu'est-ce qui est indispensable dans la lutte contre toutes ces représentations destructrices ? De quelle manière les combattre ? Qu'est-ce qui est utile dans une thérapie spirituelle, afin de ne pas céder à ces images, que l'on soit endormi ou éveillé ? Pour pouvoir lutter contre les représentations qui proviennent du diable, il faut savoir les distinguer des dons de l'Esprit Saint. Selon saint Siméon Métaphraste, l'âme peut faire une telle distinction grâce au sens spirituel. Une fois qu'elle aura développé sa perception spirituelle, elle sera en mesure de discerner immédiatement l'origine de la lumière qui brille dans son cœur. Alors, elle ne se trompera pas et pourra dire si cette lumière vient de Dieu ou de Satan.

Évagre le Pontique était d'avis qu'il ne faut pas avoir peur si l'on décèle une représentation démoniaque. Au lieu de succomber à la terreur, il vaut mieux la supporter sans crainte, et alors on deviendra digne de voir les merveilles de Dieu. Les images d'anciennes représentations risquent de renaître si l'on ne veille pas attentivement sur son intelligence. Si l'homme se concentre sur elles, elles pénètrent dans son cœur, ce qui excite rapidement la convoitise. C'est pourquoi, selon saint Nil l'Ascète, il est important de ne pas permettre à l'âme de tirer du plaisir de ce genre de représentation, car sinon, on peut retomber dans l'état de péché où l'on se trouvait auparavant. Saint Théodore le Grand Ascète suggère qu'un remède efficace contre les flammes des images impures et la fièvre du corps est la vigilance et l'humilité de l'âme. Cette idée est approfondie par saint Théognostos. Il estime que si l'on parvient à une véritable maîtrise de soi et à l'abstinence totale, alors on ne succombera même pas aux fantasmes se produisant durant le sommeil. Le fait que le cœur soit attiré pas ces idées indique que, dans ses profondeurs, règne encore la maladie de la convoitise. L'histoire connaît des exemples de saints ascètes qui ont eu la grâce de s'unir à Dieu durant leur sommeil. Pour eux, même le sommeil était un moyen de louer Dieu.

Dans le *Discours au sujet de l'Abbé Philémon*, on peut trouver le conseil spirituel suivant, donné par un vieil homme expérimenté à l'un de ses frères :

> « Ne sois pas léthargique et ne néglige pas tes devoirs. Avant d'aller au lit, récite de nombreuses prières dans ton cœur. Lutte contre les mauvaises pensées et ne te laisse pas berner par les exigences du diable. Et alors, Dieu t'accueillera en Sa présence. Si c'est possible, avant d'aller dormir, récite des psaumes, et ensuite, plonge-toi dans la méditation. N'arrête pas ta vigilance, ne permets pas à la raison de laisser entrer d'étranges pensées, couche-toi et médite le sujet de ta prière, afin qu'elle s'unisse à toi lorsque tu t'endormiras (cf. Pr 6, 22). Avant de t'endormir, récite également la sainte Profession de Foi. »

Il résulte de la recommandation ci-dessus que, dans la lutte contre les images qui surviennent durant le sommeil, le plus important est de se tourner entièrement vers Dieu dans la prière et de ne s'autoriser aucune distraction. Saint Nil d'Ancyre assure que, dans la lutte contre les représentations qui veulent nous nuire, la vitesse de réaction est fondamentale. Dès qu'elles apparaissent, il faut les empêcher de pénétrer dans l'intelligence. Sinon, celle-ci commencera à descendre dans l'obscurité des pensées impures et sera entraînée de force à servir les convoitises. Car – comme le dit Évagre le Pontique – la lutte contre les représentations démoniaques consiste à les rejeter rapidement de son esprit et à les détruire. De plus, Évagre le Pontique affirme que pour se libérer et maintenir la distance vis-à-vis de toutes ces fausses représentations, il est bon pour l'intelligence d'avoir une conversation sur des sujets spirituels, qui nourrisse un vif souvenir de Dieu et le remplisse d'amour pour Lui.

Presque tous les auteurs de la *Philocalie* ont souligné le rôle-clé du recueillement intérieur dans le combat spirituel. Ils affirmaient que c'est justement ce souvenir de Dieu, et surtout la présence même de Jésus dans le cœur qui joue un rôle essentiel dans cette lutte. Se concentrer sur Dieu permet de débusquer tous les pièges de la pensée, les fausses argumentations et représentations ou les conjectures chimériques, et lorsque Jésus est invoqué, il brûle immédiatement tout ce qui vient des démons. Le salut est en Jésus-Christ, Lui-même l'a dit : « [...] *sans moi vous ne pouvez rien faire* » (Jn 15, 5). L'âme, remplie d'un courage qui vient de l'Esprit Saint, ne tiendra pas compte des furieuses attaques du démon, mais elle mettra en fuite leurs représentations et luttera en appelant Jésus. Saint Diadoque de Photycé faisait remarquer que, dans la contemplation, il faut garder le cœur libre de toute représentation et image. Lever les yeux de son cœur vers les cieux sans rester vigilant est dangereux, car on aperçoit alors des représentations démoniaques, et non la vérité.

Combien de temps les démons tourmentent-ils le cœur avec ces représentations ? Que devient le cœur quand il n'est plus soumis aux fantasmes insufflés par les démons ? Selon Elias le Prêtre, il n'est pas facile de vaincre les représentations, car elles attaquent jusqu'à ce que l'on atteigne cet état où on est libéré des passions. Saint Théognostos assure que c'est seulement lorsque le cœur obtient ce qu'il espère – voir Dieu face à face – qu'il est libéré des fantasmes et des représentations chimériques et confuses (1 Co 13, 12.). Cet état est décrit avec précision par saint Maxime le Confesseur. Il dit que le cœur purifié de toute représentation matérielle révèle l'amour de Dieu présent en lui, et la divine beauté de Son image rayonne dans toute sa plénitude. Seul le cœur qui n'est pas influencé par le plaisir, l'invitant à se soumettre au péché, reste totalement libre de toute représentation démoniaque et ne cède pas à la tentation. La présence de la lumière spirituelle dans le cœur unit tout ce qu'elle illumine, c'est-à-dire toutes les pensées et les représentations, en une connaissance véritable et pure. Atteignant, par la grâce de Dieu, l'état d'absence de passion, l'homme n'est plus soumis aux séduisantes représentations des passions concupiscentes, provoquées par le désir de plaisir sensuel. La connaissance spirituelle et l'amour, grâce auxquels il reste en relation étroite avec Dieu, deviennent son partage.

2. Les pensées et les désirs comme causes de tous les problèmes de l'homme

Les pensées et les désirs, parce qu'ils ont une relation de cause à effet, sont essentiels dans une thérapie chrétienne de la personne humaine. En effet, ils permettent un diagnostic précis des principales maladies spirituelles de l'homme. Les pensées se caractérisent par une grande richesse sémantique et s'appliquent à toutes les sphères de l'existence humaine. À des fins thérapeutiques, il est important d'identifier les huit pensées considérées comme les menaces principales pour l'homme. Dans le processus de la maladie, on peut distinguer plusieurs étapes allant d'une dépendance à un péché particulier, dû à l'action du Mauvais, à une pathologie où l'on est entièrement dominé par la convoitise.

Les pensées sont liées à la sphère de l'imaginaire, car elles se composent d'images. Elles sont associées à des objets dont les « représentations » mentales contaminent le cœur si celui-ci s'y attache. Chaque pensée forme dans le cœur l'image d'une chose matérielle, ancrée dans notre mémoire par l'intermédiaire des sens.

Pour Évagre le Pontique, la pensée (gr. *logismos*) avait plutôt un caractère péjoratif, ce qui a influencé sa représentation dans la littérature ascétique. La pensée est généralement mauvaise parce que le démon l'utilise, pour inspirer à l'ermite des passions concupiscentes. Comme Évagre parle alternativement de la pensée et du démon, cela semble indiquer qu'il a en quelque sorte identifié ces deux réalités. Une telle compréhension trouve déjà son fondement dans l'Évangile selon saint Matthieu :

> *« Car c'est du cœur que proviennent les pensées mauvaises : meurtres, adultères, inconduite, vols, faux témoignages, diffamations. »* (Mt 15, 19)

Dans les *Apophtegme des Pères du désert*, le problème de la pensée apparaît avec acuité :

> « Un frère avouait à Abba Poémen : mes pensées me tourmentent : elles m'ordonnent d'oublier mes propres péchés, et de m'occuper des fautes de mes frères». Dans les débuts du monachisme, les «pensées» étaient considérées comme un élément gênant et difficile à maîtriser pour la conscience

humaine, parce qu'elles pouvaient conduire à toutes sortes de tentations. Abba Théodore de Scété a remarqué un lien de causalité entre les mauvaises pensées et le ralentissement de la croissance spirituelle : « Si une quelconque mauvaise pensée se présente, elle me rend anxieux et prend mon temps : elle ne me conduit pas jusqu'à l'acte du péché, mais elle m'arrête sur le chemin de la vertu. »

Se référant à l'Évangile, les Pères du Désert considéraient le cœur comme le lieu où naissent les pensées impures. Ils préconisaient de s'en détacher pour ne pas tomber dans le péché : « Abba Anuba demande conseil à Abba Poémen au sujet des pensées impures qui naissent dans le cœur, et au sujet des vaines convoitises. Abba Poémen lui répondit : « La hache s'enorgueillit-elle aux dépens du bûcheron (cf. Is 10. 15) ? Ne leur donne pas de place et ne t'en délecte pas, et elles n'obtiendront rien ». L'afflux de mauvaises pensées provoquait un sentiment d'insécurité chez l'ascète, qu'il exprimait ainsi : « J'ai beaucoup de mauvaises pensées et à cause de cela, je suis en danger ». Amma Synclétique enseignait que le jeûne et la prière sont des remèdes efficaces contre les mauvaises pensées : « Comme les créatures venimeuses meurent par un poison plus fort, de même le jeûne et la prière expulsent les mauvaises pensées ». Les *Sentences des Pères du Désert* indiquent des moyens concrets pour gérer les pensées troublantes. Dans l'un d'eux, Abba Poémen recommandait de ne mépriser personne, de ne juger personne, et de veiller sur ses paroles. Il conseillait également de ne pas céder à la distraction dans sa cellule et de ne pas se laisser enchaîner par ses propres désirs. Il arrivait souvent que les frères viennent demander conseil aux anciens à ce sujet. Que conseillaient, dans ce cas, les maîtres expérimentés dans la vie spirituelle ? La réponse était généralement très simple : les rejeter et mettre tout en œuvre pour ne pas se concentrer sur ce qui apparaît dans la conscience. Il ne faut donc pas s'étonner que l'un des pères d'Égypte ait préconisé comme moyen de lutter contre les pensées d'apprendre à les discerner. Il recommandait donc à son disciple de se poser la question : « Dites-moi ce que je recherche, ou bien qu'ai-je de commun avec vous ? » Dans cette question se cache la grande sagesse des Pères du Désert, qui distinguaient les pensées émergeant dans la conscience de l'homme de ce qu'il est dans son être profond. La lutte contre les pensées ne consistait pas uniquement à les rejeter, elle était aussi indissolublement liée à l'idéal monastique, à savoir être méprisé, se considérer comme le dernier de tous et renoncer à sa volonté propre : « Sois méprisé, rejette ta volonté, et les pensées te fuiront ». Cette attitude de l'ascète avait pour conséquence qu'il ne se concentrait pas sur lui-même et sur ses pensées. Car elles n'étaient pas simplement des pensées, mais avaient la nature de « pulsions », engageant par là même tous les domaines de l'être humain. Il était essentiel pour l'ascète d'acquérir de la distance par rapport à tout ce qu'il ressentait et vivait.

Évagre le Pontique attribuait ces pulsions et ces pensées concupiscentes aux démons et esprits impurs, qui sont à l'origine des différentes sortes de convoitises qui assaillent l'homme. Certains démons tentent de pénétrer dans l'homme par le biais de son humanité et d'autres l'attaquent en excitant les penchants qui l'apparentent à l'animal. Les premiers engendrent la vaine gloire, l'orgueil, la jalousie ou la critique excessive, par contre les autres, profitant de ses désirs contraires à la nature, suscitent en lui des passions en dessous de la nature rationnelle et spirituelle. Dans son traité intitulé *Chapitres sur le discernement des passions et pensées*, Évagre affirme que « parmi les démons impurs, certains tentent l'homme en tant qu'il est un homme, alors que d'autres le tourmentent tant qu'il reste un animal irréfléchi. Les premiers, lorsqu'ils s'approchent de nous, font appel à des pensées de vanité, d'orgueil, de jalousie ou de critiques ; pensées par lesquelles les animaux irréfléchis ne sont pas attaqués ; les seconds, lorsqu'ils s'approchent, éveillent la puissance impulsive de l'âme et le désir de manière contre-nature. Ces passions concupiscentes nous sont communes avec les animaux et demeurent secrètement en-dessous de notre nature raisonnable et spirituelle[2] ».

Parmi les pensées, certaines sont angéliques, d'autres sont humaines, et d'autres encore démoniaques. Selon saint Pierre de Damas, les pensées angéliques se concentrent sur la contemplation sereine des choses pour lesquelles la connaissance spirituelle est requise. Selon Évagre, les pensées humaines ne font rien pour posséder des biens imaginés, et ne pénètrent pas non plus dans leur essence, elles introduisent dans le cœur une catégorie pure de choses, exemptes de toute convoitise concupiscente. Les pensées démoniaques procèdent par suggestion, avec audace et sans vergogne, afin de présenter à l'esprit plusieurs choses créées et de le convaincre que leur possession pourrait leur procurer beaucoup d'avantages, notamment la richesse et la gloire. Saint Pierre de Damas affirme sans ambiguïté que les pensées démoniaques se servent de deux éléments : l'image représentant les choses ainsi que la convoitise. Selon saint Maxime le Confesseur, cette

2. ÉVAGRE LE PONTIQUE : *Chapitres sur le discernement des passions et des pensées*, Abbaye de Bellefontaine, 1987.

distinction est importante dans le processus de discernement des pensées, car les unes sont simples, les autres complexes. Les pensées simples ne sont pas atteintes par la convoitise, alors que les pensées complexes en sont remplies. Alors quelque chose de curieux se produit : en effet dès que les pensées complexes produisent une idée peccamineuse dans l'intelligence, beaucoup de pensées simples se joignent à elle. Les pensées humaines, produites par l'intelligence, utilisent l'imagination comme une échelle, afin de monter du monde des sens vers le cœur. Les observations qui proviennent de la perception des sens sont ainsi communiquées au cœur. En tant que réalités dynamiques, les pensées particulières à chacun prennent diverses formes selon le degré de consentement de l'homme et sont plus au moins reliées au monde démoniaque.

Selon la conception d'Évagre, qui se base sur la philosophie grecque, l'âme comprend trois parties : la partie concupiscente, liée directement à la sphère charnelle, la partie émotionnelle, appelée aussi impulsive, et celle qui se rapporte au cœur, c'est-à-dire à la sphère spirituelle de l'homme. Chacune de ces parties de l'âme est reliée à des sensations, qui se manifestent sous forme de pensées et de suggestions de nature raisonnable, associées généralement à des représentations provenant de la vue et de l'audition. Dans la partie la plus basse de l'âme, la concupiscente, naissent trois sortes « de pulsions » : la gourmandise, l'impureté et la cupidité. Dans la partie supérieure, l'impulsive, apparaissent : la colère, la tristesse et l'acédie. Dans la sphère spirituelle se forment la vanité, c'est-à-dire le désir de vaine gloire, et l'orgueil.

Chaque mauvaise pensée peut être rattachée à l'une de ces catégories. Leur caractéristique est qu'elles ont un but commun. Toutes s'efforcent d'arriver à l'entrée du cœur. Si le cœur n'est pas défendu par la vigilance et le recueillement, alors – dit saint Hésychius du Sinaï – les mauvaises pensées entreront l'une après l'autre, chacune en son temps. Il est important pour elles de trouver le moment favorable pour entrer dans le cœur de l'homme afin d'atteindre l'objectif poursuivi. Lorsque l'une de ces mauvaises pensées parvient à pénétrer dans le cœur, elle ouvre ainsi la porte aux autres. Il en résulte que le cœur s'obscurcit et que le corps s'éveille à des actes peccamineux.

Saint Macaire d'Égypte attire l'attention sur le fait que les péchés naissant des mauvaises pensées sont liés les uns aux autres : la haine à la colère, la colère à l'orgueil, l'orgueil à la vanité, la vanité à l'incrédulité, l'incrédulité à la dureté du cœur, la dureté du cœur à la négligence, la négligence à la pesanteur, la pesanteur à l'apathie, l'apathie à l'indifférence, l'indifférence au manque de persévérance, le manque de persévérance à la complaisance immodérée envers soi-même. Toutes ces interdépendances ligotent l'homme qui perd ainsi sa liberté. Comment cela se produit-il ? On peut trouver la réponse à cette question dans l'une des œuvres attribuées à saint Antoine le Grand, à savoir le traité intitulé : *Du caractère des personnes et de la vie vertueuse.* En principe, ce sont les sens de l'homme qui sont utilisés par les passions concupiscentes de son âme. Par ses sens, l'homme entre en relation avec la réalité qui l'entoure. Il existe cinq sens corporels : la vue, l'odorat, l'ouïe, le goût et le toucher. C'est justement à travers ces cinq sens que l'âme est enchaînée et soumise à l'action de quatre passions qui sont la vanité, l'insouciance, la colère et la lâcheté.

Qu'est-ce qui est à l'origine de la pensée ? En cherchant une réponse à cette question, le Métropolite Hierotheos, se basant sur les écrits des Pères de l'Église et d'éminents auteurs ascétiques, a distingué quatre facteurs essentiels :

1. Le désir du corps provenant de la nature humaine.
2. La représentation, par les sens, des choses créées.
3. La disposition de l'âme.
4. Les tentations des démons.

Selon ce qui les provoque, les pensées peuvent être à la fois bonnes et mauvaises. Une partie des pensées provient de l'esprit du mal et de la convoitise, mais certaines se rapportent à Dieu, aux anges et aux saints. La proportion entre les bonnes et les mauvaises pensées n'est pas égale. Les Pères philocaliques affirment que la majorité des pensées sont destructrices. Elles introduisent l'homme dans un état d'énervement, de perte complète du contrôle de soi, ce qui se révèle dans la vie sociale par une perturbation des relations interpersonnelles. De nombreux psychiatres, psychologues ou psychothérapeutes contemporains recommandent à leurs patients, dans le cadre d'une thérapie, de ne pas trop penser ni trop se concentrer sur les représentations apparaissant dans le champ de leur conscience. Les mauvaises pensées contribuent à la dégradation de la personne humaine. Elles ont une influence particulièrement négative sur l'âme de l'homme, qu'elles polluent et empoisonnent. De nombreuses maladies du corps apparaissent lorsque l'on se soumet aux mauvaises pensées et obéit au désir de celles-ci de ne pas en rester au stade de simple représentation ou « pulsion ».

Les pensées les plus dangereuses pour l'homme sont celles qui proviennent directement de Satan. De nombreux auteurs philocaliques parlent dans leurs œuvres d'un schéma de cause à effet qui se répète et dans lequel on voit bien comment des pensées coupables se transforment en passions concupiscentes. Généralement, le mauvais esprit insuffle d'abord une pensée peccamineuse dans le cœur de l'homme, puis il l'y introduit, bien souvent par la force. Ce moment, défini comme l'attaque, est comparé à l'instant où, à la pêche, on lance l'appât. Une pensée qui apparaît n'est encore qu'une éventualité. Tant que le cœur n'y prête pas attention, elle reste comme en dehors, dans l'ordre du possible. De plus, cette provocation – selon Marc l'Ermite – « est une stimulation au niveau du cœur, souvent sans image. Celui qui est expérimenté, la domine avant l'arrivée de l'ennemi ». Le problème survient lorsque l'homme commence à se concentrer sur la pensée peccamineuse, parce qu'alors, habituellement, le résultat est le passage à l'acte. Cela ne se produit pas tout de suite. On peut discerner plusieurs étapes dans ce processus menant à la soumission aux démons. Saint Philothée du Sinaï en a distingué cinq :

1. L'attaque (agression) : une pensée, libre de passions, ou une image apparaît dans le cœur, sans que celui-ci s'y attarde (stade sans péché).

2. La fusion avec la pensée (on entre en dialogue, en contact avec la pensée) : la connexion avec l'idée ou l'image s'établit de manière passionnée ou impassible (stade encore partiellement sans péché).

3. Le consentement à la pensée – provoquant du plaisir à l'âme lorsqu'elle aperçoit la pensée ou l'image (le péché, à ce stade, dépend de l'état intérieur de l'homme).

4. L'esclavage : la pensée exerce une emprise sur le cœur avec une certaine violence et par contrainte, ou encore la relation persiste avec l'objet du désir.

5. La passion concupiscente – au sens strict, c'est un état d'excitation concupiscente qui dure un temps assez long.

L'attaque est une provocation de l'ennemi consistant à insinuer des pensées dans la conscience de l'homme, pour qu'il agisse et donc commette un péché. Dans ce contexte, saint Jean de Damas fait référence à l'expérience de Jésus, qui avait entendu une voix lui dire : *« Si tu es le Fils de Dieu, ordonne que ces pierres deviennent des pains »* (Mt 4, 3). Les attaques de l'ennemi sont toujours actuelles et l'homme n'a pas le pouvoir de s'en protéger. Nous y sommes continuellement exposés et il dépend de notre volonté d'accepter ou non la pensée que nous suggère l'ennemi Il est important de discerner sans ambiguïté les attaques et les pensées provenant des démons. Si, à cette étape, on coupe résolument avec la pensée, alors elle ne pourra pas prendre racine dans la conscience. Par contre, si nous nous unissons à une ou plusieurs de ces pensées, cela signifie que nous lui permettons d'habiter notre cœur, prenant plaisir à jouer avec elle. Nous renonçons donc à la combattre et devenons ainsi, de notre plein gré, victimes des démons. Cela conduit à la passion concupiscente, qui est précisément provoquée lorsqu'on permet à la conscience d'évoquer avec persistance des pensées provenant d'un mauvais esprit. La troisième étape, c'est-à-dire la lutte contre la pensée, a une grande importance, car c'est ici que l'homme a la possibilité soit de vaincre la pensée concupiscente, soit de s'y soumettre. Dans l'épître aux Galates, saint Paul a montré les tensions liées à cette lutte :

> *« Car les désirs de la chair s'opposent à ceux de l'Esprit, et ceux-ci à ceux de la chair. Il y a entre eux une opposition. »* (Ga 5, 17)

L'homme est vaincu lorsqu'il tombe dans un état de dépendance, ou de soumission à la passion. Dans cet état de consentement, qui est déjà très proche du passage à l'acte, la passion fait pour ainsi dire partie intégrante de la pensée, c'est pourquoi il est si difficile d'y résister. Il s'ensuit que la distance s'évanouit rapidement entre le consentement et le passage à l'acte. À ce stade, nous pouvons remarquer une sorte de « passivité » de la volonté de l'homme, qui n'a plus la force de dire «non» au mal qui l'attire et accomplit l'acte mauvais. De tels choix « passifs » sont déjà un véritable esclavage. Saint Jean de Damas ne se contente pas de présenter le lien entre la pensée mauvaise et le passage à l'acte, c'est-à-dire le péché, mais il insiste sur la conséquence ultime de ce processus : l'homme devient esclave, totalement soumis aux passions qui se sont transformées en convoitises, les actions occasionnelles deviennent permanentes, et la personne risque de rester durablement dans cet état. Saint Marc l'Ermite enseignait que l'âme de l'homme peut facilement tomber en esclavage, s'il consent intérieurement aux mauvaises pensées qui retiennent perpétuellement son attention. Les pensées qui n'ont pas été maîtrisées donnent naissance à des passions qui, en se développant, deviennent des convoitises. Et celles-ci conduisent à la situation où l'homme est dominé par ses désirs et ses convoitises, désirant reproduire des expériences qui lui donnent du plaisir sans pourtant le combler vraiment. Enfin, tout cela aboutit à la déformation et même à la destruction de la personnalité. La personne humaine est tellement dépendante de ces expériences, qu'elle en devient esclave. Il faut rappeler ici que, dans l'antiquité, non seulement on acceptait les convoitises qui étaient considérées comme naturelles, mais de plus on les élevait au rang de dieux que l'on vénérait, comme par exemple l'Aphrodite grecque et la Vénus romaine, déesses de l'amour et de la concupiscence, ou Bacchus, dieu du vin, de la fête et des débordements.

Saint Maxime le Confesseur explique que chaque passion concupiscente a son origine dans un objet perceptible par les sens. Un objet concret est indispensable pour stimuler la puissance de l'âme, et faire naître des passions. Par conséquent, sans représentation d'un objet connu des sens, sans cette forme de présence dans la conscience, il est impossible de donner naissance aux passions concupiscentes. Ainsi, par exemple, il n'y a pas de débauche sans femme, pas de gourmandise sans nourriture, pas d'avidité ou amour de l'argent sans or. Un objet est donc toujours nécessaire comme point de départ des stimulations concupiscentes de nos facultés naturelles. Pour préciser ce qui a été dit ci-dessus, il faut constater que ce n'est pas tant l'objet qui est essentiel, que le démon qui invite l'âme à commettre un péché en relation avec l'objet perceptible par les sens.

La personne qui succombe à des pensées mauvaises n'est pas en mesure d'empêcher son «moi» extérieur de commettre un péché. Saint Philothée du Sinaï voit une relation entre le fait de consentir aux mauvaises pensées et les péchés, qui en sont la conséquence directe. Si nous regardons les choses avec convoitise, c'est parce que notre œil intérieur est obscurci par la concupiscence. Il en est ainsi parce que nous avons prêté l'oreille à des propos inconvenants, insufflés en nous par des démons impurs. C'est pourquoi il est extrêmement important qu'avec l'aide de Dieu, nous nous purifions tant à l'intérieur qu'à l'extérieur. Cela suppose que nous veillions sur nos sens et que nous n'admettions en nous aucune influence concupiscente entraînant au péché. Celui qui s'engage sur le chemin de l'*hésychia*, ne parviendra jamais à maîtriser sa pensée si Dieu ne le fait en lui. Lutter contre les pensées, et finalement les faire disparaître, est l'apanage des forts – dit saint Grégoire le Sinaïte. Ils n'y parviennent pas par leurs propres forces, mais revêtus de l'armure de Dieu et par sa puissance. Afin de lutter efficacement contre les pensées, l'invocation perpétuelle et assidue du Nom de Jésus est d'un grand secours, car la force qui se dégage de cette prière pénètre le cœur et l'illumine. Les Écritures assurent que Dieu est un feu qui dévore tout mal (cf. Dt 4, 23s).

De même, le théologien grec G.I. Mantzaridis observe que chacune des mauvaises pensées peut se transformer, si l'homme y consent, dans la passion correspondante. Cependant, le désir lui-même n'est pas un péché, mais prédispose au péché qui peut conduire à une maladie de l'âme. Comme l'a écrit un éminent expert de la spiritualité chrétienne d'orient, Dumitrou Staniloae, les convoitises se situent au niveau le plus bas que la nature humaine puisse atteindre. Déjà le mot grec *pathi* ou *passiones* en latin, qui désigne les passions, indique bien l'état de passivité et même d'esclavage auquel l'homme est réduit. Il en est ainsi parce que les convoitises triomphent de la volonté de l'homme et le rendent esclave de lui-même. Les convoitises provoquent chez l'homme un désir que rien ne peut satisfaire. Lorsqu'un homme est esclave de ses convoitises, il est en fait soumis à de multiples illusions. La convoitise, pleine de toutes sortes de contradictions, s'exprime sous la forme d'un égoïsme qui désire que tout gravite autour de lui. La convoitise est la conséquence de la suprématie du moi égocentrique ; elle est également une force, qui réduit l'homme à l'état d'objet, balloté de-ci de-là contre sa volonté. Parfois, il recherche l'infini, et parfois il choisit le néant.

L'homme moderne aspire à la pleine santé. Il se demande perpétuellement que faire et quel chemin suivre pour jouir d'une bonne santé. De grands ascètes chrétiens ont, des siècles durant, soigné des chrétiens qui avaient les mêmes désirs que nous aujourd'hui, ils savaient comment faire pour que les malades recouvrent la santé. Ils prenaient comme point de départ cette vérité que tout chrétien est pour ainsi dire malade. Il l'est aussi longtemps qu'il est harcelé par des idées destructrices (gr. *fantasiai*), tourmenté par des passions concupiscentes (gr. *pathi*) et soumis à l'influence des esprits mauvais. Si l'on traduit cela dans le langage de la psychologie contemporaine, on peut dire que nous avons affaire à des dysfonctionnements dus au fait que l'homme n'arrive pas à se maîtriser lui-même et reste dépendant d'émotions diverses, de désirs et de sentiments contradictoires qui le tiraillent, et de l'état pathologique de sa conscience.

Malheureusement, contrairement à la sagesse des Pères de l'Église, la thérapie contemporaine cognitivo-comportementale est très réductrice et se concentre exclusivement sur la vie psychique de l'homme, cherchant à analyser et à modifier le système d'interaction entre ses pensées, ses convictions et ses émotions. Dans cette conception, il n'y a aucune référence à la sphère spirituelle de la personne humaine ni à sa relation à la réalité du monde spirituel : Dieu et le Mal, c'est-à-dire Satan, qui sont le fondement de toute thérapie chrétienne. Une question reste donc ouverte : la guérison complète de l'homme est-elle possible et si oui, dans quelle mesure, si la thérapie ne tient aucun compte du domaine spirituel ? Il est évident que les méthodes de plus en plus parfaites, développées dans le cadre de la psychologie, de la psychothérapie et de la psychiatrie ne se révéleront que partiellement efficaces si elles ne se réfèrent pas aux racines spirituelles des maladies et se basent sur une vision réductrice de l'homme. Cependant, le monde de la science contemporaine aura-t-il l'humilité d'aller puiser dans la sagesse des Pères de l'Église ?

La lutte spirituelle suppose aussi de faire disparaître les causes concrètes ainsi que les effets d'une maladie donnée. La cause originelle de toute maladie est à chercher dans l'activité des mauvais esprits, qui tentent de tromper l'homme, aliènent son libre arbitre et le conduisent à un état pathologique. Les astuces des démons parviennent à transformer les passions naturelles en convoitises qui dérangent le fonctionnement des sentiments et de la volonté chez l'homme. Au fur et à mesure que l'homme malade spirituellement assouvit les convoitises, auxquelles il s'identifie, le processus d'autodestruction et de destruction des autres s'intensifie. Afin de briser ce cercle vicieux, il est très important, dans la lutte contre les perturbations au niveau physique, psychique et spirituel, d'appliquer des remèdes concrets recommandés par un guide spirituel expérimenté.

3. Les attaques des démons sur la sensualité

L'homme est une unité : corps, âme et esprit. À l'extérieur, il s'exprime entièrement par son corps, et c'est également par le corps que se traduisent les besoins de ses autres facultés. Dans cette auto-expression de l'homme, le corps a donc une énorme importance. Selon Évagre, lorsque nous confions à Dieu les besoins de notre corps, nous Lui confions en même temps ceux de notre esprit. On ne peut donc pas séparer l'homme des divers éléments qui le constituent et qui possèdent des « tâches » et des « rôles » particuliers. On ne peut les séparer que par la pensée ; finalement, c'est l'homme tout entier qui est orienté vers Dieu.

L'Incarnation du Fils de Dieu sublime la physiologie humaine. Elle montre l'importance du corps de l'homme, car c'est à travers lui que la personne humaine entre en relation avec les autres. Ainsi, le corps n'est pas mauvais, il est même nécessaire pour vaincre le mal. Christos Yannaras est même d'avis que l'homme n'a pas la possibilité de connaître la « vérité de la vie », « la vérité concernant Dieu » et « la vérité concernant sa propre existence » uniquement par une voie rationnelle, et ne peut pas non plus l'exprimer dans des catégories intellectuelles. La vérité universelle concernant la révélation divine ne peut être atteinte que par une expérience personnelle. La véritable « relation », ou communion avec Dieu en tant que connaissance de Sa Personne, suppose une participation du corps de l'homme, une ascèse corporelle manifestant l'offrande de soi. Et donc, la connaissance de Dieu, but ultime des efforts ascétiques, n'est possible qu'en incluant le corps dans ce processus. De plus, le corps est en quelque sorte un intermédiaire, un moyen pour faire de telles expériences.

Les Pères philocaliques sont assez unanimes sur la manière de traiter le corps, afin qu'il joue un rôle approprié dans le combat spirituel. Le chrétien devrait s'occuper de son corps comme s'il devait vivre avec lui durant de nombreuses années. Cette indication générale sur la façon de se comporter avec son propre corps est complétée par Évagre le Pontique qui explique que, grâce à cela, il sera sain et permettra ainsi de garder un contrôle de soi harmonieux. Le corps est indispensable à l'homme pour réaliser sa vocation. Cela signifie qu'il doit traiter son corps de manière à ne pas nuire à sa vocation. C'est une prémisse essentielle pour saint Nil d'Ancyre, qui prend justement en considération la vocation de l'homme lorsqu'il affirme qu'un corps malade a besoin de détente et de repos. Mais il ne faut pas lui laisser trop de répit ni le relâcher exagérément. Sans le corps, il ne serait pas possible d'observer les commandements. C'est ce qu'enseigne saint Thalassius : « force ton corps afin qu'il suive les commandements, le conservant le plus loin possible de la maladie et des plaisirs sensuels ». Les plaisirs sensuels que procure le corps sont donc un obstacle pour observer les commandements. Mais cette observance sera rendue possible si l'on maintient le corps en bonne santé. Autrement dit, si le corps est bien traité, il remplit correctement ses devoirs et permet d'atteindre les buts que le chrétien se fixe.

Lorsque l'équilibre entre le soin du corps et une complaisance excessive à son égard est rompu, cela provoque des maladies au niveau du corps. Dans ce domaine, on peut distinguer trois types de troubles : la gourmandise, l'impureté et la cupidité. Pour lutter contre ces trois tendances, l'homme devra changer les comportements pathologiques qui l'affectent lorsqu'il abuse de la nourriture, de la sexualité ou qu'il accumule toutes sortes de biens matériels. La satisfaction des différents besoins du corps est quelque chose de naturel, qui garantit la préservation et la transmission de la vie aux générations suivantes. Que faut-il faire lorsqu'une perturbation ou une maladie concrète du corps est diagnostiquée ?

a. La gourmandise

Diagnostic

L'esprit de gourmandise est le premier des huit mauvais esprits les plus importants. Le résultat de son activité devient la passion concupiscente de la gourmandise. Cependant, avant de nous concentrer sur l'analyse du premier de ces dangers, il semble indispensable d'apporter quelques précisions. Il est évident qu'il faut manger et boire pour rester en vie. Puisque la nourriture et la boisson font partie des besoins essentiels de l'homme, quelle est donc la relation entre l'alimentation de l'homme et sa vie spirituelle ? En apparence, il semble n'y avoir aucune relation directe entre ces deux réalités. Cependant, dans les œuvres philocaliques, on trouve toute une série d'instructions sur ce sujet dans le contexte du combat spirituel et des moyens pour parvenir à la pleine communion avec Dieu.

Les Pères philocaliques concentrent généralement leur enseignement sur les dangers de la gourmandise, c'est-à-dire d'une consommation excessive d'aliments et de boissons et ils donnent des conseils pour garder une certaine sobriété dans ce domaine. Ils s'efforcent d'attirer l'attention sur les questions de quantité et de qualité en matière d'alimentation, car, selon eux, cette question est directement liée à la vie spirituelle de l'homme. Comment donc peut-on décrire la relation entre l'alimentation et la boisson, indispensables à la vie, et l'expérience de Dieu dans la prière qui engage toute la personne humaine ?

Il faut tout d'abord, à la suite de saint Pierre de Damas, affirmer que la nourriture en soi n'est pas mauvaise, par contre, la gourmandise – c'est-à-dire manger plus qu'il ne faut pour vivre – est un mal. Déterminer la quantité de nourriture que devrait manger l'homme n'est pas facile. Généralement, on admet que cela doit dépendre de la condition physique d'un homme donné. Si cet homme est fort et sain de corps, il devrait manger peu, et s'il est faible et malade, il lui faut manger suffisamment pour se réconforter. Cette règle générale, formulée par saint Diadoque de Photicé, doit être adaptée à ses possibilités et à ses besoins, ce qui permet de purifier l'âme. Le processus de purification dépend, entre autres, des exercices ascétiques entrepris.

Saint Maxime le Confesseur distingue clairement le fait de s'alimenter et la gourmandise. La gourmandise est une passion concupiscente résultant d'un besoin irrépressible et d'une consommation excessive de nourriture. Comme toute passion, elle a son origine dans les objets perceptibles par les sens, c'est-à-dire la nourriture. Cet objet influence les facultés de l'âme par l'intermédiaire des sens. Comme nous l'avons vu, l'objet de la passion est indispensable à son développement. Sans nourriture, il n'y a pas de gourmandise.

Selon saint Grégoire le Sinaïte, il y a trois degrés dans la manière de manger : la maîtrise de soi, la quantité suffisante et la satiété. La maîtrise de soi consiste à manger de sorte que, après le repas, on sente encore la faim. La quantité suffisante de nourriture, c'est l'état où, après le repas, l'homme ne sent ni faim ni lourdeur d'estomac. Dans l'état de satiété, il a un sentiment perceptible de lourdeur d'estomac. Continuer à manger après être arrivé à l'état de satiété équivaut à ouvrir la porte à la gourmandise. Il est important, après avoir choisi un des degrés de nourriture le plus conforme à ses besoins et ses capacités, de ne pas dépasser les limites que l'on s'est fixées. On trouve un exemple qui peut être imité dans l'attitude de saint Paul, qui disait de lui-même :

> *« Je sais me priver comme je sais être à l'aise. En tout temps et de toute manière je me suis initié à la satiété comme à la faim, à l'abondance comme au dénuement. »* (Ph 4, 12)

Prendre l'habitude de garder une certaine distance par rapport à la nourriture est très important pour la vie spirituelle. Manger et boire tout ce qui a été déposé devant nous en remerciant Dieu pour ses dons ne s'oppose pas aux principes de la vraie sagesse, mais d'un autre côté, le désir de s'abstenir d'une nourriture qui donne du plaisir ou de ne pas en manger trop indique un degré élevé de maturité spirituelle. Pour que ce renoncement aux plaisirs de la vie devienne possible, il est indispensable d'avoir goûté la douceur de Dieu lui-même. Le plus important en ce qui concerne l'alimentation, c'est la modération. Selon les Pères philocaliques, tous les extrêmes sont également dangereux. Saint Jean Cassien avertissait qu'un jeûne trop austère est aussi dangereux qu'une lourdeur excessive de l'estomac. Un jeûne prolongé peut conduire à la gourmandise. Se référant à son propre exemple, saint Jean Cassien écrivait :

> « J'ai gardé un contrôle tellement rigoureux vis-à-vis de la nourriture que j'avais oublié ce que signifiait avoir faim, restant sans manger pendant deux ou trois jours et ne ressentant aucune faim, jusqu'à ce que d'autres m'en

fassent prendre conscience. Cependant, après un certain temps, par les ruses du diable, j'ai été tellement tourmenté par l'insomnie que je suis resté sans dormir pendant plusieurs nuits. Dans cet état, je suppliais Dieu de pouvoir m'endormir. J'étais donc beaucoup plus en péril à cause du jeûne trop sévère et de l'insomnie qu'à cause de la gourmandise et de trop de sommeil. »

Le lien entre manger et dormir se déduit clairement de la citation ci-dessus. L'inverse est également vrai. Un homme ayant trop mangé a des problèmes pour s'endormir. Garder un mode de vie régulier et équilibré permet non seulement de rester en bonne santé, mais aussi d'être plus efficace dans le combat spirituel. Il arrive souvent que la maladie soit provoquée par un genre de vie irrégulier et déséquilibré. Même ceux qui ont déjà atteint un degré élevé dans le combat spirituel y tombent, lorsque, témérairement, ils entreprennent un combat ascétique au-dessus de leurs forces ou qu'ils commencent à céder au besoin de satiété et à la gourmandise.

Qu'était la gourmandise pour les Pères de l'Église ? Comme la classaient-ils et la définissaient-ils ? Tout d'abord, ils rapportaient la gourmandise à l'esprit qui en est la cause. Saint Pierre de Damas définissait la gourmandise comme « le premier des huit maîtres du mal » et l'appelait le démon « subalterne ». Nicétas Stéthatos considérait la gourmandise comme un des « fruits de l'esprit du mal ». En ce sens, la gourmandise est la première des passions concupiscentes. Car la gourmandise, dans la pensée de saint Grégoire le Sinaïte, est la première des « huit principales passions concupiscentes » ; avec la cupidité et la vanité, elle fait partie des trois plus grandes passions. Avec l'insolence, le bavardage, la dissipation, la prétention et la vanité, la gourmandise est l'une des six passions essentielles. Elle compte parmi ce qu'on appelle les passions du corps, à comprendre à la fois dans le sens de l'organisme entier de l'homme et dans le sens négatif, comme siège de la passion. Saint Grégoire Palamas était convaincu que la gourmandise est la cause de toutes sortes d'impuretés corporelles. En outre, la gourmandise est un des « enfants de l'amour-propre », qui précède toutes les passions concupiscentes. Saint Thalassius de Libye la considérait comme une des trois formes les plus courantes de la convoitise.

Pour les Pères philocaliques, quelle partie du corps symbolisait le mieux la gourmandise ? Quelle attitude à l'égard de l'alimentation et de la boisson conduisait au péché ? Saint Grégoire le Sinaïte estimait que le siège des passions concupiscentes était le ventre, car il est l'instigateur des démons et leur lieu de résidence. Il voyait dans le ventre la cause de la chute de l'homme, mais aussi sa possibilité de relèvement, à condition, bien sûr, de maîtriser ses besoins. Le ventre s'identifiait également à l'attrait pour le plaisir. Il n'est pas possible d'être totalement au-dessus de ses besoins, car notre nature même exige un minimum d'aliments. La gloutonnerie et l'ivrognerie étaient considérées comme des péchés de la partie concupiscente de l'âme. Celui qui se complaît dans les plaisirs, comble les désirs de son ventre, essayant de satisfaire ses sens au maximum. De plus, il arrive même que l'homme considère la gloutonnerie comme un don de Dieu.

Le démon de la gourmandise n'agit généralement pas seul, mais il se fait aider par le démon de l'impureté. Saint Nil d'Ancyre attire l'attention sur le fait qu'il existe, dans la nature de l'homme, un lien très étroit entre l'alimentation et la sexualité. La localisation des organes génitaux, juste sous le ventre, témoigne de sa relation directe avec lui. Il en résulte que le désir sexuel a un rapport beaucoup plus proche avec la gourmandise que la colère ou la tristesse. Il puise sa force d'un ventre bien rempli. Si le ventre reçoit peu de nourriture, il affaiblit ainsi la lubricité. La gourmandise, comme l'enseigne saint Maxime le Confesseur, est une sorte de cupidité par rapport à la nourriture, et joue aussi le rôle de « mère et infirmière » de l'impureté. Car la gourmandise, avec la débauche et tout ce qui la renforce, flatte le corps, satisfaisant ses désirs et ses convoitises.

Quelle stratégie utilise le démon de gourmandise ? Quels dangers menacent tous ceux qui se concentrent sur le plaisir procuré par la nourriture et la boisson ? Évagre le Pontique affirme que le démon de gourmandise est toujours en première ligne. Par des pensées impures, il tente de séduire l'âme de l'homme et de lui faire commettre des péchés. D'ailleurs, Élie le Prêtre attire l'attention sur le fait que la gourmandise constitue une menace permanente pour l'homme, s'il ne la domine pas de manière adéquate. À la différence du désir sexuel, qui diminue généralement avec les années, la gourmandise demeure une menace quel que soit l'âge. Un attrait pour une consommation excessive de vin provoque des perturbations au niveau du cœur, compris comme le centre spirituel de l'homme. Selon Diadoque de Photycé, le fait de boire du vin excite les organes sexuels, de sorte que le cœur ne peut s'empêcher de créer des images impures lui procurant du plaisir et l'incitant à pécher. Ces représentations, qui naissent dans le cœur sous l'influence de l'alcool, se reportent sur la sexualité de l'homme. Durant le sommeil de ceux qui sont grisés par l'alcool, les démons leur insufflent des représentations de personnes suscitant le désir, ce qui stimule également le cœur à former des images à caractère sexuel. Les pensées impures naissent généralement de la gourmandise. Le danger de la gourmandise menace particulièrement les moines qui se concentrent sur les besoins du corps et ne parviennent pas à se contrôler et à vivre strictement selon la règle – observe saint Nil d'Ancyre. Mais Marc l'Ermite ajoute que la gourmandise peut conduire à la défaite dans le combat spirituel et empêcher la prière pure. C'est également pour cela que saint Jean Cassien enseignait que ce n'est pas seulement la variété des aliments qui enflamme les feux ardents de l'impureté, mais également leur quantité. Car, quel que soit le genre de nourriture avec lequel il est rempli, le « ventre donne naissance aux semences de vice ». Selon lui, les Sodomites ont été détruits, non par excès de vin et de nourriture, mais à cause de la satiété, ce qu'assure le prophète Ezéchiel :

> « *Voici quelle fut la faute de Sodome, ta sœur : orgueil, voracité, insouciance tranquille ; oui, telles furent ses fautes et celles de ses filles ; elles n'ont pas secouru le pauvre et le malheureux.* » (Ez 16, 49)

Que produit la gourmandise ? Quels sont ses effets ? De quelle manière influence-t-elle le cœur et l'esprit ? À quel état spirituel conduit-elle l'homme ? Lorsque le corps est alourdi à cause de l'excès de nourriture, il entraîne le cœur qui devient déprimé et léthargique. Lorsqu'il mange trop, l'homme a envie de se coucher. Dès qu'il parvient à s'endormir, c'est durant son sommeil que son cœur est attaqué par des représentations de toutes sortes. Selon saint Grégoire le Sinaïte, lorsque «l'estomac est surchargé, le cœur est étourdi», ce qui empêche une prière pure. Lorsque le ventre est rempli de mets exquis, l'esprit perd alors toute capacité à discerner ce qui est bon. Dans un tel état tous les efforts spirituels se trouvent paralysés. La gourmandise, liée à une vie dissolue, remplit l'âme de convoitise, ce qui la pousse à des actions contre nature. Les plaisirs tant aimés enchaînent fortement l'âme à des objets irréels et elle devient esclave d'habitudes qui la détruisent. Saint Nil d'Ancyre appliquait à l'âme qui «siège devant les idoles» un verset du Livre de l'Exode (16, 3) décrivant le mécontentement des Israélites dans le désert à cause du manque de nourriture. Pour le Peuple Élu, ces idoles étaient les «marmites de viande» et le « pain à satiété » (Ex 16, 3), qu'ils avaient en Égypte ; pour les moines, par contre, ces idoles sont de satisfaire leurs propres désirs et de manger plus que nécessaire. De la gourmandise naissent la complaisance dans les plaisirs et de nombreuses autres concupiscences. Elle constitue la racine à partir de laquelle croissent d'autres passions qui en tirent leur force. La colère et la tristesse assaillent le goinfre à cause de son avidité, car il a besoin d'argent pour satisfaire ses désirs incessants, qui ne pourront jamais être assouvis. En ce qui concerne les moines, saint Théodore le Grand Ascète conseillait de manger et de boire avec modération durant les fêtes. Si quelqu'un mange avec voracité et boit du vin un jour de fête, il suscite le mécontentement du saint dont on fait mémoire ce jour-là. La gourmandise conduit à la destruction de tout bien. Si cette passion prend autorité sur l'homme, elle le prive de maîtrise de soi, de modération, de courage, de force et de toutes les autres vertus. Dans les milieux ascétiques, la conviction était largement répandue qu'une grande variété d'aliments conduit à la chute de la forteresse des vertus et l'anéantit. Saint Maxime le Confesseur affirme qu'avec une seule pensée nous inclinant au plaisir, la convoitise de la gourmandise rend toutes les vertus infécondes. Par l'intermédiaire du vice, elle tue la sobriété ; par la cupidité, elle corrompt la justice ; par l'amour-propre elle détruit la compassion. Si le chrétien a du plaisir et de la joie dans le vin – dit saint Théodore le Grand Ascète – il sera vaincu par des pensées impures. L'angoisse deviendra son partage car, ayant choisi de s'engager dans la voie de la tristesse et du repentir pour ses péchés, il n'aurait pas dû rechercher le réconfort dans le vin, même s'il est écrit qu'il réjouit le cœur de l'homme (cf. Ps 104, 15), mais plutôt dans les dons spirituels. Les saints Diadoque de Photycé, Thalassius de Libye et Nil d'Ancyre, sont unanimes pour dire que l'abus de vin est une grande menace pour la personne humaine, car les pensées qui naissent dans le terreau de son cœur sont comme de mauvaises herbes et des ronces. La conséquence immédiate de la gourmandise sera donc toutes sortes de pensées impures, car la gourmandise s'efforce de faire entrer l'impureté dans le cœur de l'homme, et donc de l'inciter à la débauche.

Thérapie

Penchons-nous sur les enseignements des Pères philocaliques afin de trouver des réponses aux questions concernant le combat avec le démon de la gourmandise. Quand et de quelle manière le combattre ? De quoi devrait particulièrement se rappeler la personne qui entre en lutte contre cet esprit ? Évagre assure que la lutte contre le démon de la gourmandise est cruciale et ouvre la voie pour vaincre d'autres démons, car il est toujours en première ligne. Les Pères de l'Église affirment que la stratégie la plus appropriée est la maîtrise de soi. Chaque personne devrait mener une lutte sans merci contre la gourmandise, en se basant sur la connaissance spirituelle obtenue par la grâce de la foi et l'obéissance aux commandements de Dieu. Savoir contrôler son estomac permet non seulement de vaincre le démon de gourmandise, mais il bloque également l'action du démon d'impureté. D'un point de vue physiologique, la gourmandise et l'impureté sont des maladies du corps et de l'âme, qui naissent de pulsions naturelles mal gérées. Pour lutter contre elles, la veille, le travail physique, la lecture spirituelle ainsi que la concentration sur la crainte de Dieu et le désir du Royaume de Dieu sont des armes très efficaces.

La thérapie est très importante dans le combat contre la gourmandise, car il ne s'agit pas seulement de se battre contre un mauvais esprit, mais également contre une convoitise qui asservit et affaiblit les forces spirituelles. Quelles méthodes préconisaient alors les Pères philocaliques ? Sur quoi faut-il se concentrer et que faut-il éviter ? Le principe de base auquel se référaient les communautés monastiques était la maîtrise de soi. Observer ce principe évitait d'abandonner le droit chemin, ce qui risquait d'arriver à ceux qui flattaient leur palais et se remplissaient le ventre. Saint Diadoque de Photycé explique que la maîtrise de soi n'est pas synonyme d'aversion contre la nourriture, parce qu'elle inspirerait du dégoût et serait totalement démoniaque. Bien au contraire. L'ascète ne s'abstient pas de manger parce que la nourriture est mauvaise, mais il limite sa consommation, afin de dominer, dans une certaine mesure, tout ce qui risque d'exciter certaines parties du corps. De plus, selon saint Jean Cassien, manger de manière modérée et raisonnable permet de garder son corps en bonne santé et de ne pas le priver de la sainteté. L'application pratique du principe d'abstinence était de terminer le repas, en ressentant encore de la faim. C'est dans cet esprit que l'on interprétait l'enseignement de saint Paul : « [...] *ne vous souciez pas de la chair pour en satisfaire les convoitises* » (Rm 13, 14). L'objectif principal, selon les Pères de l'Église, était d'éviter de trop manger, car lorsque l'estomac est trop lourd, le cœur perd sa clarté et se trouble ; il est alors difficile à l'homme de rester vraiment concentré dans la prière. Leurs recommandations ne contiennent pas une règle unique au sujet de la quantité de nourriture, car cela dépend de l'âge et de la condition physique de chacun. S'abstenir de nourriture ne signifie pas automatiquement que l'on atteindra la pureté de l'âme. Pour que cela soit possible, il faut pratiquer d'autres vertus comme, par exemple, l'humilité que l'on exerce par l'obéissance et la pauvreté en ne possédant pas d'argent. Il est également utile d'éviter les apéritifs, ou toute sorte de boisson additionnée d'alcool, car – comme le dit saint Diadoque de Photycé – « elles ouvrent la voie de l'estomac aux grands repas » et excitent les organes sexuels. Saint Thalassius de Libye recommandait même à ceux qui s'arrêtaient de boire du vin de limiter également la quantité d'eau bue chaque jour, car, à son avis, l'eau peut agir comme un « carburant pour l'impureté ». Selon saint Grégoire le Sinaïte, la chute provoquée par la non-observance de l'abstinence devrait être un avertissement et un appel à ne pas se décourager dans la vie spirituelle, mais à regretter et à recommencer, sans accuser personne d'autre que soi-même. De cette manière, la chute provoquée par la gourmandise se transforme en victoire, car *« lorsque je suis faible, c'est alors que je suis fort »* (2 Co 12, 9). Il est donc important de se dominer, de maîtriser tous les désirs de son corps et de ne se soumettre ni à la vanité ni à l'orgueil. C'est seulement ainsi que l'on peut contrôler totalement la tendance à la gourmandise et permettre aux vertus de croître. Ce n'est pas facile, et c'est pour cette raison que saint Grégoire le Sinaïte suggère, en cas de défaite dans la lutte avec le démon de gourmandise, d'éprouver du repentir, d'avoir honte et de faire de nouveaux efforts pour se contenir de manière durable. Sans blâmer les autres que soi-même, malgré les chutes, il ne convient pas de cesser notre quête du salut.

Une forme pratique de thérapie est le jeûne. Comment les Pères de l'Église concevaient-ils le jeûne ? Quel est son but principal ? Tout d'abord il faut préciser que le jeûne, même s'il a une valeur en soi, n'est pas quelque chose dont nous devrions nous glorifier ou nous vanter devant Dieu. Le jeûne est uniquement un outil et une aide pour parvenir à la sobriété et à la maîtrise de soi. Selon saint Diadoque de Photycé, l'ascète ne devrait pas se glorifier de jeûner, car le jeûne en lui-même ne sauve pas. Le salut n'est possible que par la foi et la confiance en Dieu. De plus, saint Thalassius de Libye met en garde contre les dangers du jeûne, résultant d'une motivation égocentrique, afin de montrer aux autres sa perfection, car cela ouvre la voie à la vanité, qui anéantit toute la valeur de cette lutte spirituelle. À son avis, un bon jeûne consiste à prendre une « nourriture simple en petites quantités et à éviter l'approbation d'autres personnes ». Saint Jean Cassien considère les jeûnes courts d'un ou deux jours comme les plus indiqués. Le jeûne prolongé peut provoquer des excès alimentaires après qu'on l'a rompu, ce qui excite encore plus la tendance à la gourmandise. Saint Jean de Damas recommandait un jeûne modéré, consistant à manger une fois par jour, et juste ce qu'il faut sans avoir un sentiment de satiété. En prenant une nourriture simple que l'on peut se procurer facilement, de préférence quelque chose que nous n'aimons pas trop, on peut arriver à surmonter la gourmandise, l'impureté et la cupidité. Cela permettra une vie sans dissipation. Il fait des recommandations similaires pour le vin, que l'on peut boire en petites quantités, uniquement lorsque c'est nécessaire en raison de l'état de sa santé, par exemple pour les personnes âgées, malades ou qui souffrent de refroidissement. Il convient de ne mépriser aucune nourriture, car tout ce qui a été créé par Dieu est bon (cf. Gn 1, 31). Une instruction de saint Grégoire le Sinaïte nous donne une notion de la quantité de nourriture consommée par les moines : « [...] un demi-kilo de pain ainsi que trois ou quatre verres d'eau ou de vin par jour devraient suffire ». Après cette recommandation très concrète, il ajoute qu'il ne faudrait jamais manger à satiété. Il faut tout simplement manger ce qui est à portée de main et remercier Dieu pour tout ce qui vient de lui. Le problème du jeûne et de la décision de manger tout ou seulement une partie est un choix très personnel. Il est important de ne pas juger les autres – dit saint Grégoire le Sinaïte. L'Apôtre des Gentils y encourageait déjà dans sa lettre aux Romains :

> *« L'un croit pouvoir manger de tout ; l'autre, qui est faible, ne mange que des légumes. Que celui qui mange de tout ne méprise pas celui qui ne mange pas de tout, et que celui qui ne mange pas ne juge pas celui qui mange, car Dieu l'a accueilli, lui aussi. »* (Rm 14, 2-3)

Selon les Pères de l'Église, c'est à travers le jeûne et la maîtrise de soi qu'il devient possible d'atteindre la pureté de l'âme. De plus, le jeûne a également une dimension sociale, car en se privant d'une partie de la nourriture, nous pouvons partager avec les pauvres, ce qui est un signe d'amour sincère envers son prochain.

b. L'impureté

Diagnostic

La sexualité de l'homme est profondément inscrite dans sa nature. Le désir sexuel a été mis dans l'homme par le Créateur pour une bonne cause. Il ne peut, en soi, être cause de péché. Saint Jean Cassien explique plutôt qu'à un certain moment un changement se produit chez l'homme : les pulsions et désirs de l'âme qui sont naturels dans le corps deviennent quelque chose de non-naturel. Pour confirmer cette hypothèse, il se réfère aux nourrissons qui, ne connaissant pas le plaisir sensuel, font cependant des mouvements naturels dans le corps, et plus particulièrement au niveau des organes génitaux. Quoique les petits enfants ne soient pas en mesure de distinguer le bien du mal, on peut conclure d'après leur comportement qu'ils possèdent des pulsions venant de l'âme. Et ils seront atteints profondément par ceux qui les blessent d'une manière ou d'une autre. La pulsion sexuelle en elle-même n'est donc pas mauvaise. Ce qui est important, c'est la manière dont elle est utilisée par l'homme. La nature en elle-même n'est pas mauvaise. Tout dépend de l'usage que nous faisons de nos passions. Si nous en faisons un mauvais usage, et que nous nous comportons envers nos proches de manière bestiale, nous ne devrions pas en blâmer le Créateur. Pour illustrer cette vérité, saint Jean Cassien prend l'exemple du couteau. On peut se poser la question : est-ce que l'homme qui donne à quelqu'un un couteau dans un but utile, peut être imputé du meurtre que cette personne va commettre avec ce couteau ?

En ce qui concerne les rapports sexuels avec les femmes, c'est le but qu'il faut considérer, selon saint Maxime le Confesseur. L'acte sexuel doit en effet être orienté vers la procréation, par contre, se concentrer uniquement sur l'expérience du plaisir sensuel doit être considéré comme un abus, une attitude inadaptée. Les images impures qui naissent dans la conscience de l'homme ont un rôle clé dans l'interprétation des relations sexuelles, car elles engendrent une relation inadéquate envers des personnes ou des choses. Il ne faut pas considérer de la même manière l'acte sexuel selon qu'il est fait pour procréer ou pour satisfaire son désir. Traiter une personne ou une chose d'une manière inappropriée est mauvais. C'est le démon de la convoitise qui en est l'origine, embrasant le corps de désir.

Selon saint Diadoque de Photycé, le plaisir tiré de la sexualité en vue de procréer est naturel, c'est pourquoi nous y succombons aussi facilement. Il peut arriver que le désir sexuel redouble lorsque Dieu le permet. Cela s'applique particulièrement à ceux qui, par l'ascèse, grandissent de plus en plus dans les vertus. Pour renforcer leur humilité, le Seigneur permet parfois qu'ils soient assaillis par le démon de la convoitise. En expérimentant alors sa propre faiblesse, l'ascète se perçoit comme pire que ceux qui vivent dans le monde. Évidemment, le démon de la convoitise s'efforce d'attaquer tout le monde et toujours.

Selon saint Diadoque de Photycé, Ève au Paradis est l'archétype de l'aliénation résultant de la convoitise des sens. Elle-même illustre bien le fait que, si l'on utilise sans modération la vue, le goût et les autres sens, ils dispersent et détachent le cœur du souvenir de Dieu. Car tant qu'Ève ne regardait pas l'arbre défendu avec désir, elle était toujours en mesure de se rappeler l'ordre de Dieu. Étant couverte par les ailes de l'amour de Dieu, elle n'était pas consciente de sa nudité. Dès qu'elle a regardé l'arbre avec un désir concupiscent, elle n'a pas pu s'empêcher de manger le fruit, car sa sensualité était alors exacerbée. Le désir est devenu permanent dans ses pensées et par l'aspect attrayant du fruit, elle a attiré Adam dans sa chute. Depuis lors, il est très difficile au cœur de l'homme de se souvenir de Dieu et de ses commandements.

Méditant le sixième commandement de Dieu – « *Tu ne commettras pas d'adultère* » (Ex 20, 14) – dans le contexte de l'enseignement néo-testamentaire du Christ, saint Grégoire Palamas rappelle que, selon la loi juive, la fille du prêtre se déshonorant par la prostitution devait être brûlée, car c'est son père qu'elle couvrait de honte (cf. Lv 21, 9). Quel devrait donc être le sort de quelqu'un qui, au lieu d'être uni au Christ, se lie avec une prostituée et ne fait avec elle qu'un seul corps (cf. 1 Co 6, 16) ? Par là même, ne se sépare-t-il pas du Corps du Christ, perdant l'héritage de Dieu et se jetant lui-même dans la géhenne ? Une personne qui souille le corps du Christ ne mérite-t-elle pas une punition bien pire ? Ces questions que posaient les Pères de l'Église avaient un rôle pédagogique pour tous ceux qui n'étaient pas suffisamment avancés dans la vie spirituelle afin qu'ils se rendent compte qu'on ne peut à la fois satisfaire les convoitises de la chair et être greffé sur le Christ. Elles contribuaient également à encourager ceux qui étaient capables de s'engager dans « la voie de la virginité » – qui consiste à s'abandonner totalement à Dieu et à Lui être fidèle par un amour parfait. Un tel encouragement trouve son fondement dans l'enseignement de saint Paul :

> « *J'aimerais vous voir libres de tout souci. Celui qui n'est pas marié a le souci des affaires du Seigneur, il cherche comment plaire au Seigneur.* » (1 Co 7, 32)

Saint Grégoire Palamas considérait que ce mode de vie était une anticipation de la vie future, puisqu'on s'efforce de vivre sur terre comme des anges de Dieu. En préservant sa virginité, l'homme tente de les imiter dans son corps, autant qu'il lui est possible.

Une autre voie, celle du mariage, est également possible et conforme à la loi de Dieu, qui permet d'épouser une femme et de vivre avec elle dans la sainteté. Il faut également garder une entière abstinence envers d'autres femmes, en évitant de les regarder aussi bien avec les yeux du corps qu'avec ceux de l'âme, afin de garder la pureté de son cœur. Car le Christ sait ce qui se cache dans le cœur de l'homme. Aller aussi loin dans la continence est justifié, car l'impureté qui s'installe dans le cœur, suite à l'émoi des sens, peut très facilement entraîner le corps à pécher. Regarder avec une complaisance excessive la beauté d'autres corps peut conduire à des actes lubriques contre-nature. En coupant les racines amères – affirme saint Grégoire Palamas – nous nous préservons contre des récoltes mortifères et, en même temps, nous pouvons avoir l'assurance de récolter des fruits de pureté et de sainteté, sans lesquels nul ne verra le Seigneur (cf. He 12, 14).

La sainteté et la pureté de l'âme, constituant l'essence de la virginité, ne consiste pas seulement à s'abstenir de relations sexuelles avec une femme. Pour renforcer ce point de vue, saint Jean Cassien se réfère à l'autorité de saint Basile le Grand, qui disait : « Je n'ai pas connu de femme, mais je ne suis pas en état de virginité ». La virginité est donc plus que l'abstinence ou la continence. Conserver la vertu de chasteté – explique saint Jean Cassien – dépend de l'humilité du cœur ; il importe aussi de savoir si, dans les profondeurs de l'âme, ne se cache pas la passion d'impureté. Cela nécessite évidemment un combat spirituel, ce qu'encourage saint Paul dans la lettre aux Colossiens :

> *« Mortifiez donc vos membres terrestres : fornication, impureté, passion coupable, mauvais désirs, et la cupidité, qui est une idolâtrie. »* (Col 3, 5)

Dans l'exégèse de ce texte, saint Maxime le Confesseur explique que ce qui est « terrestre » a trait généralement aux désirs du corps. Les aspects concrets de ces désirs « terrestres » du corps, énumérés par l'Apôtre des Gentils, correspondent au degré d'engagement de l'homme. La débauche – c'est le péché commis, l'impureté – c'est le consentement au péché, la volupté – ce sont les pensées concupiscentes, les désirs mauvais – c'est l'acceptation de ces pensées, la cupidité par contre désigne ce qui fait naître et développe la convoitise.

Selon Nicétas Stéthatos, c'est le démon d'impureté qui nous fait céder aux passions concupiscentes ; étant très expérimenté et très rusé, il utilise tous les moyens à sa disposition pour influencer l'homme. Pour ceux qui sont engagés dans cette lutte spirituelle il peut devenir un piège, un fouet ou un test, selon le niveau d'avancement dans la vie spirituelle. Un piège pour les débutants sur le chemin de la vertu ; un fouet, pour ceux qui sont à mi-chemin, mais déjà affaiblis dans leurs efforts ; un test, par contre, pour ceux qui sont déjà arrivés à la contemplation et s'efforcent d'atteindre l'absence de passion.

Jésus enseignait que, pour Dieu, le plus important est le cœur de l'homme. Les sens, et particulièrement la vue, peuvent avoir une grande influence sur lui. Selon saint Siméon Métaphraste, porter un regard lubrique sur une femme a pour conséquence que des images impures l'assaillent, et qu'il commet dans son cœur l'adultère avec elle (cf. Mt 5, 28). Cet avertissement évangélique avait une grande signification dans la spiritualité du désert, qui voyait le cœur comme un champ de bataille où s'affrontaient le bien et le mal, Dieu et le diable. La promesse de Jésus : *« Heureux les cœurs purs, car ils verront Dieu »* (Mt 5, 8) confirmait que le salut dépend de l'état du cœur de l'homme. Les mauvais esprits, conscients de ce que peut provoquer un regard de désir posé sur une femme, s'efforcent de tisser un réseau de pensées, qui séduisent le cœur de l'intérieur – explique saint Philothée du Sinaï. Ils n'attaquent pas directement par l'objet du désir, c'est-à-dire une femme en particulier, mais de l'intérieur, en insinuant dans le cœur des images impures et des paroles éveillant l'instinct sexuel. Ils utilisent également d'autres méthodes de ce genre, afin d'obtenir l'effet désiré. Dans son commentaire de Matthieu 5, 28, saint Jean Cassien indique que pour maîtriser les regards concupiscents il faut prendre avec assiduité le « remède » recommandé par Dieu, c'est-à-dire la garde du cœur (cf. Pr 4, 23). En effet, si l'on regarde une femme en la désirant, on commet un adultère dans son cœur, car c'est en lui que se trouve la cause de la maladie spirituelle. L'état du cœur détermine la manière dont nous faisons usage de nos yeux. Si les yeux sont inquisiteurs et impurs, cela ne vient pas d'eux, car ils n'en sont que l'instrument, mais de l'âme qui ne les utilise pas à bon escient. En tant que Médecin, Dieu s'efforce d'atteindre tous les replis de l'âme, car c'est là que se cache la cause de la maladie, c'est-à-dire la convoitise de la chair. Si quelqu'un est infidèle envers Dieu et entretient des pensées impures, il n'obtiendra rien, même s'il garde son corps dans l'innocence et la pureté. Deux sortes d'adultères sont donc possibles, l'un, qui concerne le corps et l'autre, lorsque l'âme fraye avec Satan. Si l'ascète ne veut pas devenir adultère, il devra aspirer à entrer dans son cœur, afin d'y combattre Satan. Selon Nicéphore l'Ermite, une arme efficace dans ce combat est la haine dirigée contre le père du Mal, et le rejet de toutes les pensées qui viennent de lui.

Consentir à des pensées impures excite les convoitises, et alors le cœur devient aveugle. Dans sa *Lettre à Nicolas l'Ermite*, saint Marc l'Ermite met en garde contre « l'ascétisme apparent », qui suscite l'admiration des autres parce qu'ils nous considèrent comme purs et humbles. L'ascète ne peut oublier que Celui qui connaît tous les secrets, connaît aussi l'état de son cœur.

Les Pères philocaliques comparaient volontiers la souillure du corps provoquée par les rapports sexuels à celle de l'âme dépravée par les mauvaises pensées concupiscentes. Cette analogie utilise la terminologie qui se réfère à l'acte de procréation, propre aux conjoints. L'immoralité et l'impureté concernent autant le corps que l'âme. Aussi saint Paul exhortait-il à se purifier de toute souillure de la chair et de l'esprit (cf. 2 Co 7, 1). Saint

Maxime le Confesseur situe l'action du corps « dans le monde des choses » et « l'activité du cœur » dans le monde des représentations :

> « Comme le monde du corps se compose de choses, le monde du cœur se compose de représentations. Et comme le corps commet un adultère avec le corps d'une femme, le cœur également, créant une image de son propre corps, commet l'adultère avec la représentation d'une femme. Par l'intermédiaire de la raison, le cœur voit la forme de son propre corps ayant un rapport sexuel avec la forme du corps d'une femme. »

Ce genre de mauvaises pensées, qui incitent à se représenter les choses, rendent l'homme prisonnier, assure saint Hésychius du Sinaï. Ce sont des tentations qui utilisent une image de la réalité connaissable par les sens. Chacune d'elles est un fantasme provoqué par une mauvaise pensée. Si elles ne sont pas rejetées à temps, elles remplissent le cœur de l'homme. Une image séduisante naît du souvenir d'une femme, insufflé par le démon. Le père du mensonge fait tout pour que ce souvenir demeure le plus longtemps possible dans le cœur, ce qui lui permet de lui communiquer des pensées humiliantes et insidieuses. Suite à cela, cet homme cédera à la tentation. Saint Jean Cassien conseille de ne pas admettre en soi les premières manifestations des pensées mauvaises, par lesquelles le serpent s'efforce de s'infiltrer dans nos âmes. Si nous ne laissons pas entrer la tête du serpent, c'est-à-dire la première tentation, nous ne laisserons pas non plus entrer le reste du corps, c'est-à-dire le plaisir sensuel qu'il propose.

Quels sont les éléments les plus importants de la stratégie du démon de l'impureté ? Les Pères philocaliques, se référant à des expériences vécues, s'efforçaient de sensibiliser les ascètes sur ce qui pouvait leur être utile dans le combat spirituel.

Le démon de l'impureté s'efforce de suggérer à l'ermite des images d'hommes et de femmes se livrant à des jeux obscènes, pour faire de lui le spectateur de leurs faits et gestes impudiques. Ce genre de tentation était parfois accompagnée de l'impression – et c'était peut-être le cas – que le démon touchait le corps, allant jusqu'à l'enflammer d'une convoitise incontrôlable, dit Évagre le Pontique. Témoignant de la puissance du démon de l'impureté, saint Maxime le Confesseur rappelle qu'il attaque particulièrement ceux qui ont négligé les questions de nourriture et qui rencontrent souvent des femmes. Utilisant la complaisance envers le plaisir sensuel, il réveille la concupiscence, et se glisse ensuite imperceptiblement dans le cœur de l'homme. Il le persécute par la mémoire, insufflant dans son cœur diverses représentations et, de cette manière, « met son corps en feu », le conduisant à consentir au péché. Les démons agissent également durant le sommeil. Les moines affirment que, en principe, ils peuvent le faire de deux manières différentes. Soit ils touchent d'abord les organes génitaux et ensuite, par la mémoire, introduisent une figure féminine dans le cœur, soit ils font l'inverse, c'est-à-dire qu'ils amènent d'abord dans le cœur l'image d'une femme, et réveillent ensuite l'envie en touchant les organes génitaux. Quel que soit l'ordre dans lequel cela se produit, l'effet est le même : des fantasmes apparaissent, attisés par des pensées coupables qui prennent des formes féminines, par l'intermédiaire de la mémoire. Les représentations se rapportent généralement à des expériences passées. Si le cœur n'est pas purifié, la vue d'une belle femme éveille en lui la convoitise. La mémoire forme en l'homme des images impures, actualisant des événements passés – ce que nous avons vu, entendu ou fait avec un plaisir passionné. De cette manière, le cœur reste entaché d'impureté et le corps troublé devient enclin aux passions et tellement dominé par le désir que – comme le souligne saint Marc l'Ermite – « il commet des actes impurs, tant durant le sommeil qu'éveillé, même s'il n'y a pas de relation physique avec une femme ». Selon saint Jean de Karpathos, les démons s'efforcent surtout de souiller les ascètes « par des fantasmes impurs et l'éjaculation de sperme » lors de grandes fêtes ou durant l'Eucharistie. De même, Évagre le Pontique remarque que les démons de l'impureté, rusés et jaloux, attaquent également les ascètes absorbés dans la prière, se tenant devant Dieu avec crainte et vénération. Ils s'efforcent alors par la ruse d'affaiblir la vigilance du cœur et de le détourner de Dieu.

Le démon d'impureté n'attaque généralement pas seul, mais il agit avec ceux de la vanité et de la gourmandise. Selon saint Maxime le Confesseur, Hérode symbolise le démon de l'impureté, par contre, Pilate celui de la vanité. Lorsque nous lisons dans l'Évangile selon saint Luc que Hérode et Pilate deviennent amis (cf. Lc 23, 12), on peut l'appliquer aux démons de l'impureté et de la vanité qui se mettent d'accord et collaborent pour «infliger la mort à la vertu et mettre fin à la connaissance spirituelle». Le démon de la vanité, sous prétexte de connaissance spirituelle, attire le démon de l'impureté ; tandis que le démon de l'impureté, sous les apparences de la pureté, conduit à la vanité. Ils agissent exactement de la même manière qu'Hérode et Pilate avant la mort de Jésus sur la croix. En effet, Hérode a ordonné de revêtir Jésus d'un manteau de pourpre et l'a renvoyé à Pilate (cf. Lc 23, 11). Car l'impureté a souvent son origine dans la vanité. Saint Nil l'Ascète prévenait qu'il fallait être attentif, car «la porte d'entrée semble attrayante, mais derrière elle se cache un chemin de destruction, qui conduit les insensés au royaume de la mort». Si l'on se concentre trop sur l'extérieur, on peut être abusé et cela peut susciter l'impureté. Les pensées concupiscentes découlent d'un manque de modération dans la nourriture et la boisson. Saint Thalassius était convaincu que les pensées impures sont la conséquence de la gourmandise, et Diadoque de Photycé décrivait ainsi l'influence pernicieuse du vin sur le cœur : « Lorsque les organes génitaux sont échauffés par le vin, le cœur est incapable de s'empêcher de créer en lui des images lui procurant du plaisir, reflétant notre convoitise ». Les démons utilisent l'alcool, qui agit comme un catalyseur, suscitant la convoitise et affaiblissant la vigilance du cœur. Lorsque l'homme est sous l'influence de l'alcool, les démons peuvent plus facilement suggérer des images concupiscentes à son cœur pendant le sommeil, et inciter également le cœur à créer lui-même des fantasmes attrayants, par exemple des images de femmes qu'il aimait passionnément. Cette manière de se délecter dans les plaisirs séduit le cœur et le plonge dans le péché – assure saint Diadoque de Photycé. Selon saint Maxime le Confesseur, l'intempérance dans la nourriture et la boisson, de même que des conversations débridées avec les femmes donnent donc naissance à toutes sortes de pensées passionnées qui soit stimulent la convoitise de l'âme, soit troublent sa partie impulsive ou obscurcissent son raisonnement. Saint Nil l'Ascète remarque une certaine interaction entre ces passions : « la gourmandise conduit à l'impureté et l'impureté à la tristesse ». Les deux premières convoitises sont un symptôme de la maladie du corps, tandis que la troisième révèle une maladie de l'âme. Les relations entre les différents démons suscitant toutes sortes de concupiscence et les convoitises elles-mêmes manifestent bien que l'homme forme un tout et que toutes les sphères de sa personnalité sont intrinsèquement liées.

Thérapie

De quelle manière l'homme peut-il se libérer de l'influence pernicieuse du démon de l'impureté et être guéri des convoitises sexuelles qui le harcèlent ? Il n'est pas possible de surmonter les désirs sexuels par nos propres forces. Saint Jean Cassien enseignait que « nous ne devrions pas avoir confiance en nos propres forces et nos pratiques ascétiques, mais dans l'aide de Dieu, notre Maître ». Tant que l'homme est convaincu qu'il peut guérir et atteindre les sommets de la pureté par ses propres efforts et ses pratiques, il sera attaqué et tourmenté par le démon de l'impureté. Cette victoire est au-dessus des forces naturelles de l'homme. Il ne lui est pas possible de s'élever au-delà des plaisirs et des tentations du corps, si ce n'est par la grâce de Dieu. Cependant, Évagre le Pontique affirme que la partie impulsive de l'âme peut également être une bonne aide dans la lutte contre le démon de l'impureté, car elle dirige l'agressivité et la colère contre les mauvaises pensées qu'il inspire. Cela inquiète le démon, l'emplit de frayeur et détruit ses plans. Cette colère peut être pour l'âme un remède très efficace dans les tentations. Il existe un lien direct entre le désir charnel et l'aspiration aux réalités spirituelles. Plus le désir augmente, moins la personne est intéressée par le monde spirituel. Remarquant cette relation, Élie le Prêtre conseille d'éliminer la cause du désir sexuel, afin de ne pas devoir supporter la honte d'une chute. La vertu de la maîtrise de soi est utile dans ce cas. Grâce à elle, l'homme enchaîné au corps peut ressembler à un ange. La vertu de maîtrise de soi permet à ceux qui vivent sur terre de devenir *« citoyens des cieux »* (cf. Ph 3, 20).

Les enseignements de saint Jean Cassien seront une aide précieuse pour discerner dans quelle mesure nous avons succombé à l'influence du démon de l'impureté. Si, durant le sommeil, aucune image impure n'apparaît, c'est le signe que nous avons déjà atteint cette vertu à un haut degré de perfection. Par contre, si ce genre d'images apparaît durant le sommeil, leur apparition n'est pas un péché, mais uniquement la preuve de notre paresse et passivité spirituelle, ainsi que le symptôme de la faiblesse qui est encore en nous. Pour guérir l'âme de cette maladie, qui engendre un afflux de pensées créant des images impures, il vaut mieux les rejeter dès qu'elles apparaissent. C'est dans cet esprit que saint Jean Cassien interprète les paroles du Psaume 137, 8-9 :

> *« Fille de Babel, heureux qui te revaudra les maux que tu nous valus ! Heureux qui saisira tes petits, pour les briser contre le roc. »*

Les petits de Babel sont les pensées mauvaises et concupiscentes de l'homme. Quand elles sont encore des enfants, c'est-à-dire dès qu'elles apparaissent, il faut les jeter au sol et les fracasser contre le rocher qu'est le Christ (1 Co 10, 4). Si, au contraire, nous les autorisons, elles deviennent à chaque instant plus puissantes et elles seront plus difficiles à vaincre. Il est possible de gagner la bataille contre le démon de l'impureté et de parvenir à maîtriser les convoitises de la chair, à condition de mener le combat sur deux fronts, c'est-à-dire à la fois dans l'âme et dans le corps. Saint Diadoque de Photycé recommandait en outre, dans cette lutte, de réprimer sa frustration, de ne pas se dénigrer soi-même et de penser intensément à la mort, en restant totalement maître de soi. Cela permet de collaborer avec l'Esprit Saint, qui nous élèvera au-dessus des convoitises de la chair, et vaincra le démon de la convoitise.

c. La cupidité

Diagnostic

La cupidité est la dernière passion qui fait partie de la triade des esprits du mal se rapportant au corps. Les Pères philocaliques faisaient généralement sur ce sujet de brèves instructions. Satisfaire ses besoins est inséparable de la vie sur terre. Il n'y a donc, en soi, rien de mal à cela. Le problème est d'accumuler des biens de manière excessive ou de les arracher injustement à d'autres, ou encore de donner plus d'importance aux biens possédés qu'à la valeur de la personne. Avoir ou être ? Du point de vue chrétien, cette question devrait être reformulée sous la forme suivante : combien avoir et comment être pour réaliser sa vocation à la sainteté ?

Comment comprendre la cupidité ? Quel danger représente-t-elle pour l'homme ? Dans la *Philocalie* on trouve à différents endroits des éléments qui nous permettront de faire une synthèse sur cette réalité qui est un si grand obstacle pour le salut. Selon saint Marc l'Ermite et Nicétas Stéthatos, la cupidité est la mère de tous les vices et la marâtre des vertus. Elle va généralement de pair avec la vanité, c'est-à-dire l'amour de la gloire, ainsi qu'avec le plaisir des sens, c'est-à-dire une complaisance excessive envers soi-même. Elle ne consiste pas seulement en la possession de richesses, d'or ou d'argent. Être attaché en pensée à quelque chose est bien plus grave. Cet attachement dépend de la manière dont on oriente sa volonté, ce qui conditionne toute l'attitude spirituelle de l'homme. C'est pour cette raison que ces paroles que le Sauveur nous a apprises ont tellement d'importance : « *Car là où est ton trésor, là aussi sera ton cœur* » (cf. Mt 6, 21). Selon saint Pierre de Damas, les pensées mondaines et les soucis de la vie qui lient l'homme, l'empêchent de se mettre entièrement au service de Dieu. Saint Jean Damascène assure par contre que la cupidité, plus que toute autre passion, est ridicule et n'a aucun sens, car elle ne sert à rien. Quel intérêt y a-t-il en effet à peiner pour gagner de l'argent, et aller ensuite le cacher dans la terre ? Le Sauveur lui-même nous a avertis : « Ne vous amassez pas de trésors sur la terre » (Mt 6, 19). Pour souligner l'importance de vivre dans la pauvreté, Évagre le Pontique se réfère aux paroles de saint Paul :

« Car nous n'avons rien apporté dans le monde et de même nous n'en pouvons rien emporter. Lors donc que nous avons nourriture et vêtement, sachons être satisfaits. » (1 Tm 6, 7-8)

Cette attitude protège de la cupidité, qui est « la racine de tout mal » (1 Tm 6, 10). Saint Maxime le Confesseur indique l'interdépendance entre la cupidité et la vanité : « Les vaniteux deviennent riches et les riches deviennent vaniteux ». Pour Évagre le Pontique, la cupidité fait également tomber dans l'orgueil, « premier rejeton du diable ».

Évagre le Pontique, qui a démasqué la stratégie du démon de la cupidité, l'appelait le grand imposteur, car il ne cesse d'insuffler à l'âme des pensées mensongères. Il change très souvent de rôle, afin de tromper l'âme et d'en prendre possession par la pensée, ce qui la fera tomber au pouvoir du démon de la vanité. Lorsqu'il est frustré par l'austérité du détachement de l'ascète, il l'encourage à faire des actes de bienfaisance, par exemple préparer un repas de bienvenue pour des étrangers qui vont arriver, ou envoyer des vivres à des frères absents. Il lui suggère aussi d'aller visiter les prisonniers et de payer une rançon pour les esclaves. Il lui conseille insidieusement de se joindre à des femmes riches, ou suscite en lui un sentiment de servilité envers tous ceux qui sont riches. Le démon de cupidité a accès au cœur du moine lorsque celui-ci manque de foi. Saint Jean Cassien estimait que ce démon est étranger à la nature de l'homme et, pour autant que celui-ci le remarque rapidement, il peut le terrasser plus vite que les autres démons qui sont plus liés au corps, comme le démon de la luxure ou de la colère. Par contre, si l'homme ne le rejette pas aussitôt qu'il l'a remarqué, alors le démon enflammera en lui la maladie de la cupidité, dont il est très difficile de guérir.

De quelle maladie parlent les Pères philocaliques ? Quelles en sont les racines ? Avant tout, comme cela a déjà été évoqué ci-dessus, la cupidité provient d'une mauvaise utilisation du libre arbitre. Elle est dangereuse pour les âmes tièdes et ceux qui manquent de foi. Saint Jean Cassien enseigne que l'esprit de cupidité s'attaque à ceux qui débutent dans la vie ascétique, leur insufflant toutes sortes de raisons apparemment justifiées et rationnelles pour garder une partie de leurs biens. Il montre aux novices qu'ils peuvent un jour tomber malades et même, dans la vieillesse, devenir infirmes ; il essaie alors de les persuader que ce monastère n'offre pas les garanties nécessaires pour se rétablir, car le malade y est livré à lui-même, privé même des soins de première nécessité. Il faut donc mettre un peu d'argent de côté en vue de ces heures sombres pour ne pas mourir misérablement. Selon saint Nil d'Ancyre et Pierre de Damas, la gourmandise et l'amour-propre sont également à l'origine de la cupidité.

De quelle manière la cupidité se manifeste-elle ? Sous quelles formes ? Se référant à l'Écriture Sainte et aux enseignements des Pères philocaliques, saint Jean Cassien répertorie trois formes sous lesquelles la cupidité se manifeste chez ceux qui ont choisi la vie monastique. La première forme attaque ceux qui étaient pauvres dans la vie laïque en les encourageant à obtenir et à garder les biens qui leur ont manqué dans le monde. La deuxième touche ceux qui ont renoncé aux biens de ce monde par leur offrande à Dieu en essayant de les amener à regretter ces biens et à vouloir les posséder à nouveau. Enfin, la troisième attaque les moines au niveau de la foi et affaiblit leur zèle sur le chemin spirituel, en les empêchant de se détacher complètement des biens de ce monde ; qui plus est, elle suscite en eux une peur de la pauvreté et un manque de confiance dans la providence de Dieu, les poussant à rompre leurs vœux monastiques. On trouve dans les Écritures Saintes des exemples de chacune de ces trois formes de cupidité. Géhazi, serviteur du prophète Élisée, est une bonne illustration de la première forme. Il voulait acquérir des biens qu'il ne possédait pas auparavant, et pour cette raison, non seulement il n'a jamais reçu de son maître Élisée la grâce de la prophétie, mais de plus il a été couvert de lèpre à cause de sa cupidité à laquelle il n'a pas pu résister (cf. 2 R 5, 20-27). La deuxième forme de cupidité peut conduire au drame, comme ce fut le cas pour Judas, qui a voulu gagner l'argent auquel il avait renoncé lorsqu'il a suivi Jésus. Cela l'a conduit à trahir son Maître et à perdre sa place parmi les apôtres. À cause du désespoir qui l'oppressait, il a fini sa vie par un suicide. Le sort d'Ananie et Saphira a été tout aussi tragique, car ils ont été condamnés à mort par les paroles de l'apôtre, pour avoir gardé pour eux ce qu'ils avaient offert précédemment (cf. Ac 5, 1-10). Selon saint Jean Cassien, ces témoignages bibliques devraient sensibiliser tous ceux qui ont quitté le monde, afin qu'ils renoncent à tout et puissent ainsi combattre le démon de cupidité.

Maxime le Confesseur a remarqué que la cupidité apparaît généralement chez une personne qui est heureuse de recevoir, mais malheureuse lorsqu'elle donne. Elle sera alors assaillie d'images se référant à l'argent. Elle le voit partout, a le désir de multiplier l'argent par un prêt à intérêt et de garder ses revenus à la banque. Nicétas Stéthatos nous dit que, dans une relation interpersonnelle, l'amour de l'argent se révèle par l'insensibilité du cœur, le manque de compassion et la concentration sur soi.

Quelles sont les conséquences de la cupidité ? Quelles en sont les causes ? Pour répondre à ces questions, les Pères de l'Église ont décrit les effets de la cupidité tant sur la personne humaine que sur les relations avec les personnes et avec Dieu. La cupidité agit principalement sur le cœur de l'homme qui, sous son influence, devient aveugle. C'est ce qu'affirme saint Hésychius du Sinaï, ainsi que saint Marc l'Ermite. Ce dernier enseigne que l'homme perd ainsi sa vigilance spirituelle, ce qui perturbe ses relations avec les autres. La cupidité engendre de la haine pour son prochain et rend hypocrite et cruel envers les autres. De même, la malhonnêteté et la cupidité prennent l'apparence du bien pour tromper certains moines. Ils estiment en effet qu'il est légitime de prendre le contrôle des biens des autres pour les redistribuer à ceux qui sont dans le besoin. Cela leur semble compatible avec les paroles de l'Écriture – *« Il y a plus de bonheur à donner qu'à recevoir »* (Ac 20, 35) – qu'ils interprètent faussement, comme s'ils oubliaient qu'ayant renoncé à tout, ils devraient maintenant suivre le Christ (cf. Mt 18, 21). La cupidité peut tellement corrompre l'homme qu'il en devient idolâtre (cf. Col 3, 5). En se concentrant par la pensée sur des personnes qui possèdent de l'or, le cœur de l'homme oublie Dieu. Le moine, dévoré par la cupidité – explique saint Jean Cassien – cesse d'être obéissant et ne respecte plus les autres. Tout l'irrite et il ne se satisfait pas de sa ration quotidienne de nourriture, ni de la cellule dans laquelle il vit. Il éprouve de la rancœur et se comporte comme un cheval sauvage et entêté. La cupidité incite les gens à préférer l'argent à tout autre chose, et à estimer les choses matérielles plus que Dieu. Les personnes possédées par cette passion transforment la vérité de Dieu en mensonge et adorent et servent des créatures au lieu d'adorer et de servir son Créateur (cf. Rm 1, 25). Selon Nicétas Stéthatos, l'âme dominée par la cupidité diabolique tombe dans une maladie qui le détruit. Le moine atteint de cette maladie considère que ni la présence de Dieu, ni la possibilité du salut ne se laissent enfermer dans les limites d'un monastère. Comme l'affirme saint Jean Cassien, un tel moine est obsédé par l'idée de le quitter et d'entraîner un de ses confrères. Le désir d'avoir une fortune personnelle le prive de la paix intérieure que donne la vie dans le monastère et l'empêche de respecter la règle. Finalement, le démon de cupidité, comme un loup, « l'arrachera à son enclos et le séparera du troupeau ». Il l'empêche de faire régulièrement ses prières, d'observer les jeûnes et les veilles durant la nuit, le convaincant de concentrer tous ses efforts sur l'artisanat. Ensuite, il abuse le malheureux moine dans ses attentes secrètes, lui faisant voir en imagination combien il pourrait s'enrichir grâce à son artisanat et gagner en confort et en sécurité. Saint Jean Cassien voyait donc dans la folie de la cupidité un obstacle pour arriver au salut.

Thérapie

Qu'est-ce qui est essentiel dans le combat contre la cupidité ? Il doit être mené surtout au niveau du cœur. Tout d'abord, il faut savoir distinguer comment évolue la pensée. Évagre le Pontique décrit ainsi le processus : d'abord le cœur adopte la pensée de posséder de l'or, puis se représente la chose en elle-même et enfin est pris par la cupidité. Une telle distinction permet de prendre de la distance par rapport à la chose désirée (symbolisée ici par l'or) et à examiner si et dans quelle mesure elle est nécessaire ; cela permettra de se poser la question de savoir pourquoi on veut posséder cette chose. Grâce à cette méthode il sera ensuite possible de se déposséder non seulement de l'or ou de l'argent, mais aussi de n'importe quelle chose. De cette manière, l'homme entreprend une thérapie qui purifiera son âme. Selon saint Jean Cassien, il deviendra aussi plus libre par rapport à la colère, la tristesse, la vanité et l'orgueil.

Extirper de l'âme la racine de tous les maux, c'est-à-dire la cupidité, exigera beaucoup de combats spirituels. C'est indispensable pour que des ramifications ne repoussent pas, empêchant de vivre le radicalisme évangélique. Saint Basile le Grand disait à un sénateur qui avait gardé une partie de sa fortune personnelle : « Tu as perdu ta position de sénateur, et tu n'as pas su devenir moine ». Penser à l'heure de sa propre mort et à la venue imprévisible du Seigneur peut également être utile. Qu'adviendra-t-il si, au moment de Sa venue, il trouve notre conscience souillée par la cupidité ? C'est ce que dit Dieu à l'homme riche dans la parabole évangélique : *« Insensé, cette nuit même, on va te redemander ton âme. Et ce que tu as amassé, qui l'aura ? »* (Lc 12, 20). L'apôtre Paul nous en donne un bon exemple par son témoignage de vie : il a tenu à travailler de ses propres mains, veillant à n'être un fardeau pour personne (cf. Ac 20, 34 ; Ph 4, 15-16 ; 2 Co 11, 9). Renoncer au monde et embrasser la pauvreté à cause du Christ est une condition pour suivre son exemple et entreprendre ce combat. Nicétas Stéthatos est convaincu que, grâce aux armes de la foi et *« l'épée de l'Esprit, c'est-à-dire la Parole de Dieu »* (Ep 6, 17), on peut repousser avec efficacité l'esprit de cupidité et finalement l'anéantir. Le résultat final dépendra de nous : pour surmonter la cupidité, serons-nous prêts à adopter et appliquer dans notre vie la loi de justice, qui consiste à avoir une miséricordieuse compassion envers les autres ?

4. Les attaques des démons dans la sphère psychique

L'âme humaine, c'est-à-dire la sphère psychique de l'homme, ne meurt pas à la mort du corps, car elle reste en relation avec Dieu. Quel est le fondement de cette relation ? Quelle en est la conséquence pour l'âme de l'homme ? Selon saint Maxime le Confesseur, si l'âme de l'homme est en lien avec Dieu, c'est parce qu'elle a été créée avec le corps, plus belle que le monde visible, par le Créateur le plus parfait qui soit. Elle a été créée par le souffle vivifiant de Dieu et dotée d'un puissant désir et d'une forte aspiration à faire le bien, ainsi que de la capacité à réagir vivement à l'amour de Dieu. L'union de l'âme et du corps est temporaire, puisque par la mort ils seront séparés. Alors, l'âme créée à l'image de Dieu montera au ciel ou descendra dans l'Abîme. Le corps terrestre retournera là où il a été pris, c'est-à-dire dans la terre. Par la grâce du Sauveur Jésus-Christ, ces deux éléments séparés s'uniront à nouveau lors de la Parousie, afin que chacun de nous puisse recevoir une récompense pour ses œuvres.

En raison de l'obscurcissement de la raison, la lumière de l'Esprit s'est voilée dans l'âme, et c'est celle du monde sensible qui brille de plus en plus en elle. L'âme n'est donc pas en état de concentrer toute son attention sur la réalité divine tant que le cœur de l'homme n'est pas uni à Dieu dans la prière. De cette manière, l'âme se trouve prise entre les ténèbres et la lumière, reliée à la fois au monde spirituel et au monde connaissable par les sens. Pour que l'âme redevienne pleinement à l'image de Dieu, elle doit d'abord être en paix avec elle-même et avec les autres pour être vraiment en paix avec Dieu. L'âme est un miroir qui reflète Jésus-Christ, qui est sagesse et puissance de Dieu le Père (cf. 1 Co 1, 24). Non seulement le Christ est reflété dans l'âme, mais il vit en elle (cf. Ga 2, 20). C'est ainsi que saint Maxime le Confesseur interprétait le verset de l'épître aux Galates : *« Le Christ vit en moi »* (Ga 2, 20). Car, par l'Esprit, l'âme devient le lieu où Dieu demeure (Ep 2, 22). Pour que cela soit possible, elle doit être semblable à de la cire, et non à de l'argile. Comme la cire devient de plus en plus souple sous l'influence de la chaleur, de même l'âme qui s'attache à Dieu sera façonnée par Lui. Si elle se concentre volontairement sur le monde matériel, elle devient alors semblable à de l'argile qui s'endurcit sous l'effet du soleil et elle sera détruite. En raison de sa liberté de choix, l'âme peut soit confirmer sa véritable dignité, soit choisir volontairement ce qui est vil et misérable. Si l'âme effectue des choix en vue de ressembler à Dieu, elle deviendra alors de plus en plus la demeure transparente et resplendissante de l'Esprit Saint. C'est dans une telle âme que le Christ veut naître de manière mystique, s'incarnant en ceux qui ont obtenu le salut. L'âme, entièrement purifiée, pourra adorer Dieu.

Les Pères philocaliques distinguent trois puissances de l'âme, qu'ils qualifient parfois de forces : la puissance rationnelle – définie aussi parfois comme spirituelle, la puissance impulsive et la puissance concupiscente. Dans son enseignement, saint Hésychius le Prêtre affirme qu'il faut bien utiliser ces trois puissances. L'impulsivité peut servir dans la lutte contre le « moi » extérieur et contre Satan, afin de ne pas pécher contre Dieu. La concupiscence devrait être orientée vers Dieu et vers la sainteté. La tâche de la raison est de maîtriser avec sagesse et habileté les deux autres puissances, c'est-à-dire d'exercer un contrôle sur elles de manière à les réprimander au besoin et à les orienter correctement. Si l'on veut être un homme droit, il faut attribuer à chacune de ces puissances une tâche qui lui corresponde. À la partie rationnelle de l'âme, la lecture spirituelle, la contemplation et la prière, à la partie impulsive, l'amour spirituel et à la partie concupiscente, la modération et la maîtrise de soi.

Selon saint Jean de Damas, Dieu a également pourvu l'âme de quatre vertus principales : le courage, le jugement moral, la tempérance et la justice. Toutes les autres naissent de ces quatre vertus. Saint Jean de Damas énumère toute la liste : la foi, l'espérance, l'amour, la prière, l'humilité, la douceur, la patience, la bonté, la liberté face à la colère, à l'orgueil, à la cupidité, à la tristesse, la connaissance de Dieu, la sérénité, la simplicité, la maîtrise de soi, la franchise, l'absence de jalousie, l'honnêteté, la compassion, la miséricorde, la générosité, le courage, la profonde contrition, la modestie, le respect, la soif de bénédictions, le désir du Royaume de Dieu et de la filiation divine. La valeur de l'âme peut être évaluée à l'aune de cette longue liste de vertus, que renforcent particulièrement l'amour et la maîtrise de soi.

L'événement, qu'a été la chute de nos premiers parents, Adam et Ève, n'est pas resté sans conséquence sur l'état de l'âme. Depuis lors, elle est exposée à des menaces de toutes sortes qui peuvent la séparer de Dieu. Les mauvais esprits s'efforcent de l'asservir afin qu'elle sombre dans les convoitises qui la harcèlent comme le ferait une maladie. Les perturbations de l'âme peuvent être définies également comme une pathologie de la vie psychique de l'homme. Ce peut être différentes formes de violence et d'auto-agression. Les Pères de l'Église en distinguent trois : la colère, la tristesse et l'acédie. Par conséquent, l'âme a besoin d'une thérapie adéquate pour recouvrer son identité et s'unir à Dieu.

Ces maladies de l'âme sont actuellement traitées comme des dysfonctionnements de la vie psychique de l'homme. Ces troubles se situent sur un axe, dont les extrêmes sont l'agressivité et la dépression. Leur cause est à chercher dans un désir non satisfait d'une convoitise au niveau du corps. On est pris alors dans un cercle vicieux infernal qui ne fait que s'intensifier, uniquement dans le but de jouir toujours plus : le résultat est que l'on tombe malade et que l'unité entre le corps, l'âme et l'esprit est brisée. Cet état reflète bien le malaise qui règne dans l'âme à la fois vis-à-vis des autres et de soi-même.

a. La colère

Diagnostic

Les trois passions dont nous allons parler maintenant concernent l'âme, c'est-à-dire tout ce qui constitue la vie psychique de l'homme. À cause de l'impossibilité de satisfaire pleinement les trois premières passions concupiscentes ayant un lien avec les besoins du corps, à savoir la gourmandise, l'impureté et la cupidité, une seconde triade apparaît : la colère, la tristesse et l'acédie. La première des passions de l'âme, la colère, est dirigée vers l'extérieur. Elle consiste à décharger l'agressivité accumulée dans l'homme, qui se forme lorsqu'il n'a pas obtenu ce qu'il désirait.

Qu'est-ce que la colère ? Quelles formes prend-elle ? Toutes les sortes de colère sont-elles mauvaises ? La colère est une des passions qui peuvent donner de bons ou de mauvais fruits. Une bonne colère est une colère conforme à la nature – explique saint Isaïe l'Ermite. Ce genre de colère vient du cœur et permet d'atteindre une certaine pureté, car elle consiste à s'opposer à tout ce qui vient de l'ennemi. Saint Philothée du Sinaï assure qu'elle est dirigée contre les démons qui mènent une guerre contre nous par la pensée. Selon Nicétas Stéthatos, la colère contre nature est une passion négative de l'âme, qui a un effet destructeur sur l'homme. Elle se caractérise par l'absurdité et l'insouciance. Saint Grégoire le Sinaïte affirmait que cette colère insensée n'a pas été créée avec l'âme. À l'origine, elle ne se rapportait pas au corps qui, initialement, n'était pas soumis à la corruption et ne connaissait pas les sentiments provoquant une colère incontrôlée. Ce n'est qu'après la chute de l'homme que le corps s'est opposé à la volonté de l'âme par la colère et le désir. L'âme raisonnable est créée à l'image de Dieu, par le souffle vivifiant de Dieu. Le corps a également été créé bon, sans colère instinctive ni désir. La chute a provoqué un changement dans le corps, qui l'a fait devenir semblable à celui des animaux, c'est-à-dire mortel et sujet à la corruption. En raison du lien entre les facultés de l'âme et du corps, l'homme a régressé au niveau de l'animal, et son comportement violent et irréfléchi est désormais dirigé par la colère et le désir. La gourmandise, l'avarice, la colère et la tristesse sont – selon saint Nil l'Ascète – interdépendantes, l'une entraînant l'autre. Le glouton a besoin d'argent pour satisfaire des désirs qui ne peuvent jamais être satisfaits. Il se met alors en colère contre ceux qui l'empêchent d'obtenir de l'argent. Lorsqu'il s'avère qu'il est trop faible et trop maladroit pour en obtenir suffisamment, il cède à la tristesse. La colère et l'amertume deviennent alors la part de ceux qui cherchent à satisfaire leurs besoins hédonistes, mais qui n'y parviennent pas. L'homme ressemble à un serpent qui se déplace en marchant sur la poitrine et sur le ventre (cf. Gn 3, 14). Dès qu'il possède les moyens matériels lui permettant de réaliser ses plaisirs – dit saint Nil d'Ancyre – il se déplace « sur le ventre », c'est-à-dire qu'il satisfait son ventre, par contre lorsqu'il n'y arrive pas, il se déplace «sur la poitrine» là où se trouve le siège de la violence.

Quelles sont les sources de la colère ? Évagre le Pontique a repris l'expérience des Pères du Désert, qui affirmaient que les démons des différentes passions collaborent entre eux, l'un introduisant l'autre. Le démon de l'impureté attaque quelqu'un qui a déjà été victime du démon de la gourmandise, par contre, le démon de la colère s'efforce de conquérir ceux qui sont attachés à la nourriture, aux biens matériels ou au culte de la personnalité. L'impossibilité de satisfaire entièrement ces besoins et la privation des choses convoitées font entrer le démon de la tristesse. Toutes les pensées qui provoquent une colère contre nature sont d'origine démoniaque. La colère naît en principe d'un désir non satisfait, et c'est de ce désir qu'elle « puise le carburant », ce qui perturbe la vision spirituelle et fait sortir de l'état de prière.

De quelle manière lutte le démon de la colère ? Quelle stratégie utilise-t-il ? Selon Évagre le Pontique, la tactique du démon de la colère ressemble énormément à celle utilisée par le démon de l'impureté. Son but est de stimuler la partie impulsive de notre âme : il lui montre par l'imagination différentes personnes et lui fait croire qu'elles nous ont offensés sans aucune raison, comme, par exemple, nos parents, notre famille ou nos amis. Il essaie ainsi de nous pousser à dire ou à faire du mal envers eux. Le démon de la colère attaque particulièrement ceux qui sont facilement irritables et il les distrait de la prière et de la connaissance du Christ. Lorsqu'il parvient à s'installer dans le cœur de l'homme, il aveugle les yeux du cœur par d'épaisses ténèbres, le rendant ainsi incapable de discerner efficacement le bien du mal. Le cœur devient alors insensible à la contemplation de la lumière de Dieu. De plus, saint Théodore le Grand Ascète fait remarquer que le démon de la colère utilise dans son combat des images impures qui séduisent les âmes. Et saint Maxime le Confesseur ajoute qu'une colère aveugle, que le cœur n'est pas en mesure de contrôler, rend l'homme violent et colérique en imagination. Le manque de contact avec d'autres personnes et la vie solitaire n'empêchent absolument pas les accès de colère et de rage. Il arrive souvent que, dans la solitude, cette passion augmente et se renforce. Bien qu'il puisse sembler que l'isolement permette d'acquérir une certaine dose de patience, il arrive bien souvent que, lors du premier contact avec quelqu'un qui s'approche et le provoque, il crache avec violence son venin toxique.

Quelles sont les conséquences de la colère ? Qu'advient-il d'un homme qui a été habité par cette passion concupiscente ? Qu'en est-il de ses relations avec les autres ? La colère obscurcit et dévaste l'âme. La passion de la colère puise sa force et son intensité dans l'orgueil. Dans la *Lettre à Nicolas l'Ermite*, saint Marc l'Ermite décrit de manière très imagée l'influence du démon de la colère sur la personne humaine :

> « L'arbre diabolique de l'amertume, de la colère et de l'irritation a des racines humides, comme si elles avaient été plongées dans l'eau sale de l'orgueil. C'est dans cet état qu'elle s'épanouit, se développe bien et produit de nombreux fruits pourris. »

Quant à saint Jean Cassien, il ajoute que, sans aucune raison, la colère aveugle les yeux de l'âme, l'empêchant ainsi de voir le Soleil de Justice. Suite à la colère, le cœur se détache du souvenir de Dieu, n'est pas en mesure de se concentrer sur Lui, même si l'homme s'y efforce – nous dit saint Diadoque de Photycé. La colère empêche donc pratiquement de prier et d'avoir part à la Sagesse de Dieu. L'homme asservi par la colère, même s'il est considéré par tous comme un sage, est un sot : *« Ne te hâte pas de t'irriter, car l'irritation habite au cœur des insensés »* (Qo 7, 9). En outre, elle empêche de vivre dans la justice, comme en témoigne l'apôtre Jacques, *« car la colère de l'homme n'accomplit pas la justice de Dieu »* (Jc 1, 20). Selon saint Jean Cassien, la colère est particulièrement dangereuse pour le cœur, car non seulement il est obscurci par l'amertume qui devient son lot, mais il est également coupé de la lumière de la connaissance spirituelle, ce qui l'empêche de bien discerner les pensées qui l'assaillent (gr. *logismoi*) : il cesse alors d'être la demeure de l'Esprit Saint. Les effets négatifs de la colère sur le cœur sont également perceptibles au niveau des relations interpersonnelles. L'homme dont le cœur est esclave de la colère regarde les autres avec une cruauté bestiale. La source de sa colère est à chercher dans la subordination aux mauvais esprits. C'est un tel avertissement que saint Marc l'Ermite adresse dans sa *Lettre à Nicolas l'Ermite.* De son côté, saint Jean Cassien explicite le sens de l'enseignement de saint Paul dans l'épître aux Éphésiens au sujet de la colère :

> *« Emportez-vous, mais ne commettez pas le péché : que le soleil ne se couche pas sur votre colère. Il ne faut pas donner prise au diable. »* (Ep 4, 26-27)

Il l'interprète ainsi :

> « Ne provoquez pas le Christ, soleil de justice, qui est votre cœur, par une connivence avec les mauvaises pensées, permettant ainsi au diable d'avoir accès en vous, en raison de la disparition du Christ. »

L'avènement du soleil de Justice avait déjà été proclamé par le prophète Malachie :

> *« Mais pour vous qui craignez mon Nom, le soleil de justice brillera avec la guérison dans ses rayons. »* (Ml 3, 20)

Thérapie

Que peut-on faire pour se libérer de la colère ? Comment combattre la colère qui est contre nature ? Quelles conditions faut-il remplir afin de ne pas céder à l'esprit de colère ? À la recherche de réponses à ces questions, commençons par écouter la mise en garde du Sauveur lui-même : *« Tout homme qui se met en colère contre son frère en répondra au tribunal »* (Mt 5, 22). Saint Philothée estime qu'il faut donc d'abord mobiliser toute sa volonté pour prendre la décision de ne pas se mettre en colère contre son prochain. On peut lire dans l'Évangile que le Christ veut que nous soyons libres de toute haine, colère, ressentiment ou amertume envers qui que ce soit. Cela exige une énorme patience et de la compréhension envers le prochain. Pour les acquérir, il faut lutter contre les passions qui nous dominent, en particulier la colère et l'esprit qui la provoque.

Saint Jean Cassien donne une série de recommandations dans la lutte contre le démon de la colère. Essayons donc de les examiner d'un peu plus près. Ce saint ascète affirme que s'enfermer dans l'isolement et vivre dans la solitude, c'est-à-dire fuir le monde, est propice à cacher les passions. Elles deviennent invisibles, car couvertes par une illusion de vertu, si bien que, tant qu'il n'y a pas de confrontation, nous sommes convaincus d'avoir déjà atteint la patience et l'humilité. Cependant, ceux qui cherchent à atteindre une douceur parfaite doivent faire un grand effort pour ne pas se mettre en colère contre quelqu'un ou quelque chose, que ce soit des personnes, des animaux ou même des plantes et des objets inanimés. Car l'homme asservi par la passion de la colère peut même se mettre en colère contre des plantes, des morceaux de bois ou des pierres, raconte saint Jean Cassien :

> « Lorsque je vivais dans le désert, je me souviens avoir piqué une colère et m'être irrité contre un jonc qui était soit trop épais soit trop mince, ou contre un morceau de bois que je voulais fendre rapidement alors que je n'y parvenais pas, et aussi contre un silex, alors que je voulais allumer rapidement un feu et que je ne parvenais pas à produire des étincelles. »

Le médecin des âmes recommande de se réconcilier d'abord avec ses proches, y compris avec ceux qui nous ont fait du mal et mis en colère, sans qu'il y soit de notre faute. Jésus désire que nous arrêtions de nous excuser et que nous renoncions à accuser les autres. En prenant la faute sur nous et en excusant les autres, nous réparons la brèche qui s'est ouverte dans les relations interpersonnelles. Arracher la racine de la colère, c'est lui enlever toute possibilité de se maintenir dans le cœur de l'homme. Ce n'est que de cette manière que nous pourrons contrôler la violence présente dans l'âme et ne pas succomber aux diverses tentations de l'esprit de colère. En éteignant les braises de la colère, nous expérimentons une guérison intérieure. Si notre cœur est dans cet état, nous pourrons offrir nos dons à Dieu. Car le Sauveur a enseigné :

> *« Si donc tu vas présenter ton offrande à l'autel et que là tu te souviens que ton frère a quelque chose contre toi, laisse là ton offrande à l'autel, et va d'abord te réconcilier avec ton frère ! Puis viens présenter ton offrande ! »* (Mt 5, 23-24.)

L'offrande offerte au Seigneur ne sera pas acceptée aussi longtemps que notre cœur sera rempli de colère et d'amertume. Car la colère, l'amertume et la dispute empêchent de prier. C'est ce que saint Paul enseignait aux premiers chrétiens :

> *« Je voudrais donc qu'en tout lieu les hommes prient en élevant les mains, saintement, sans colère ni dispute. »* (1 Tm 2, 8)

Mettre en pratique ce commandement de l'apôtre nous prédispose à prier sans cesse (cf. 1 Th 5, 17) et nous guérit également de la colère. Pour que cette guérison soit totale, il ne suffit pas d'éviter les manifestations extérieures de colère. Il est important de rejeter aussi les pensées colériques et malveillantes dirigées contre notre prochain. Grâce à cela, il sera possible de contrôler sa langue et de purifier son cœur de l'amertume, de la haine et de la rancune profonde. Après avoir extirpé de notre cœur la racine de la colère, nous ne traiterons plus les autres avec haine ou jalousie. La mise en garde de saint Jean s'applique avant tout au cœur :

> *« Quiconque hait son frère est un homicide, et vous savez qu'aucun homicide n'a la vie éternelle demeurant en lui. »* (1 Jn 3, 15)

De même que l'on peut voir le sang d'un homme tué par l'épée, de même Dieu voit le sang versé par quelqu'un qui a de la haine au cœur, et il rendra à chacun selon ses œuvres.

On peut trouver dans la Bible des passages (cf. Lv 19, 17, Pr 12, 28) qui, selon saint Jean Cassien, interdisent non seulement la colère, mais même toute pensée de colère. Afin de respecter la loi de Dieu, il faut s'efforcer de lutter contre le démon de la colère et contre la maladie qu'elle provoque dans l'âme. Contrôler la colère – ajoute saint Thalassius – permet de rejeter rapidement les pensées d'agressivité contre son prochain. Quant à saint Théodore le Grand Ascète, il avertit que, dans le cas contraire – si la passion de la colère domine l'âme d'un moine – il sera confondu, car indigne de vivre dans la solitude monastique. Il cesse d'être digne de respect (cf. Pr 11, 25), et les personnes vivant dans le monde se révéleront plus parfaites que lui. Le moine ne doit donc permettre ni à la colère ni à l'irritation de demeurer en lui, car alors il cessera d'être doux, et ce n'est que dans un cœur doux que réside la sagesse. Élie le Prêtre estime que garder un silence strict peut être d'une grande aide pour venir à bout de la colère.

La guérison définitive de la colère dépend de notre prise de conscience qu'il n'y a aucune raison d'être irrité, aussi légitime soit-elle. Quelle valeur aurait le renoncement aux choses matérielles, le jeûne ou les nuits de veille dans la prière, si nous devions être reconnus coupables lors du Jugement Dernier, parce que nous n'avons pas été capables de nous maîtriser et de résister à la colère ? – demande saint Jean Cassien. Saint Maxime le Confesseur avertit que le démon de la colère, obscurcissant le cœur de l'homme, empêche même de distinguer le bien du mal, et fait que tout devient relatif. Le retour à la raison peut se faire par le souvenir de la mort ; en effet, comme il concerne la fin de cette vie sur terre, il introduit un élément d'incertitude quant à la vie après la mort, et nous oblige donc à approfondir notre réflexion sur notre manière de nous comporter et de satisfaire tous nos désirs. Il suffit de faire périr l'harcelante convoitise pour apaiser et retenir la colère qui, par nature, est le moteur du désir. Le cœur, purifié de la colère, de la haine et des pensées impures, prendra conscience qu'il est très étroitement relié au Christ. Selon saint Jean Cassien, il n'est pas possible à l'homme pécheur de suivre un chemin spirituel et d'atteindre la perfection, s'il ne se débarrasse pas de la colère : *« Bannissez loin de vous toute amertume, irritation, colère, cri ou injure, ainsi que toute méchanceté »* (Ep 4, 31), nous dit saint Paul. Ce n'est qu'en étant libéré de la colère que l'on peut aider le prochain qui a fait quelque chose de mal à revenir sur la bonne voie. Sinon, les paroles de l'Évangile s'appliqueront à nous : *« Qu'as-tu à regarder la paille qui est dans l'œil de ton frère ? Et la poutre qui est dans ton œil à toi, tu ne la remarques pas ! »* (Mt 7, 3) et *« Médecin, guéris-toi toi-même »* (Lc 4, 23).

b. La tristesse

Diagnostic

Les Pères philocaliques ne donnent pas de définition exacte de la tristesse (gr. *lype*). Ils se contentent tout au plus d'en décrire certaines caractéristiques et d'en présenter la symbolique. Évagre le Pontique compare la tristesse à une vipère. Il considère ce symbole comme le plus approprié en raison de l'action du venin de la vipère, car ce poison a deux fonctions : il peut servir d'antidote, s'il est donné au bon moment et en quantité adéquate, mais il peut également être mortel s'il a été pris en grande quantité. L'esprit de tristesse peut également être double : soit il provoque le repentir et la conversion du cœur (gr. *metanoia*), soit il conduit à la mort.

Au sujet de la première sorte de tristesse, saint Paul a écrit en parlant de l'homme qu'il avait libéré à Corinthe :

> *« Il vaut mieux lui pardonner et l'encourager, de peur que cet homme-là ne vienne à sombrer dans une tristesse excessive. C'est pourquoi je vous exhorte à faire prévaloir envers lui la charité. »* (2 Co 2, 7-8)

Car il savait bien que cet esprit de tristesse peut aussi contribuer à la renaissance intérieure de l'homme, afin que s'opère la conversion de son cœur (gr. *metanoia*). Évagre était convaincu que saint Jean-Baptiste nommait *« engeance de vipères »* tous ceux qui, harcelés par un esprit mauvais, cherchaient refuge en Dieu :

« *Comme il voyait beaucoup de pharisiens et de sadducéens venir au baptême, il leur dit : «Engeance de vipères, qui vous a suggéré d'échapper à la Colère prochaine ? Produisez donc un fruit digne du repentir et ne vous avisez pas de dire en vous-mêmes : «Nous avons pour père Abraham». Car, je vous le dis, Dieu peut, des pierres que voici, faire surgir des enfants à Abraham.* » (Mt 3, 7-9)

La référence à Abraham avait pour but de rappeler que, en imitant Abraham et en quittant sa patrie et sa famille (cf. Gn 12, 1), l'homme peut vaincre le démon de la tristesse. Par contre, saint Nil d'Ancyre fait remarquer que la deuxième sorte de tristesse, celle qui conduit à la mort spirituelle, est un des rejetons de la gourmandise. De même, saint Thalassius de Libye estime que cette affliction provient de l'inassouvissement de toutes sortes de plaisirs charnels, et est donc surtout en lien avec la première triade de convoitises : la gourmandise, l'impureté et la cupidité.

Quelles sont les causes du démon de la tristesse ? Quels dégâts provoque-t-il dans l'âme de l'homme ? Selon Évagre le Pontique, ce démon, tout comme ceux de l'impureté ou de la colère, prive l'âme de sa lumière intérieure. En assombrissant la faculté de l'âme à la contemplation spirituelle, il l'empêche d'accomplir de bonnes œuvres. Dès que ce démon malveillant parvient à s'emparer de l'âme – dit saint Jean Cassien – il l'emplit entièrement d'obscurité, ce qui lui retire toute joie dans la prière et l'empêche d'étudier l'Écriture Sainte. Évagre le Pontique continue de démasquer les stratégies du démon en affirmant que son action est complètement différente de celle des démons qui enseignent à l'âme d'aimer les plaisirs et de chercher la satisfaction de toutes sortes de désirs. Le démon de la tristesse ne cherche pas à donner du plaisir à l'âme, mais au contraire à l'en éloigner de sorte qu'elle tombe dans la dépression. Au début, lorsqu'il attaque un moine, le démon l'incite à prendre la résolution d'éviter tout plaisir. Par contre, lorsque l'esprit de tristesse se rapproche davantage de son âme et s'empare d'elle pour une période plus longue, il va tout faire pour la convaincre de renoncer à mener une vie vertueuse, et même l'obliger à fuir. Dans le traité intitulé *Des huit mauvaises pensées* de saint Jean Cassien, nous lisons qu'à cause de l'influence du démon de la tristesse, l'homme perd patience envers les autres et ne les comprend plus, il cesse d'être doux et d'avoir de l'empathie. Des pensées de désespoir paralysent son âme, ce qui se manifeste par un manque de réflexion, de persévérance et de fidélité envers Dieu. Un autre symptôme, typique, est le dégoût du travail ; puis vient le doute concernant son choix de la vie monastique. Un effet particulièrement dangereux de l'action du démon de la tristesse est le désespoir vers lequel il dirige l'âme. Dans un tel état, l'homme se condamne à la mort spirituelle. Il suffit de rappeler que le démon de la tristesse a empêché Caïn de regretter son acte et d'éprouver de la contrition après le meurtre de son frère, et il a poussé Judas au suicide, après qu'il eut trahi son Maître. Cette sorte de tristesse engendre chez l'homme de mauvais fruits, c'est-à-dire la paresse, l'impatience, la colère, la haine, l'acariâtreté, le désespoir et la lourdeur dans la prière. La mauvaise tristesse ronge l'âme de l'homme, comme la mite mange le drap ou le ver mange l'arbre. L'esprit de tristesse, après avoir saisi l'âme, la remplit d'amertume et d'apathie. Lorsqu'il l'a conduite à cet état, il la convainc que ce sont les autres qui sont la cause de son agitation et que, donc, elle devrait s'éloigner d'eux. De cette manière, l'homme ne veut rencontrer personne qui puisse l'aider et s'abstient d'adopter les bons conseils de vrais amis. Le mauvais esprit fait tout pour que l'âme ne se rende pas compte qu'elle est malade. Son but est de lui faire croire que les tentations et les tourments qu'elle endure sont le résultat de son ascèse et du mal que lui font d'autres personnes. Si le cœur s'installe dans la tristesse, il tombe rapidement dans l'acédie. Saint Théodore le Grand Ascète dit que le démon utilise une stratégie très efficace : il montre à l'homme l'état de péché dans lequel il se trouve. De plus, selon Nicétas Stéthatos, la tristesse provient d'un mauvais esprit qui pervertit l'âme et détruit le corps, agissant même sur la moelle osseuse.

Thérapie

De quelle manière l'homme peut-il guérir de la tristesse qui le détruit ? Que faire pour s'en débarrasser ? Le principe fondamental, dont il faut se souvenir, est de ne pas chercher chez les autres les raisons de sa tristesse. C'est un principe d'ordre général, car on peut l'appliquer à toutes les passions concupiscentes. Car l'homme ne peut être blessé par les autres qu'à cause de la concupiscence qui est en lui. C'est pourquoi Dieu, qui est le Créateur de tout et le Médecin de l'âme humaine, déconseille de renoncer à la compagnie des autres, mais incite plutôt à déraciner les causes du mal en soi-même. Quitter ses frères pour une raison apparemment bonne, sans extirper les causes profondes de la tristesse, ne donnera aucun résultat, car la maladie cachée à l'intérieur de l'homme se manifestera à nouveau dans d'autres circonstances. Ainsi, selon saint Jean Cassien, il faut extirper les causes du mal et mener une vie ascétique en compagnie de personnes saintes. Si nous mettons *« la cuirasse de la foi et de l'amour »* et « *le casque de l'espérance du salut* » (cf. 1 Th 5, 8), alors, « les coups de la tristesse et du désespoir ne trouveront aucune fissure par laquelle ils pourraient nous blesser » – dit saint Jean de Karpathos.

Saint Thalassius recommandait de ne nourrir aucune haine envers les pensées inclinant à la tristesse ; par contre, selon lui, il faut en avoir pour les pensées encourageant à l'indulgence envers soi-même. Ce saint pensait certainement à la bonne tristesse, c'est-à-dire à celle qui conduit à la conversion. La tristesse venant de Dieu non seulement guérit, mais nourrit aussi le repentir qui naît de l'espoir et de la joie qui lui est associée. Saint Jean Cassien mentionne les bons fruits de cette tristesse et ils sont nombreux : amour, joie, paix, grande patience, bonté, foi, maîtrise de soi (cf. Ga 5, 22). Ils sont le lot des personnes obéissantes, prêtes à toute bonne œuvre, qui se caractérisent par l'humilité, la délicatesse, la compréhension et la patience. Par la grâce de Dieu, l'homme peut être guéri de la mauvaise tristesse. La coopération de l'homme avec la grâce consiste à cultiver la tristesse qui vient de Dieu, ainsi que le regret des péchés commis et la confiance que Dieu, riche en miséricorde et plein d'amour, désire sauver l'homme. Dans sa deuxième lettre aux Corinthiens, l'Apôtre des Gentils a écrit au sujet de la tristesse pour le salut de l'homme :

> « *La tristesse selon Dieu produit en effet un repentir salutaire qu'on ne regrette pas ; la tristesse du monde, elle, produit la mort.* » (2 Co 7, 10)

En gardant dans son âme la «tristesse selon Dieu», l'homme supporte patiemment les difficultés et les épreuves auxquels il est confronté. Nicétas Stéthatos remarquait que, dans le cœur des personnes qui luttent et ont soif de la justice de Dieu (cf. Mt 5, 6), cette tristesse devient source de repentir et de larmes qui réconfortent le cœur. Ils vont vers Dieu, nourris du pain des larmes et abondamment rassasiés de pleurs (cf. Ps 80, 6).

c. L'acédie

Diagnostic

Une tristesse prolongée conduit à l'acédie. Un théologien de Chevetogne, Gabriel Bunge, définit ainsi l'acédie :

> « Ce qui caractérise l'acédie et la distingue en même temps de la tristesse, c'est la stimulation *simultanée* et *durable* des deux pouvoirs irrationnels de l'âme : la convoitise et la violence. C'est pourquoi l'acédie consiste en un mélange de convoitise frustrée et d'agressivité. Elle possède en même temps un double

visage. Mécontente de l'aujourd'hui, elle désire l'avenir ; elle est orientée vers l'arrière et vers l'avant. Et c'est justement en partie à cause de cette fissure et de cette contradiction, que résultent ses symptômes paradoxaux et extrêmes, la léthargie et l'anxiété. En tant que réservoir et point culminant de presque toutes les autres 'pensées', et à cause de sa durée, l'acédie adopte finalement une forme de dépression spirituelle qui, dans les pires cas, peut se terminer par le suicide, ultime et désespérée tentative d'évasion[3]. »

La passion concupiscente provoque d'immenses ravages dans la personnalité de l'homme. G. Bardy identifie l'acédie à la dépression ; il affirme que le terme « dépression » recouvre pleinement le large éventail de significations de l'acédie, que l'on peut exprimer par toute une série de mots tels que : découragement, dégoût, fatigue, aversion, ennui, indolence, abattement, répugnance, satiété ou lassitude. La réalité de l'acédie concerne et le corps et l'âme. Saint Grégoire le Sinaïte estimait que l'acédie est plus difficile à surmonter que la passion. Elle rend le corps paresseux et pesant, et cela influe ensuite sur l'état de l'âme, qui devient elle aussi paresseuse et pesante. Dans cet état, l'homme devient apathique. Il ne se soucie plus de rien. Saint Jean Cassien définissait l'acédie comme un dégoût ou une angoisse du cœur. Selon saint Thalassius de Libye, c'est avant tout une apathie de l'âme. Elle se manifeste par une complaisance envers soi-même et la satisfaction de ses propres désirs. Elle est la conséquence du flirt du cœur tant avec les plaisirs qu'avec la tristesse. Celui qui en est victime souille son cœur par des pensées remplies de colère et de sensualité – enseigne saint Maxime le Confesseur. Dans cet état, l'homme perd le contrôle de lui-même, n'est plus concentré, se disperse et sombre dans l'obscurité. Il lui semble pouvoir trouver le repos dans les représentations qui le harcèlent, alors que c'est impossible. Selon le théologien allemand G. Bunge déjà cité, « le caractère complexe de l'acédie fait qu'elle apparaît souvent à l'extérieur avec un tout autre visage et de plus, elle tend à prendre tous les artifices possibles afin d'éviter d'être reconnue ». Ainsi, comme l'affirme saint Grégoire le Sinaïte, un homme tombé dans l'acédie est enchaîné par des cordes invisibles qu'il n'est pas en état de desserrer. Il devient également inerte, engourdi et indifférent. Il lui manque de l'efficacité dans son activité. Au fur et à mesure du temps qui passe, sa paresse et sa léthargie augmentent. Son cœur n'est que vaine dissipation.

---

3. G. Bunge : *Akédia. La doctrine spirituelle d'Évagre le Pontique sur l'acédie.* Abbaye de Bellefontaine, Coll. Spiritualité orientale, 1997.

Saint Jean Cassien a remarqué que le démon de l'acédie se plaît particulièrement chez les moines qui manquent de vigilance et ne sont pas bien préparés au combat spirituel. Les bombardant de pensées mauvaises, il transforme ces moines en vagabonds indociles et paresseux, errant inutilement de monastère en monastère et cherchant uniquement à satisfaire les besoins fondamentaux de la vie, c'est-à-dire à manger et à boire. Pour le démon, le meilleur moment pour attaquer le moine est la sixième heure du jour, c'est-à-dire midi. Dans le désert, le soleil est alors particulièrement brûlant et accablant. La tentation de paresse et de découragement pour toute sorte de travail, et même pour la lecture de la Parole de Dieu, devient alors très forte. G. Bunge explique cet état intérieur du moine comme « le premier signe, et le plus sûr, de l'acédie, c'est-à-dire une inquiétude intérieure, qui peut se manifester de multiples façons. [...] « Vivre » en cellule est tellement caractéristique de la vie du moine que, même durant le Moyen-Âge occidental, cette expression était synonyme « d'être moine ». La tentation de vagabondage corporel est en effet une manifestation tangible de ce mal fondamental, qui voue à l'échec toute tentative de vie spirituelle : il s'agit du vagabondage des pensées. C'est pourquoi l'anachorète place son corps dans une cellule, et concentre ses pensées sur Dieu ».

Comme c'est le cas avec les autres esprits du mal qui coopèrent les uns avec les autres, le démon de l'acédie possède une stratégie de collaboration avec les démons de tristesse, de colère, d'impureté et de gourmandise. Selon saint Jean Cassien, le fruit de cette collaboration avec le démon de la gourmandise est la grande faim que le moine éprouve vers la sixième heure. Il lui semble alors qu'il n'a plus mangé depuis trois jours, ou qu'il vient de faire un long voyage ou un travail des plus pénibles. Le démon de l'acédie, prenant le démon de la colère pour l'aider, stimule la haine du moine envers le monastère et les frères de la communauté. Saint Grégoire le Sinaïte remarque que, si les démons de l'impureté et de l'acédie unissent leurs forces pour attaquer ensemble l'âme, ils vont l'opprimer et l'affaiblir par la luxure et la paresse. Bien que la luxure se développe dans les parties concupiscentes de l'âme, elle influence autant l'âme que le corps. Sous son influence, l'homme devient indolent, passif et faible. Lorsque ces deux démons s'unissent, il est très difficile de les combattre. En fait, il est impossible de les vaincre par ses propres forces.

De quelle manière en arrive-t-on à l'acédie ? Tout d'abord, elle est le résultat de l'action de l'esprit du mal, qui se base sur la paresse. L'esprit d'acédie cherche à provoquer des perturbations dans l'âme de l'homme. Si le cœur n'arrive pas à résister au démon de l'acédie, alors il tombera dans le désespoir. Dans cet état, il ne veut plus travailler et ne s'occupe que de futilités (cf. 2 Th 3, 11), il devient indiscret, indocile et enclin à commettre toute sorte de mal – nous dit saint Jean Cassien. Quant à saint Syméon le Nouveau Théologien, il remarquait que le cœur harcelé par l'acédie, succombant à la paresse et à la négligence, est envahi par l'abattement, la tristesse et le doute. Dans le cœur de celui qui souffre d'acédie, surgissent donc des pensées insensées, pusillanimes et blasphématoires envers le Créateur de toutes choses. Il s'emporte dans ses paroles, est peu enclin à témoigner du respect envers les autres et leur fait facilement du tort. Rempli de ce genre de pensées, il n'est pas en mesure d'atteindre la paix intérieure. Se référant aux œuvres d'Évagre le Pontique, G. Bunge assure que le moine, tiraillé par la paresse, se convainc que le seul remède pour guérir de cette grave maladie sera de fuir l'endroit où il se trouve actuellement. Il s'efforce donc de trouver un prétexte pour se rendre chez un frère dans un autre monastère. Si l'esprit d'acédie ne parvient pas à le convaincre de partir, il le fait entrer dans un état de somnolence. À la racine de l'acédie se trouve une frustration existentielle. Celle-ci suscite toutes sortes de passions concupiscentes qui obscurcissent le cœur, centre de la personne humaine, tourné vers Dieu par essence. Ni les pensées provenant des mauvais démons ni les démons eux-mêmes ne peuvent pénétrer plus avant dans le cœur de l'homme si Dieu ou l'homme dans sa liberté ne les y autorise.

Saint Jean Cassien a remarqué qu'une des stratégies du démon de l'acédie était de trouver l'endroit où l'homme est le plus fragile afin de l'attaquer sur ce point de plus en plus violemment. Habituellement, le démon parvient à vaincre l'âme, à cause de son orgueil et de sa complaisance envers les fantasmes. Comme l'a décrit pertinemment saint Siméon Métaphraste, l'orgueil rend l'âme aveugle. Car il ne permet pas de remarquer ses propres faiblesses. L'âme vaincue souffre d'un manque de foi et ne s'intéresse plus à la Parole de Dieu. Saint Grégoire le Sinaïte explique que le principe de cette stratégie est d'introduire l'homme, corps et âme, dans un état de paresse et de relâchement. Dans cet état, il commence à avoir envie de quelque chose, ce désir se concrétisant, il fait naître un désir plus intense, qui devient convoitise. À ce stade, l'esprit de rébellion entre en activité, réveillant des souvenirs endormis ; ceux-ci, à leur tour, réveillent des images qui soumettent le cœur à la tentation, afin que celui-ci s'attache à ces pensées et ces images et qu'il finisse par consentir au péché. Succomber à la tentation conduit au péché, d'une manière ou d'une autre, notamment avec le corps.

L'acédie est une réalité liée à la condition humaine. En ce sens, on peut dire que c'est un phénomène omniprésent, très complexe, plein de contradictions ; indépendant des conditions historiques, il reste inchangé dans son essence et intemporel. Seules les caractéristiques concrètes de l'acédie sont modifiées par le temps, le lieu et les circonstances de la vie. Gabriel Bunge résume ainsi son étude :

> « L'acédie est un défaut, une passion, à cause de laquelle l'homme souffre au vrai sens du terme, comme dans le cas d'autres passions ou maladies de l'âme. Et comme les autres passions, elle a ses racines secrètes et invisibles dans l'amour de soi, qui déteste tout et se manifeste de mille manières comme une fermeture sur soi et une incapacité à aimer. Le mécanisme caché commandant cet état est la colère, l'agressivité et cette convoitise irrationnelle, abusant égoïstement de tout ce qui a été créé. Ce désir aveugle est d'ailleurs, par essence, impossible à satisfaire, car contraire à la nature. »

Thérapie

De quelle manière peut-on supprimer l'influence pernicieuse du démon de l'acédie ainsi que la maladie qui en découle ? Cette question tourmentait les Pères philocaliques qui étaient bien souvent questionnés par leurs disciples sur ce sujet et devaient leur donner une réponse. Le démon de l'acédie attaque particulièrement les ermites dans leur combat spirituel au désert. Peu de temps après avoir commencé cette vie au désert, les jeunes moines expérimentaient sa force opprimante et affaiblissante. Le seul salut était de demander l'aide d'un maître spirituel expérimenté. L'analyse des textes de la *Philocalie* prouve que les saints maîtres de vie spirituelle préconisaient le plus souvent à leurs enfants spirituels la patience, la prière et le travail manuel. Ce dernier remède était efficace à condition de ne pas quitter sa cellule. Les Pères du désert ont expérimenté que les attaques de l'acédie sont plus intenses chez les moines qui parcourent le désert. Saint Thalassius affirme que l'acédie peut être dissipée en faisant tout ce qui est en notre pouvoir et à notre portée, mais il faut pour cela que l'âme soit fortifiée par la souffrance due aux efforts de l'ascèse. La force pour persévérer dans la souffrance vient de l'amour que l'on a pour Jésus.

La persévérance dans la prière possède une grande force thérapeutique. Saint Syméon le Nouveau Théologien y encourageait ainsi :

> « Conscient de la cause de tout cela et sachant ce qui t'est arrivé, rends-toi résolument vers ton lieu de prière habituel et, tombant devant le Dieu

d'amour, prie-Le d'un cœur contrit, en pleurant, de te libérer du poids de l'acédie et des pensées pernicieuses. Si tu frappes avec force et insistance, tu éprouveras bientôt la libération de l'acédie. »

Gabriel Bunge attire lui aussi l'attention sur la relation étroite entre l'acédie et les larmes, affirmant que « l'acédie demeure le pire ennemi d'une prière du cœur accompagnée de larmes, et que rien ne contribue plus à "l'adoucissement" de cette dureté intérieure que le recours aux larmes ».

Nous retrouvons cette même relation dans les œuvres de saint Jean Cassien, qui estime qu'une prière persévérante, fervente, et dans les larmes, doit être jointe à l'étude de l'Écriture Sainte et à la patience lors des tentations en évitant tout bavardage insensé. Saint Pierre de Damas encourageait également à éviter les conversations avec d'autres personnes ou à les réduire au strict minimum, assurant que demeurer en Dieu avec constance et patience, par l'étude de la Parole de Dieu, libère de l'acédie. Se reportant aux enseignements du Livre des Proverbes : *« Le paresseux attend, mais rien pour sa faim »* (Pr 13, 4). Évagre le Pontique expliquait qu'il est possible de vaincre le démon de l'acédie si l'on rejette tous les désirs qu'il suggère. Puisqu'il utilise la paresse pour attaquer, il faut donc la combattre. Dans ce but, le mieux est de chercher un travail qui soit adapté : « Assure-toi un travail que tes mains puissent effectuer. Si c'est possible, tant le jour que la nuit, afin de n'être un fardeau pour personne, mais pour que tu puisses partager avec les autres, ainsi que l'a recommandé l'apôtre » (cf. 1 Th 2, 9 ; Ep 4, 28) ; il faut également réfuter les suggestions du démon par la Parole de Dieu – recommandait Évagre le Pontique. Cette méthode, basée sur la parole de Dieu qui promet guérison, secours et salut, était utile pour se libérer du cercle infernal de ses propres pensées ou de celles d'autrui.

Les saints Pères du désert d'Égypte ne permettaient pas aux moines (surtout aux plus jeunes) de rester sans travail, car ils savaient par expérience que, par la persévérance dans le travail, non seulement on s'assure la subsistance mais on peut aussi aider ceux qui sont dans le besoin, par exemple ceux qui venaient demander l'hospitalité, et donner une aumône aux pauvres et aux prisonniers ; de plus, le travail protège également des attaques des mauvais esprits et chasse l'acédie. Après avoir expulsé de l'âme l'acédie ainsi que la méchanceté et la mauvaise volonté, le cœur devient simple, innocent et complètement dépouillé du voile de la honte. Commençant une vie nouvelle avec une joyeuse gratitude il chante un cantique nouveau à Dieu – comme l'a magnifiquement compris Élie le Prêtre. Saint Grégoire le Sinaïte explique que, grâce à la puissance du Saint-Esprit, l'âme reçoit une force qui la libère des tensions qui la harcelaient. Dans cet état, l'homme éprouve dans son cœur une paix profonde et un grand apaisement intérieur.

5. Les attaques des démons dans la sphère spirituelle

Dans la spiritualité de l'Orient chrétien, l'esprit possède une signification particulière car il permet de connaître Dieu, l'essence et les principes des choses créées. Ce processus se produit par la compréhension directe ou la perception spirituelle, et non en formulant des concepts abstraits ou en les justifiant. S'il est purifié, l'esprit connaît la vérité divine à travers l'expérience directe, l'intuition ou la simple perception. Par sa capacité à contempler Dieu, il est destiné à jouer le rôle le plus important dans la relation de l'homme à Dieu. De plus, l'esprit est l'image du Dieu invisible. Saint Thalassius enseignait que, lorsqu'elle est ordonnée, la sphère spirituelle de l'homme est le temple du Saint-Esprit. Seul, le Saint-Esprit peut purifier l'âme humaine. Et nous, nous devons par tous les moyens, surtout par la paix de l'âme, préparer ce lieu où habite l'Esprit Saint. Nous aurons alors une lampe, la connaissance spirituelle, qui brûlera toujours en nous. Si la lampe brille perpétuellement dans le sanctuaire de l'âme, non seulement l'esprit humain apercevra chaque obscurité et remarquera les attaques des démons, mais de plus ces attaques seront très faibles, car on en verra l'origine grâce à cette glorieuse et sainte lumière. C'est justement pour cela que l'apôtre disait : *« N'éteignez pas l'Esprit »* (cf. 1 Th 5, 19). Selon saint Diadoque de Photycé, en prononçant ces paroles, saint Paul avait à l'esprit :

> « N'attristez par l'Esprit Saint par des actions et des pensées indignes, afin de ne pas être privé de la lumière protectrice. L'Esprit, parce qu'il est éternel et donne la vie, ne peut être éteint, mais s'il est contristé – c'est-à-dire s'il recule – il laisse la personne humaine sans la lumière de la connaissance spirituelle, dans l'obscurité et les ténèbres. »

Nicétas Stéthatos compare l'esprit purifié à un ciel étoilé. Car il éclaire l'âme d'un raisonnement transparent. Le soleil de justice brille en lui, l'éclairant de la lumière divine. Par l'intermédiaire de l'esprit fixant la lumière de la vie divine, l'homme participe aux mystères de Dieu. Grâce à cette compréhension qui comble sa sphère spirituelle, il peut sentir le baume de la grâce de l'Esprit Saint. S'emplissant alors de force, l'esprit tend de plus en plus à l'amour (gr. *agape*) qui éteint tout désir charnel et protège contre tout ce qui est contraire à la nature.

Selon saint Thalassius de Libye, l'esprit est différent de l'âme. On peut le déduire de son enseignement, où il affirmait que l'amour et la maîtrise de soi renforcent l'âme ; quant à la prière pure et la contemplation, elles renforcent la sphère spirituelle de l'homme. La sphère de l'esprit, liée au cœur, est beaucoup plus subtile que celle du corps et de l'âme. Les perturbations qui y surviennent, à savoir la vanité et l'orgueil, interviennent directement dans la relation de l'homme à Dieu et pour son salut. L'esprit humain est particulièrement attaqué par des démons qui tentent insidieusement d'empêcher l'homme de parvenir au salut. Les deux maladies de l'esprit humain, la vanité, c'est-à-dire le désir de vaine gloire, et l'orgueil, sont très difficiles à guérir. Dans ce but, il convient d'entreprendre un combat spirituel, dont l'essence est de nous jauger en vérité, c'est-à-dire de voir notre propre faiblesse ainsi que la miséricorde et la puissance de Dieu.

a. La vanité

Diagnostic

Les deux derniers esprits qui attaquent l'homme provoquent les deux maladies les plus dangereuses : la vanité et l'orgueil. Alors que la première triade de mauvais esprits concernait le corps de l'homme, et que la deuxième triade était liée au côté psychique, ce troisième groupe, se résumant à une dyade, se concentre sur la vie spirituelle de l'homme. Ce sont les attaques de ces deux derniers esprits, situés au sommet dans la hiérarchie du mal, qui provoquent le plus de ravages sur la personnalité de l'homme, car elles perturbent sa relation à Dieu et aux autres. Essayons maintenant d'examiner ce que les Pères de l'Église avaient à dire au sujet du premier de ces esprits, la vanité. Qu'est-ce que la vanité ? Comment la définir ?

Évagre le Pontique explique que la vanité ouvre la porte à tous les autres démons qui ont déjà été vaincus par l'homme. Humiliés et rejetés, ils unissent leurs forces pour que l'état de cet homme soit pire qu'auparavant (cf. Mt 12, 45). S'appuyant sur le besoin de prestige et le désir d'être quelqu'un d'important, la vanité anéantit pratiquement tous les fruits que l'homme a acquis lors des pénibles luttes pour dominer et gérer convenablement ses besoins physiologiques et ne pas succomber aux différentes tentations qui l'assaillaient, essayant de le faire tomber dans la colère, la tristesse ou l'acédie. Le problème de divergence entre le but que se fixe l'homme et le dessein de Dieu a été mis en évidence par saint Maxime le Confesseur. Il estimait que « la vanité est l'échange du but conforme à Dieu contre un autre but qui est opposé au dessein divin ». Cela signifie que l'homme vain « aspire à atteindre la vertu, non pour la gloire de Dieu, mais pour sa propre gloire, et acquiert ainsi pour son travail une louange humaine sans valeur ».

Saint Jean Cassien attire l'attention sur le polymorphisme et la subtilité du démon de la vanité, que la personne tentée a du mal à remarquer. Car il parvient à prendre une forme qui semble apparemment bonne et peut donc pénétrer profondément dans l'âme sans être reconnu. Les tentations venant des autres passions sont beaucoup plus visibles et, pour cette raison, l'âme reconnaît plus facilement son ennemi et peut le combattre. Selon Évagre le Pontique, la vanité produit l'illusion dans le cœur, ce qui le conduit au mensonge ; il commence alors à créer de fausses images de Dieu, lui donnant le visage qui lui convient. À ce stade, le cœur devient vaniteux, et donc charnel – ajoute saint Marc l'Ermite. Quant à Nicétas Stéthatos, il compare la vanité à un trident, chauffé et forgé par les démons avides de prestige, insolents et arrogants. Saint Maxime le Confesseur distingue deux formes de vanité : celle que l'on trouve dans les monastères et celle du monde. La première rend le moine infatué de lui-même en raison de ses vertus. Quant à la seconde, elle pousse quelqu'un à s'afficher et à s'enorgueillir de sa richesse, de son pouvoir, de sa beauté ou de son jugement moral. Selon Évagre le Pontique la vanité monastique menace les ermites qui sont déjà parvenus au premier degré d'impassibilité. C'est alors que le démon de la vanité les attaque et les incite à quitter leur ermitage, à se rendre dans les villes et à y jouir de la bonne réputation et du respect dus à leur renommée.

Quels sont les caractéristiques et les symptômes de la vanité ? Les Pères philocaliques attirent avant tout l'attention sur la manière de se comporter, sur le manque de sensibilité et sur l'hypocrisie sous toutes ses formes. Le rejeton naturel de la vanité est la suffisance. Selon saint Maxime le Confesseur, elle pousse à renier Dieu volontairement et à vouloir ignorer que toutes choses ont par nature la même dignité. Dans son mépris de Dieu, la suffisance jette le discrédit sur la Providence. Les signes de la vanité sont, selon saint Thalassius de Libye, la vantardise, le comportement ostentatoire ainsi que l'hypocrisie et le mensonge. Saint Marc l'Ermite signale que la vanité, qui s'exprime souvent par un manque de sensibilité, sert le péché sous couvert de vertu. Et saint Maxime le Confesseur ajoute que, dans ce cas, quelqu'un qui souffre de vanité, cultive la vertu et recherche une connaissance spirituelle, mais pas pour aider les autres. Sa motivation provient du désir d'être loué par ceux qui le voient ou l'entendent. Lorsque les personnes commencent à condamner ses paroles ou ses actes, son désir est démasqué. L'humiliation qu'il éprouve devient alors une véritable torture. Cependant ce qui le tourmente, ce n'est pas de n'avoir pas pu les édifier spirituellement, mais d'avoir été humilié. La vanité et la cupidité vont de pair : les personnes avides acquièrent des richesses, et les personnes riches sont vaniteuses. Saint Hésychius du Sinaï souligne que la vanité, tout comme la cupidité et la volupté, aveugle le cœur humain.

Quels sont les effets de la vanité ? Qu'empêche-t-elle ? Qu'est-ce qui peut l'arrêter ? À quoi conduit-elle ? Pour trouver des réponses à ces questions, commençons notre investigation dans les enseignements des Pères de l'Église qui affirment que la vanité s'installe lorsque l'homme maîtrise les premières passions. Saint Maxime le Confesseur attire l'attention sur la faiblesse de la condition humaine et la difficulté à discerner en soi l'esprit de vanité. Car l'homme, luttant avec les passions ayant trait au corps, ne voit généralement pas la vanité cachée à laquelle il se soumet souvent inconsciemment. La vanité fait que le moine, malgré son ascèse, n'atteint rien et ne porte pas de bons fruits. Il ne faut sous-estimer l'action de la vanité à aucune étape de la vie spirituelle. Elle est dangereuse aussi bien pour les débutants que pour ceux qui sont à mi-parcours, et même pour ceux qui sont proches de l'état de perfection. Saint Grégoire le Sinaïte la compare à un serpent qui se glisse subrepticement dans le cœur de l'homme, afin de détruire tous ses efforts et de le détourner du but par des fantasmes et par l'acédie. Saint Nil d'Ancyre remarquait qu'il existe également une profonde interdépendance entre la vanité et l'impureté. L'une conduit à l'autre, afin de pousser les insensés vers le royaume de la mort. La vanité peut tromper le moine et lui souffler par exemple qu'il devrait rencontrer une femme qui a la réputation de mener une vie sainte. De cette manière, la vanité s'efforce de l'amener à commettre un péché d'impureté, en réveillant le plaisir charnel. Le but que poursuit l'esprit de vanité est de priver l'homme de son intimité avec Dieu, et de le couvrir de honte. Il arrive aussi que l'homme, par vanité, accède au sacerdoce ou embrasse la vie monastique dans le but d'atteindre la perfection. Il obtient une autorité spirituelle et acquiert une haute estime de lui-même, lorsqu'il remarque que beaucoup viennent à lui pour des conseils ou une aide spirituelle. Il se concentre tellement sur lui-même et sur sa grandeur qu'il peut être abusé par des pensées de vanité, ce qui le fait manquer de vigilance, alors qu'il devrait au contraire en posséder toujours plus. Devenant de cette manière esclave de la vanité, il ne peut être sauvé – dit saint Maxime le Confesseur. Lorsque nous voyons quelqu'un couvert de honte, c'est en raison de pensées de vanité, semées dans son cœur – dit à son tour saint Marc l'Ermite. À son avis, le cœur devient aveugle à cause de la vanité, car il a été obscurci par de sombres nuages et troublé par les agitations des démons. Selon saint Hésychius du Sinaï le cœur, abusé par l'illusion, la vanité et l'amour du luxe, ne peut rayonner la lumière divine de Jésus-Christ. Saint Marc l'Ermite enseignait que « tous les défauts sont provoqués par la vanité et la volupté ». La vanité incline l'homme à la cruauté, accompagnée d'hypocrisie, c'est-à-dire de duplicité et de fausseté. Selon saint Pierre de Damas, la vanité s'efforce toujours d'introduire l'orgueil, la plus grande menace sur la voie du salut.

Quelle est la stratégie du démon de la vanité ? Comment s'efforce-t-il de convaincre l'homme ? Quelle sorte d'illusions suggère-t-il afin de prendre le pouvoir sur le cœur humain ? En se basant sur les expériences acquises par les moines du désert, Évagre le Pontique est arrivé à la conclusion que, dans tout le cortège de mauvaises pensées, aucune ne peut égaler les ruses de la vanité. Elle est tellement habile qu'elle s'infiltre partout. Cette « traîtresse rusée » donne accès à tous les démons et s'efforce d'empêcher que les blessures de l'âme de l'ermite guérissent, troublant sa prière et remplissant son cœur de toutes sortes de pensées. Le démon de la vanité, selon Évagre, touche le cerveau et réveille ainsi la passion de vaine gloire. Cette passion pousse le cœur à former des pensées que bien souvent celui-ci, dans sa stupidité et son étourderie, confond avec la connaissance divine. Lorsque, après un chemin spirituel durant lequel il a combattu toutes sortes de mauvaises pensées suggérées par les démons – pensées qui renforcent les passions impures et charnelles – le cœur jouit d'un certain calme et n'est plus tourmenté, il commence alors à croire qu'il a atteint un certain degré de pureté et qu'il n'y a plus en lui aucune force ennemie. Il ne parvient pas à reconnaître le stratagème du démon qui le manipule habilement. Par conséquent, le cœur prend pour une apparition divine les fantasmes ou représentations que le démon produit en lui. Ceux-ci sont très difficiles à vaincre. Saint Hésychius le Prêtre estimait que le cœur n'est pas assez fort pour vaincre par ses propres forces les fantasmes démoniaques. Une astuce typique des démons est de faire croire qu'ils ont déjà été vaincus. Lorsque l'homme s'y laisse prendre, ils le saisissent et l'asservissent par la vanité.

Lorsque le cœur a atteint un état où sa prière est devenue pure et libre de toute passion, alors les démons changent de tactique. Ils cessent d'attaquer par des pensées mauvaises et commencent à insuffler de bonnes pensées. Grâce à elles, ils introduisent dans le cœur l'illusion de la gloire de Dieu sous une forme agréable aux sens, et font ainsi croire à la personne qu'elle a déjà atteint le sommet de la prière. En parlant d'un homme dont il ne cite pas le nom et qui est déjà avancé dans la connaissance spirituelle, Évagre le Pontique assure que cette illusion est l'effet du démon de vanité qui agit directement sur le cerveau. C'est une affirmation très importante, car elle prouve que les mauvais esprits peuvent influer sur les processus physiologiques de l'homme. Il est vrai qu'Évagre ne donne aucun détail sur la manière dont le démon de la vanité transforme la lumière du cœur, mais c'est déjà d'une grande importance. Car cela signifie qu'il n'y a pas que Dieu qui agit sur la physiologie humaine, mais que les mauvais esprits peuvent également avoir une telle influence. Toute la personne humaine, en tant que corps, âme et esprit, est donc le champ de bataille entre Dieu et les mauvais esprits.

La vanité est très difficile à reconnaître parce qu'elle revêt des formes très diverses et se manifeste dans toutes les activités de l'homme, comme par exemple dans sa façon de parler et de garder le silence, dans son travail, ses veilles et ses jeûnes, dans ses prières et lectures spirituelles, dans l'apaisement et la patience, Dans le traité *Des huit mauvaises pensées* de saint Jean Cassien, nous lisons comment la vanité s'efforce par tous les moyens de développer au maximum sa stratégie d'attaque, afin de nuire le plus possible à l'homme. Dans ce but, elle ne cesse de rechercher des moyens efficaces pour défaire le guerrier du Christ :

> « Lorsqu'elle ne peut leurrer l'homme par des vêtements extravagants, elle essaye de le tenter par des guenilles. Lorsqu'elle ne peut le flatter par l'honneur, elle fait qu'il se vante de ce qui est effectivement pour lui une honte. »

Si la vanité ne parvient pas à rendre l'homme orgueilleux en raison de son éloquence, elle l'allèche par le silence, afin qu'il arrive à la conviction d'avoir enfin atteint la paix intérieure. Peu importe le prétexte pour tomber dans la vanité : ce peut tout autant être la satisfaction à la pensée d'une table bien garnie, que la pensée de commencer un jeûne pour être reconnu.

Tout cela a pour but de faire prendre conscience que l'on est quelqu'un d'important, que l'on a déjà beaucoup atteint. Même si c'est effectivement le cas, si par le combat spirituel, l'homme progresse dans la vertu, le démon impur et sournois de la vanité n'abandonne pas la lutte. Comme il ne veut pas que l'homme reçoive en partage un trône dans le ciel, il lui rappelle que son travail acharné est beaucoup plus précieux que le travail des autres. Il tente également de le convaincre qu'il est doué pour diriger les âmes et qu'il serait un bon guide spirituel pour conduire les autres au salut.

Les conseils d'Évagre le Pontique sont très utiles pour démasquer le démon de la vanité. En effet, celui-ci, grâce à ses suggestions, réussit à faire surgir dans l'imagination de quelqu'un des images de foules d'admirateurs qui louent Dieu pour l'œuvre de miséricorde accomplie par cette personne. Ce démon peut pousser le cœur de ce malheureux homme à entretenir la pensée qu'il est digne d'être ordonné prêtre. Lorsque de telles pensées régneront dans son cœur, elles auront une influence directe sur le comportement de cet homme qui, convaincu de sa grande valeur, se battra contre tous les opposants à son ordination sacerdotale, offrira généreusement des cadeaux à ceux qui soutiendront cette idée et alimentera leur flatterie. Saint Jean Cassien rappelle que, dans le cas d'ermites vivant dans le désert, il est même arrivé que l'esprit de vanité leur fasse croire qu'ils étaient diacres ou prêtres. Par contre, saint Maxime le Confesseur avertit que la pensée de vanité attaque dès que l'homme parvient à vaincre une des premières passions les plus ordinaires, comme par exemple la gourmandise, l'impureté, la cupidité ou la colère.

Thérapie

Comment se libérer du démon de la vanité ? Comment peut-on être guéri de cette maladie ? Pour que l'âme soit capable de se débarrasser de la vanité, elle doit d'abord se dépouiller des pensées qui y mènent. Ce n'est que de cette manière qu'elle sera capable de se revêtir du « tabernacle céleste », c'est-à-dire d'habiter dans *« une maison éternelle qui n'est pas faite de main d'homme dans les cieux »* (cf. 2 Co 5, 1-4). C'est ce qu'enseigne Élie le Prêtre. Saint Jean Cassien pense de même, affirmant que la personne voulant s'engager pleinement dans le combat spirituel et posséder la couronne de justice doit essayer par tous les moyens de « vaincre cette bête qui prend tant de formes différentes ».

On peut être libéré du démon de vanité avec l'aide de Dieu, si nous ne faisons rien pour être loués par d'autres personnes, et en n'attendant de récompenses que de Dieu seul. Nous pourrons maîtriser la vanité si nous nous considérons toujours comme rien devant Dieu et si nous rejetons constamment de notre cœur les pensées nous suggérant une raison de nous croire supérieurs et d'être loués. Dans la lutte contre la vanité, il est très utile de se tourner vers Dieu et de se prémunir contre la suffisance et l'impureté. Le démon de la vanité peut être rejeté du cœur par une prière fervente et par l'humilité, c'est-à-dire en ne faisant rien et ne disant rien qui exalte le sentiment de sa propre valeur. Une prière fréquente devrait être accompagnée de la pratique cachée des vertus. Faire l'expérience d'être insulté, injurié ou humilié de quelque manière que ce soit peut être pour l'homme d'un grand bénéfice, car ce genre d'épreuve libère de la vanité. Avant d'atteindre la connaissance spirituelle, c'est-à-dire la connaissance de Dieu, il faut se consacrer à la pratique fervente des vertus, afin de montrer à Dieu qu'Il est pour nous plus important que tout. Lorsque l'homme a atteint la connaissance spirituelle, le démon de la vanité s'en va, car il ne peut rien promettre de plus grand que la contemplation spirituelle. Tous les plaisirs de ce monde qui pourraient tenter l'homme ne sont rien en comparaison de la béatitude dont jouit l'homme dans sa proximité avec Dieu

Saint Maxime le Confesseur affirme que le plus grand maître en matière d'humilité est celui qui disait de lui-même :

> *« Chargez-vous de mon joug et mettez-vous à mon école, car je suis doux et humble de cœur, et vous trouverez soulagement pour vos âmes. »* (Mt 11, 29)

Grâce au silence, c'est-à-dire à la douceur, la partie impulsive de l'âme est soumise et grâce à l'humilité, le cœur est libéré de l'orgueil et de la vanité. Mais quand un homme est libéré de la tentation de vanité, cela ne signifie pas pour autant qu'il a fini le combat. Après avoir vaincu l'esprit de vanité, c'est le plus dangereux des huit esprits du mal qui attaque, l'esprit d'orgueil.

b. L'orgueil

Diagnostic

Selon saint Pierre de Damas, la plus terrible de toutes les passions est l'orgueil. Aucune autre ne peut rivaliser avec elle pour ce qui est des ravages qu'elle provoque chez l'homme. L'orgueil est le couronnement et l'accomplissement de toutes les passions ayant leur origine dans « l'amour de soi, c'est-à-dire l'amour déraisonnable de son corps » – affirme saint Maxime le Confesseur. Saint Thalassius de Libye pense de même, comme en témoignent ses paroles : « L'amour de soi précède toutes les passions, la dernière d'entre elles est l'orgueil ». C'est par l'orgueil qu'est survenue la chute de Lucifer – rappelle saint Théognostos. Quant à saint Jean Cassien, il explique brièvement la raison principale pour laquelle cet ange est tombé du ciel : « Car il avait été créé par Dieu et paré de toute vertu et de toute sagesse, mais il ne voulait pas attribuer cette grâce au Seigneur. Il l'attribuait à sa propre nature et se considérait par conséquent comme l'égal de Dieu ». On peut trouver une bonne illustration de cette attitude dans le livre du prophète Isaïe :

> *« Toi qui avais dit dans ton cœur : "J'escaladerai les cieux ; au-dessus des étoiles de Dieu j'élèverai mon trône, je siégerai sur la montagne de l'Assemblée, aux confins du septentrion. Je monterai au sommet des nuages, je m'égalerai au Très-Haut". »* (Is 14, 13-14)

L'arrogant désir d'être au-dessus de Dieu et de tout s'attribuer est la principale caractéristique de la diabolique maladie de l'orgueil. Saint Syméon le Nouveau Théologien attire l'attention sur le fait que la personne souffrant d'orgueil rejette tous ceux qui sont inspirés par l'Esprit Saint. Car l'esprit d'orgueil engendre la mort pour le cœur humain – prévient saint Jean Cassien. Sous son influence l'orgueil est engendré dans le cœur par l'ignorance qui perturbe et désoriente le cœur. Car l'homme devient orgueilleux lorsque, d'une part il méconnaît la puissance de Dieu qui peut lui venir en aide et que, d'autre part, il ignore tout de la faiblesse humaine. En ce sens – selon saint Maxime le Confesseur – l'orgueil est une affirmation mensongère parce que l'homme orgueilleux ne connaît ni Dieu ni lui-même ni sa nature humaine.

Quelles formes peut prendre la malice du démon de l'orgueil ? Saint Maxime répond à cette question dans le contexte de la vie monastique. Il affirme que le démon de l'orgueil tente de convaincre le moine de s'attribuer à lui seul tous les progrès qu'il a obtenus dans la vie spirituelle, et non à Dieu, de qui pourtant provient tout don parfait et qui vient en aide à l'homme. Si, par ce mensonge, le démon d'orgueil n'arrive pas à tromper le moine, alors il lui suggère des pensées pour discréditer ses frères en raison de leur peu de progrès spirituels, et le persuader par là même que lui a déjà franchi des étapes par ses propres forces et qu'il est meilleur qu'eux. Ce genre de tentation conduit l'homme à oublier les paroles de Jésus : *« Sans moi vous ne pouvez rien faire »* (Jn 15, 5). L'orgueil monastique consiste donc en une vanité ayant ses racines dans des progrès réels sur le chemin de la vie spirituelle. En se les attribuant à lui-même, à ses propres efforts, et non à Dieu, l'homme souffre de perturbations dans sa relation d'amour envers Dieu et les autres. Dieu cesse d'être le centre et la référence essentielle de l'homme, et les autres n'ont aucune valeur, ils sont inférieurs et par conséquent méprisables. Selon saint Thalassius, l'orgueil se caractérise par l'hypocrisie, la perfidie, la ruse, la tromperie, la fausseté, le besoin de sauvegarder les apparences et de simuler. Cette brève énumération des mensonges contenus dans l'orgueil aide à comprendre pourquoi l'orgueil est la cause de tout mal dans l'âme humaine.

Que provoque l'orgueil ? Saint Marc l'Ermite expliquait pourquoi l'arbre diabolique de l'amertume, de la méchanceté et de la colère peut donner autant de mauvais fruits, c'est selon lui parce qu'il est immergé dans les eaux nauséabondes de l'orgueil. Cette image se réfère non seulement à la relation entre la colère et l'orgueil, mais montre indirectement que « les eaux de l'orgueil » constituent un bon milieu où toutes les autres passions concupiscentes peuvent se développer et fructifier. Saint Jean Cassien compare l'orgueil à un tyran impitoyable et sévère qui, après avoir conquis et soumis une grande ville, la détruit entièrement et la rase. Ses actions sont complexes, alors que les autres passions fonctionnent de manière plus individuelle ; en effet elles tentent d'introduire, à la place des différentes vertus, les défauts leur correspondant, par exemple, la gourmandise essaie de détruire la maîtrise de soi, l'impureté – l'abstinence et la modération, l'avidité – la pauvreté volontaire, la colère – la délicatesse. Selon saint Pierre de Damas, l'homme, aveuglé par l'orgueil, est incapable de reconnaître ses propres faiblesses et son ignorance.

Thérapie

Pourquoi faut-il combattre l'orgueil ? De quelle manière lutter contre lui afin d'obtenir la victoire ? De quels remèdes un chrétien dispose-t-il afin de ne pas perdre, à cause de l'orgueil, sa dignité d'enfant de Dieu et l'espérance du salut ?

Se détacher de l'orgueil équivaut à se couper de toutes les autres passions. Cette affirmation de saint Maxime le Confesseur montre l'unité organique des huit mauvais esprits, ainsi que la position exceptionnelle du démon de l'orgueil dans leur hiérarchie. L'arme la plus efficace dans la lutte contre l'orgueil, et également son meilleur remède, c'est la sainte humilité – vertu divine. Tous les anges la pratiquent et la possèdent ;

toutes les puissances resplendissent de la lumière de Dieu, car tous savent que Satan est tombé lorsqu'il est devenu orgueilleux. L'état dans lequel Satan se trouve actuellement et le lieu où il demeure sont la meilleure mise en garde pour les anges et pour les humains. Par son orgueil, il est tombé plus bas, aux yeux de Dieu, que toute autre créature. Le fait est qu'Adam, le premier homme, est également tombé à cause de l'orgueil. Ainsi – selon saint Philothée du Sinaï – la chute du plus parfait des anges et du premier homme devrait être un avertissement suffisant pour ne pas déchoir à cause de son orgueil. Lucifer, en tant qu'être spirituel, était plus pur et avait plus de connaissances spirituelles que toutes les autres créatures, et pourtant, c'est justement lui qui est tombé du ciel comme un éclair, pour s'être cru supérieur à Dieu, qui a considéré son orgueil comme une impureté.

Saint Jean Cassien, tout comme saint Philothée du Sinaï, soutient que l'ascète qui aspire au salut de son âme, devrait garder son cœur contre l'esprit mortel de l'orgueil avec le plus grand soin et ne pas se croire supérieur sous prétexte que son expérience est inaccessible à la plupart des personnes. Car il peut tout perdre s'il s'élève au-dessus des autres, parce qu'il voit dans son cœur des choses invisibles pour la plupart des personnes ; c'est en effet la conséquence de la purification de son cœur où le péché a été éradiqué avec l'aide du Seigneur. Le démon de l'orgueil s'efforce toujours de profiter de ce que l'homme a atteint un certain degré de sainteté afin d'arriver à ses fins, à savoir le détourner de Dieu et le plonger dans l'abîme par le biais de toute une série de mensonges. La Parole de Dieu, grâce à laquelle l'homme conserve la sobriété du cœur, est une arme très utile dans la lutte contre le démon de l'orgueil. L'avertissement du Sauveur lui-même, « *hors de moi, vous ne pouvez rien faire* » (Jn 15, 5), correspond au témoignage de l'apôtre Paul : « *C'est par la grâce de Dieu que je suis ce que je suis* » (1 Co 15, 10). Le psalmiste observait que l'homme seul, sans l'aide de Dieu, est incapable de réaliser ses ambitions : « *Si le Seigneur ne bâtit la maison, en vain peinent les bâtisseurs* » (Ps 127, 1). Car finalement, c'est Dieu qui choisit et sauve l'homme : « *il n'est donc pas question de l'homme qui veut ou qui court, mais de Dieu qui fait miséricorde* » (Rm 9, 16). Évagre le Pontique donne deux conseils pratiques quant à la manière de lutter contre le démon de l'orgueil. Avant tout, il ne faut ni faire, ni dire quelque chose qui influence l'estime de soi. En outre, fuir l'orgueil – premier rejeton de l'enfer – devient possible si l'on se libère de la cupidité. Car la pauvreté rend l'homme humble. Saint Thalassius cite trois remèdes à l'orgueil. Le premier est de prier avec ferveur et dans les larmes, et de ne mépriser personne. Le second est de contrarier notre volonté propre.

Le troisième remède, beaucoup plus douloureux que les deux premiers, c'est la punition par les épreuves que nous rencontrons lorsque, par notre folie, nous pensons trop à nous-mêmes, nous élevant au-dessus des autres. Ce sont les corrections spirituelles qui nous enseignent l'humilité. Cette pédagogie par la souffrance semble être, malheureusement, parfois nécessaire, afin que l'homme n'oublie pas l'avertissement de saint Paul :

> « *Qui donc en effet te distingue ? Qu'as-tu que tu n'aies reçu ? Et si tu l'as reçu, pourquoi te glorifier comme si tu ne l'avais pas reçu ?* » (1 Co 4, 7.)

Cependant, assure l'apôtre saint Jacques :

> « *Tout don excellent, toute donation parfaite vient d'en haut et descend du Père des lumières chez qui n'existe aucun changement, ni l'ombre d'une variation.* » (Jc 1, 17)

Dans ce contexte, la question thérapeutique de saint Jean Cassien ne devrait donc pas nous étonner : «Quel droit un homme a-t-il de s'enorgueillir comme s'il pouvait atteindre la perfection par ses propres efforts ?» Tant que l'homme est lié à son corps, il ne peut atteindre la perfection autrement que par la miséricorde et la grâce du Christ. Comme preuve, saint Jean Cassien donne l'exemple du criminel crucifié avec Jésus, qui est entré dans le Royaume des Cieux, non en récompense de sa vertu, mais uniquement à cause de la grâce et de la miséricorde de Dieu. On ne peut atteindre la perfection dans la sainteté autrement que par la foi, la crainte de Dieu, la douceur et la pauvreté de cœur. C'est uniquement par la grâce provenant du Sauveur compatissant qu'il devient possible d'atteindre l'amour parfait.

***

Se fondant sur l'analyse des troubles qui affectent le corps, l'âme et l'esprit, il faut affirmer qu'ils ont leur source dans le fonctionnement de l'imagination, qui tente le cœur et lui insuffle des idées n'ayant aucun rapport direct avec la réalité. Ces illusions peuvent être utilisées par les démons, qui s'efforcent de manière rusée et sournoise à éveiller en l'homme une attirance pour le péché à travers les sens.

Dans ce processus, les représentations jouent un grand rôle ; elles sont constituées de pensées et d'images qui sont associées à la sphère de l'imagination. Bien que leur origine puisse être diverse, elles sont habituellement considérées dans la littérature ascétique comme des « mauvaises pensées » qui contribuent à perturber la vie spirituelle de l'homme. Pour les besoins d'un diagnostic, il s'est avéré très utile de séparer les huit principales pensées qui sont liées et parfois même identifiées aux huit esprits du mal. Chacune de ces passions peut provoquer une maladie en lien avec le vice lui correspondant, qui se transforme en convoitise pathologique. Cela ne se passe pas automatiquement et immédiatement, mais s'accomplit dans le temps. On peut regrouper les troubles en fonction de la structure de la personne humaine. La menace vient donc, au niveau du corps, de la gourmandise, de l'impureté et de la cupidité ; au niveau de l'âme de la colère, de la tristesse et de l'acédie ; au niveau de l'esprit de la vanité et de l'orgueil.

Chapitre IV

CONDITIONS INDISPENSABLES POUR UNE THÉRAPIE SPIRITUELLE

De même que pour guérir d'une maladie physique, il est nécessaire de vivre sa convalescence dans des conditions adéquates, de même une bonne convalescence est indispensable dans le cas d'une thérapie spirituelle.

Pour que les soins prodigués et la sollicitude dont le malade a été entouré puissent porter tous leurs fruits et permettre un retour rapide à la santé, il est important de suivre toutes les recommandations du médecin. Elles ne concernent pas seulement la médication, mais également le régime à suivre ou la conduite à tenir durant un temps spécifié. Chaque traitement est donc un processus très complexe. Pour que la thérapie recommandée par les saints ascètes de l'Orient chrétien soit efficace, il est indispensable de remplir un certain nombre de conditions pour ne pas entraver la grâce guérissante et la puissance de Dieu chez l'homme souffrant d'une maladie spirituelle. Que devrait donc faire l'homme pour se tourner vers Dieu, s'ouvrir à son action et profiter ainsi de cette thérapie proposée par les Pères de l'Église ? Dans ce chapitre, nous montrerons que le point de départ est une conversion accompagnée d'un profond repentir, ce qui, en pratique, signifie que l'homme doit se détacher de tout ce à quoi il était attaché jusqu'à présent et se tourner vers Dieu. Cette voie exige de modifier sa manière de penser et de regretter profondément le mal commis jusqu'alors, tant envers les autres qu'envers soi-même. Ce combat spirituel peut être stimulé par une prise en compte de la perspective eschatologique, c'est-à-dire en prenant conscience de l'approche inévitable de sa propre mort et du Jugement Dernier, annoncé par la Parole de Dieu. Dans ce détachement de soi libérateur, le don des larmes est très utile, car il permet de ressentir un soulagement intérieur au niveau de la sphère psychique et spirituelle. Cela s'accomplit grâce à la purification et à l'apaisement des sens.

Nous montrerons également dans ce chapitre que les Pères philocaliques mettaient l'accent sur la garde du cœur, afin de ne pas succomber à la tentation provoquée par les images, les pensées et les convoitises. Comme moyen pratique pour y parvenir, ils soulignaient l'importance de l'attention, de la vigilance et de la paix intérieure. Dans ce processus, l'important était de purifier le cœur des mauvaises pensées, ce qui exige nécessairement un combat. Le but était d'arriver à ce que la prière descende dans le cœur, pour le libérer de tout ce qui pouvait être un obstacle à une relation vivante et durable avec Dieu.

Une thérapie spirituelle efficace serait impensable sans une transformation de sa manière de penser (gr. *metanoia*) et une profonde contrition (gr. *katanyksis*). Elles constituent un merveilleux don de Dieu qui libère progressivement le croyant – si celui-ci l'accueille – d'un sentiment d'impuissance face à un mal aux multiples facettes qui ne cesse de le harceler ; et cela lui permet de changer d'attitude envers lui-même et le monde qui l'entoure. La conversion et la profonde contrition peuvent donc enrichir les méthodes thérapeutiques utilisées dans la psychologie moderne, la psychothérapie et la psychiatrie, principalement pour les troubles liés à la dépression.

1. Le repentir profond

La profonde contrition ou componction (gr. *katanyxis*) est un état où l'homme est conscient d'être pécheur, mais pardonné par Dieu. Au niveau des sentiments, il se caractérise par la tristesse, la tendresse, mais aussi par la joie jaillissant d'un regret sincère de ses péchés ainsi que par la transformation profonde de sa manière de penser. Irénée Hausherr, éminent théologien de la spiritualité de l'Orient chrétien, souligne que l'âme qui éprouve une contrition profonde subit un choc profond qui provoque alors dans l'âme une transformation de l'affectivité et de la volonté. Il a également une influence au niveau physiologique, qui s'exprime immédiatement par des larmes. La réaction psychologique à la contrition est le *penthos*, c'est-à-dire une sorte de peine, de deuil, de lamentation ou de tristesse. En pratique, il y a un lien de cause à effet entre la profonde contrition et les larmes. La componction a ainsi un rapport direct avec le salut.

Alors, qu'est-ce que la profonde contrition ? Avant tout, c'est un don de la grâce de Dieu, et non le résultat de ses propres efforts – souligne saint Syméon le Nouveau Théologien. Et Nicétas Stéthatos confirme cette définition en affirmant que le don de la componction vient d'en haut, c'est-à-dire de Dieu. Il est donné à ceux qui aspirent vraiment à la perfection de la vertu, c'est-à-dire à ceux qui soumettent la volonté de leur corps mortel à la vie immortelle (cf. 2 Co 5, 4), dont la source est l'Esprit Saint. Il compare la profonde contrition à « la rosée divine de l'Esprit » venant d'en haut, réconfortant et rafraîchissant l'âme qui est entrée dans les profondeurs de l'humilité. Ce grand don de la grâce de Dieu peut se manifester par toutes sortes d'angoisses qui affectent l'homme. Saint Jean de Karpathos compare la grâce de Dieu à un bâton aiguisé qui blesse l'homme par des pensées suscitant la contrition et le regret. Se tenir dans la crainte et l'humilité devant Dieu, s'estimer un *« serviteur inutile »* (Lc 17, 10), est tout à fait essentiel dans la vie spirituelle du moine. Dans cet état, il ne succombe pas à la tentation de vanité, mais se tourne vers Dieu dans une profonde contrition et le regret de ses péchés. Dans ce sens, on peut dire que la contrition profonde est un des fondements essentiels de la vie monastique. Saint Grégoire Palamas la considérait comme l'un des fruits de la conversion ; il l'associait à l'humilité, au regret de ses fautes et au cœur délicat et miséricordieux, qui aime la justice et aspire à atteindre la pureté et à faire la paix, afin que le Royaume de Dieu se manifeste dans toute sa plénitude (cf. Lc 17, 21). Car là où se trouvent la contrition et le repentir – dit saint Syméon le Nouveau Théologien – il n'y a de place ni pour l'acédie, ni pour la maladie. De plus, l'homme devient transparent à la lumière divine. Irénée Hausherr ajoute que la contrition profonde est le chagrin d'avoir perdu le salut non seulement par sa faute, mais aussi par celle des autres ; elle sert donc à la fois pour la conversion personnelle et celle de ceux qui ont besoin d'aide. Saint Syméon le Nouveau Théologien enseignait que lorsque quelqu'un vient voir un moine dans sa cellule pour demander un conseil et un soutien spirituel, celui-ci se doit de l'aider à entrer dans un profond repentir, profitant de la grâce accordée par Dieu ainsi que de sa propre expérience.

Qu'est-ce qui fait naître la profonde contrition ? Qu'engendre-t-elle ? Selon saint Pierre de Damas, elle est éveillée dans l'âme par des pensées venant de Dieu. Pour cette raison, il encourageait à remercier sans cesse Dieu pour le don merveilleux de sa grâce. La croissance de la contrition va de pair avec celle de l'humilité. Nicétas Stéthatos estime que la concentration intérieure sur l'activité du cœur ainsi que le recueillement en Dieu sont essentiels pour faire naître une profonde contrition. Car, comme dans l'Éden, cette source jaillit dans le cœur de l'homme, d'où s'écoulent quatre ruisseaux : l'humilité, la pureté, l'absence de passion et la prière recueillie. Elle lave le visage de toute créature spirituelle de Dieu. Cette image fait allusion au fleuve qui, dans l'Éden, forme quatre bras (cf. Gn 2, 10). C'est un exemple typique de la manière dont les Pères philocaliques utilisent les textes de l'Écriture Sainte pour les appliquer à la réalité de la vie spirituelle. Saint Théognostos affirme que, pour atteindre la véritable contrition, il faut d'abord faire disparaître la complaisance que nous avons de manière innée pour le plaisir sensuel et être prêt à être crucifié avec le Christ (cf. Ga 2, 19-20) par la maîtrise de soi, la veille, la prière et l'humilité. En restant maître de soi et en se concentrant sur le Sauveur, l'homme cesse d'être esclave de ses passions et commence à vivre dans l'Esprit Saint ; son cœur s'emplit alors de l'espérance de voir un jour la gloire céleste. Saint Pierre de Damas ajoute que les prières de la liturgie sont également propices à susciter la profonde contrition. Elles sont particulièrement utiles pour ceux dont le cœur est encore faible et qui se dissipent facilement. À son avis, la mélodie des chants a un grand effet sur l'âme, car elle lui fait éprouver le regret ou le désir, le remords ou la joie. Il en résulte que l'âme exerce une influence directe sur le cœur, centre spirituel de l'homme, et que la mélodie a un rôle à jouer en tant que support du texte écrit. En effet, ce ne sont pas seulement les paroles que nous entendons qui sont importantes, mais aussi le support mélodique qui nous transmet les paroles. Pour Nicétas Stéthatos, il existe une autre source de contrition, qui est la tristesse selon Dieu, car elle permet à l'homme qui combat et désire la justice de Dieu, de persévérer dans les difficultés et les épreuves dont il est affligé.

Une autre question essentielle qu'il faudrait se poser concerne l'opportunité du repentir. Pourquoi et dans quel but la contrition est-elle nécessaire à l'homme ? Avant tout, parce que, dans un état de profonde contrition, il est capable d'avouer ses fautes avec sincérité à un guide spirituel et d'implorer le pardon de ses fautes passées. Dans son œuvre intitulée *Des saints pères de Scété et du discernement*, saint Jean Cassien confesse :

> « Comme il a été dit, je me suis ressaisi et, pensant que Dieu avait révélé au vieillard les secrets de mon cœur, une profonde contrition m'a transpercé et j'éclatai bientôt en sanglots, sortant de ma poche le petit pain que j'avais pris pour le manger comme à l'ordinaire ; je me prosternai par terre, demandant pardon aux assistants et implorant avec larmes leurs prières afin qu'ils obtinssent de Dieu ma délivrance de cette dure captivité[4]. »

4. Tiré de http://www.abbaye-saint-benoit.ch/saints/peres/cassien/cassien01.htm (NdT).

Saint Diadoque de Photycé nous fournit un enseignement extrêmement sage et profond. Quelqu'un qui est peu avancé dans la vie spirituelle cède facilement à la colère et se fait des ennemis, ce qui l'accable de remords. Le remède est de demander pardon avec une profonde contrition à la personne qui a été blessée, afin qu'elle puisse être guérie au niveau de ses sentiments. Par contre, si quelqu'un du monde se met en colère sans raison contre une personne qui est engagée dans les voies spirituelles, il se peut que celle-ci, en raison de la profonde contrition de son cœur, devienne un obstacle pour celui qui parle selon « *la sagesse de ce monde* » (1 Co 2, 6). Car une profonde contrition conduit au pardon. Associée aux larmes, elle joue également un grand rôle dans le combat spirituel. Grâce à ce don précieux de l'Esprit Saint, nous parvenons à reconnaître et à rejeter les mauvais esprits qui nous attaquent par l'insolence, la vanité et l'arrogance. Nicétas Stéthatos enseigne que la lecture des Saintes Écritures, et surtout des Évangiles, atténue, avec la prière assidue, les émotions et la vanité du cœur ; par contre, la contrition est comme une huile qui les guérit complètement. Saint Philothée du Sinaï indique également que, tout comme l'huile, elle a un caractère thérapeutique. Si le cœur de l'homme est rempli de contrition et aspire à éradiquer le péché de son cœur pour le garder pur, il est alors prêt à mener une guerre spirituelle contre les démons. L'âme est alors stimulée à désirer Dieu et l'amour du prochain lorsqu'elle est remplie d'une profonde contrition liée à l'humilité et à la prière pure. Selon Nicétas Stéthatos, la contrition influe particulièrement sur le cœur qu'il purifie et éclaire, si bien que l'âme sera entièrement baignée dans la lumière. Nicétas Stéthatos montre, d'une manière quelque peu énigmatique, la dépendance entre la contrition profonde et la conversion du cœur :

> « Lorsque les flots indomptables d'un cœur chargé de pensées concupiscentes seront réprimés par la présence permanente de l'Esprit Saint, et lorsque le gouffre doux-amer des images et des désirs impurs sera soumis, grâce à la maîtrise de soi et à la pensée de la mort, alors l'esprit divin de *metanoia* commencera à souffler et les eaux profondes du repentir déferleront. Notre Seigneur et Maître les placera dans un réservoir (littéralement : bassin) de *metanoia*, et nous lavera les pieds afin qu'ils soient dignes d'entrer dans son Royaume. »

La citation ci-dessus montre qu'il est indispensable de maîtriser les pensées concupiscentes faisant irruption dans le cœur, afin que l'Esprit Saint puisse y demeurer et que jaillissent « les eaux profondes du repentir ». Une telle transformation du cœur, de même que la profonde contrition de l'homme attaqué par les passions, sont avant tout un don de Dieu lui-même qui, par là-même, nous prépare à entrer dans Son Royaume. C'est par une prière intérieure pure que nous nous préparons le plus à cette union à Dieu, une prière sans aucune distraction qui se concentre sur le Sauveur. Nicétas Stéthatos attire l'attention sur le fait que, dans cet état, l'âme est « purifiée par les larmes, adoucie par la contrition profonde et illuminée par la lumière de l'Esprit ». Habituellement dans la spiritualité orientale et occidentale, la purification est considérée comme l'étape préparatoire à l'illumination de l'âme, pour qu'elle puisse ensuite s'unir complètement à Dieu. Theoliptos, métropolite de Philadelphie, a montré que la contrition de l'âme « repousse l'attachement au corps ». Puisque l'obéissance aux caprices et même aux besoins du corps était considérée comme une manifestation de la faiblesse et du péché de l'homme, la distance par rapport au corps, provoquée par la contrition de l'âme, était une des conditions essentielles pour s'ouvrir à la grâce guérissante de Dieu. Saint Syméon le Nouveau Théologien préconisait aux moines la prière et le chant des psaumes lors des veilles nocturnes lorsqu'ils se trouvaient dans cet état de profonde contrition accompagnée de larmes. La contrition est indispensable dans tout combat spirituel. Sinon, tout effort est vain.

Si la contrition a une si grande importance dans la vie spirituelle, cela est certainement dû au fait qu'elle permet d'« entrer dans les profondeurs de l'humilité », nous dit Nicétas Stéthatos. La contrition doit absolument être liée à la prière pour développer la vie spirituelle de l'homme. Celui qui prie avec humilité est amené à une contrition profonde – enseigne Élie le Prêtre. De même, Évagre le Pontique considère la contrition comme une des conditions indispensables pour une prière authentique dont la caractéristique est de se concentrer sur Dieu, tout en reconnaissant ses péchés avec un profond repentir. L'homme doit servir Dieu de tout son être intérieur, comme il est écrit : *« Tu aimeras le Seigneur ton Dieu, de tout ton cœur, de toute ton âme et de tout ton esprit »* (Mt 22, 37 ; Dt 6, 5). Si le cœur et la raison se tiennent devant Dieu avec attention, alors la contrition pénètre l'âme tout entière. Car, comme le remarque Theoleptos de Philadelphie, c'est de la connaissance de Dieu et d'une profonde contrition que peut naître la prière pure. En revanche, Élie le Prêtre compare une prière qui ne produit pas une profonde contrition à un aliment sans sel. Par contre l'âme qui se tient perpétuellement dans cet état, est entourée d'une myriade d'anges qui restent proches d'elle, car tous, nous formons une seule et même famille spirituelle.

La prière fréquente, unie à une fervente contrition, influe directement sur la conscience, car elle efface le souvenir des péchés antérieurs et imprime dans l'âme des images pures et de saintes pensées. Saint Syméon le Nouveau Théologien ajoute que la profonde contrition est un don, mais en même temps qu'il faut tout faire pour y parvenir. C'est possible pour ceux qui ont un cœur contrit et vivent dans la patience et l'action de grâces. Nicétas Stéthatos développe également cette idée. Il estime que, grâce aux douces larmes versées, le désir des plaisirs charnels peut être transformé en « lumière de la contrition ». Cependant, si quelqu'un est prétentieux et rempli d'orgueil, il ne sera jamais illuminé par une contrition profonde et ne parviendra pas à atteindre la grâce de l'humilité. Car, seuls ceux qui ont un cœur repentant seront gratifiés de la lumière de la Sagesse Divine.

Il est possible de s'ouvrir à Dieu en réfléchissant de manière consciente sur le but, le temps et la qualité de la vie terrestre et cette ouverture peut restaurer en nous le sens profond de la vie. La perspective de la fin de la vie terrestre ainsi que la destination finale de notre cheminement ici-bas sont très utiles pour réfléchir sur notre conduite passée et présente et pour prendre la ferme décision de changer notre comportement en vue du salut ; elles pourront nous aider à prendre la bonne direction pour continuer notre pèlerinage sur cette terre jusqu'au jour du grand passage. Vivre en étant conscient que chaque jour nous rapproche un peu plus de notre dernière Pâque lors de notre mort physique peut être source d'une grande angoisse ou au contraire l'expérience d'une joie toujours croissante, en raison de l'approche de la rencontre avec notre Sauveur bien-aimé. Les Pères philocaliques estimaient qu'il était profondément thérapeutique d'attendre consciemment sa propre mort, mais aussi de réfléchir au Jugement Dernier, quand le mal sera définitivement vaincu par le Christ. Le lien étroit entre ces deux perspectives eschatiques[5], la proche et la lointaine, avait pour but d'inciter le chrétien à rejeter plus radicalement le péché et à vivre le mieux possible chaque instant de sa vie terrestre. Dans cette vision, on peut comparer le don des larmes à une forte pluie irriguant une terre sèche et craquelée pour qu'elle devienne fertile et fasse germer les graines qu'on y sème. Car les larmes ont une grande importance pour la vie psychique et spirituelle de l'homme.

5. Relatives aux réalités des fins dernières.

2. La conscience de la mort

Une fois commencée, la vie humaine ne se termine jamais. Dans la lumière de la foi chrétienne, la mort est simplement une porte, un passage vers l'autre côté de la vie, un départ vers la Maison du Père. Ces constatations s'inscrivent de toute évidence dans une foi authentique en l'eschatologie, mais d'un point de vue existentiel elles ne sont cependant pas évidentes pour le croyant. Une grande peur de la mort se cache dans la nature humaine, et vaincre cette peur exige une foi héroïque et une ouverture à la présence transformante de Dieu. La conscience de sa propre imperfection, du mal et du tort que l'on se fait à soi-même et aux autres, fait que la pensée de la mort, et surtout de sa propre mort, inspire la crainte. Mais on ne peut toutefois pas fuir cette pensée. Tôt ou tard, elle deviendra une évidence dans la vie de chaque chrétien. La question de la mort est très importante dans la spiritualité. Elle s'intensifie avec la recherche de sa propre identité, la quête du sens de l'existence ou encore avec le souci des affaires du monde dans lequel nous vivons. Elle s'unit au sentiment pénible que, par la mort, on perdra tout ce que l'on possède et tout ce qu'on avait accumulé et acquis durant sa vie.

Nous vivons de nos jours dans une culture dans laquelle la réflexion sur la mort n'a pas sa place. C'est paradoxal, car les médias et la littérature populaire ne cessent de nous bombarder d'informations et d'images rappelant la mort, mais il serait de mauvais goût de les mettre en rapport avec notre propre mort ou avec celle des autres. La mort est habituellement présentée comme une tragédie et une injustice, et non comme l'ultime étape de la maturation personnelle. Par peur, on fuit la pensée de la mort, on retarde au maximum le moment d'y réfléchir ou on tente de décharger la tension émotionnelle en exprimant de diverses manières la fascination qu'elle suscite, comme en témoigne la popularité des œuvres littéraires, des films ou des jeux informatiques qui ne parlent que de mort. La vie et la mort sont traitées comme deux réalités opposées, et pourtant elles sont intimement liées. En effet, toute notre existence humaine consiste en une succession de morts et de résurrections, car chaque mort est suivie d'une nouvelle naissance. Saint Paul l'a bien exprimé dans sa seconde lettre aux Corinthiens : « [...] *on nous croit mourants, et nous sommes bien vivants* » (2 Co 6, 9). La vie terrestre est pour l'homme un passage continuel de la mort à une vie nouvelle. Pour le chrétien, la pensée de la mort est liée à la réflexion sur la résurrection, car la vie trouve son prolongement dans l'éternité.

Dans la spiritualité de l'Orient chrétien, le souvenir de la mort est une des conditions fondamentales de la conversion de l'homme. Dans un certain sens, la vie ascétique monastique elle-même est une école de préparation à la mort. Pourquoi ? Tout d'abord, cette pratique a pour but de rendre plus efficace le renoncement au monde, en plaçant la vie actuelle dans une perspective éternelle. La conscience de la fin de l'existence terrestre est propice au détachement du monde matériel et de ses plaisirs. Ensuite, la crainte du châtiment pour ses péchés éveille à la contrition et empêche de pécher. Le souvenir de la mort est souvent lié au Jugement Dernier et recommandé comme une arme contre les désirs de la chair et un moyen de demeurer dans la vigilance. Enfin, l'anticipation eschatique de la récompense donne du courage pour durer dans l'ascèse. La pensée de la béatitude éternelle sert donc à la fois à persévérer dans les pratiques ascétiques et à éviter de tomber dans un état dépressif.

Il est possible de trouver l'attitude appropriée pour se préparer à la mort si l'homme considère sérieusement qui il est et ce à quoi il est appelé. Saint Pierre de Damas estimait qu'il était indispensable de se poser des questions sur sa propre identité, afin d'entamer un processus permettant de bien se préparer à sa propre mort. Le point de départ est de prendre conscience que le Christ est le maître de notre vie comme de notre mort. Avec cet éclairage, des questions telles que : « Qui suis-je ? », « À quoi sert mon existence ? », « Combien de temps vais-je vivre ? », « Pourquoi suis-je soucieux ? » « Qu'est-ce que je cherche sans vraiment le trouver ? » – toutes ces questions sont remplies d'espérance. Cependant, la pensée de la mort effrayait malgré tout. Saint Grégoire le Sinaïte et Élie le Prêtre affirmaient à l'unanimité qu'il n'y a rien de plus effrayant que la pensée de la mort, ajoutant immédiatement qu'il n'y a rien de plus merveilleux que la vie en Dieu.

Dans la liste des vertus de saint Pierre de Damas, trois sont liées à la mort : « le souvenir de la mort », « le désir d'une bonne mort » et « être prêt à la mort ». Selon saint Philothée du Sinaï, la méditation sur la mort renferme de nombreuses vertus. Non seulement elle rappelle la réalité de l'enfer, mais elle aide également à exercer la maîtrise de soi en tout, elle est mère de la prière et des larmes purifiantes, elle stimule la garde du cœur et le détachement des choses matérielles ; elle est également source de vigilance et éveille au discernement, indispensable pour effectuer de bons choix. Saint Maxime le Confesseur estime que la mort elle-même sert d'avertissement, afin d'avoir l'attitude juste envers les plaisirs qui peuvent conduire à la mort de l'âme. Nos premiers parents, qui se sont laissé tromper par le plaisir, ont ainsi altéré leur faculté de discerner, ce qui a engendré la dégradation de la nature humaine. Dans ce contexte, il faut se rappeler que le plaisir et la souffrance n'ont pas été créés par Dieu avec le corps. Car la souffrance est une conséquence directe de la chute de nos premiers parents. Selon les enseignements de saint Maxime le Confesseur, la tendance au mal conduit à la maladie de l'âme, et le péché provoque sa mort. Par contre, la méditation assidue de la mort du Christ remplit de force pour supporter tous les malheurs et toutes les épreuves. Tel est le sens du conseil évangélique : prendre sa croix et suivre le Christ (cf. Mt 16, 24). Si un chrétien désire avoir part à l'héritage du Christ, il doit, avec le même zèle, être prêt à partager ses souffrances. Saint Paul donne l'exemple d'une telle attitude dans la lettre aux Galates :

> *« Ce n'est plus moi qui vis, mais le Christ qui vit en moi. Ma vie présente dans la chair, je la vis dans la foi au Fils de Dieu qui m'a aimé et s'est livré pour moi. »* (Ga 2, 20)

À l'exemple de l'apôtre des Gentils, chaque chrétien est appelé à vivre non pour soi, mais pour Celui qui a été crucifié. Une personne qui ne peut supporter la mort physique, devrait, selon saint Pierre de Damas, être prête à endurer la mort spirituelle à cause du Christ. De cette manière, elle ne succombera ni aux démons ni aux tentations que ceux-ci lui soufflent, mais elle les vaincra, comme l'ont fait les saints Martyrs et les saints Pères. Le Seigneur Jésus-Christ a révélé sa sagesse en guérissant l'homme. Car Lui-même est devenu pleinement homme, afin de vaincre le péché et la mort, qui est entrée dans le monde comme conséquence du péché. Saint Maxime le Confesseur croit donc que la guérison de l'homme a été rendue possible par l'Incarnation du Verbe Éternel.

On a toujours un certain laps de temps devant soi pour penser à la mort, et surtout à sa propre mort. Elle reste un mystère insondable, car il n'est généralement pas donné à l'homme de savoir quand il quittera ce monde. L'approche constante de la mort ne doit pas nous effrayer ni nous paralyser, au contraire l'incertitude qu'elle engendre devrait nous stimuler.

Que disaient les Pères de l'Église au sujet de la fatalité et de l'attente de la mort ? Pourquoi est-il si important de penser à la mort ? Citant la mise en garde de la parabole évangélique parlant de l'homme riche : *« Insensé, cette nuit même on va te redemander ton âme ; et ce que tu as amassé, qui l'aura ? »* (Lc 12, 20), saint Jean Cassien rappelait que l'heure de notre mort est incertaine, on ne sait pas exactement quand elle arrivera. Mais on ne peut y échapper. Elle est chaque jour devant nos yeux. C'est pourquoi il faut y être préparé, puisqu'elle peut arriver le jour où nous ne l'attendons pas et à l'heure que nous ne connaissons pas (cf. Lc 12, 46). Saint Hésychius le Prêtre encourageait à toujours se souvenir de la mort – bien sûr, dans la mesure du possible – car il était convaincu que ce genre de pensée libère de tous les soucis et des vanités et nous dispose à la garde du cœur, à la prière incessante et à la haine du péché.

Un problème important auquel l'homme doit faire face est la peur de la mort. Comment la surmonter ? Quel genre de mort est une véritable menace pour l'homme ? Quel témoignage nous donnent ceux qui ont été libérés de la peur de la mort ? L'aveu existentiel de saint Pierre de Damas est profondément poignant : « Ma vie est mort, et la mort semble encore pire, à cause de ma peur de la punition. » Prendre conscience de son propre état de pécheur et de son incapacité à dominer ses passions peut conduire à un sentiment de désespoir et même de désolation. La peur de la mort et de la punition a un effet thérapeutique, car grâce à elle, on peut retrouver la santé de l'âme. Elle est liée à la souffrance, sans laquelle il est difficile de se laisser renouveler par la transformation des pensées et de se convertir. Dieu, le meilleur des médecins, veut guérir l'homme de ses maladies spirituelles. Un remède indispensable pour que cela s'accomplisse est la réprimande, et même la punition ou l'affliction. Si elles sont acceptées librement, elles peuvent libérer des maladies présentes et des châtiments dans l'au-delà, et même de celles d'ici-bas. Dans l'œuvre attribuée à saint Antoine le Grand, *Du caractère des personnes et de la vie vertueuse*, nous lisons que les efforts pour éviter la mort de l'âme sont beaucoup plus importants que ceux pour éviter la mort du corps. De même, saint Théognostos explique que, si la mort corporelle est une conséquence naturelle de la vie dans le corps, la mort spirituelle, par contre, rend le salut impossible. Se libérer de la peur de la mort en la considérant comme une utopie ou un rêve témoigne que le croyant est parvenu à l'assurance du salut, c'est-à-dire qu'il possède en lui le Royaume de Dieu.

Il est donc indispensable de se préparer de manière adéquate à la mort afin d'être prêt le moment venu. L'attitude courante est de fuir la pensée de la mort. Quel exemple pouvons-nous retenir de la lecture des Pères de l'Église ? Vers quoi faut-il diriger sa propre âme afin qu'elle se sente entièrement prête au moment de la mort ? Saint Antoine le Grand attire l'attention sur le fait que l'homme indigne et pécheur ne remarque pas l'incertitude, l'inconstance et la brièveté de la vie. Il fait tout pour ne pas voir que la mort est inévitable et qu'on ne peut la tromper. Cette attitude s'oppose à celle des Pères du désert qui, remplis de contrition, se concentraient sur le souvenir incessant de la mort – comme par exemple Abba Arsène le Grand. Car, comme la mort ne peut être évitée – continue saint Antoine le Grand – la meilleure attitude est d'être prêt à l'accepter sans plainte, ni peur ni tristesse. Selon saint Diadoque de Photycé, se libérer des désirs de la chair et adopter avec reconnaissance la souffrance de la maladie permet à l'âme d'attendre la mort avec plus de joie. Car elle comprend que la mort est une entrée vers une vie plus réelle. Saint Théognostos recommandait d'être toujours prêt à mourir et à quitter ce monde, quel que soit le moment où cela se produirait :

> « Tu devrais désirer ton départ aujourd'hui déjà, en ayant l'espoir qu'en allant à la rencontre de Dieu avec des larmes et une profonde humilité, tu te tiendras devant Lui fermement et courageusement, car le feu de tes désirs et prières s'embrasera alors. De même, tu devrais être prêt à ta mort, si elle se produit plus tard. »

Pour mener à bien ce combat spirituel, il faut non seulement se souvenir de la mort, mais aussi se concentrer sur cette pensée. Selon de nombreux ascètes de l'Orient chrétien, une telle méditation fortifie pour la lutte contre les mauvais esprits. Comment se fait-il que l'homme pense à la mort ? Saint Maxime le Confesseur attirait l'attention sur la tension entre la mort résultant de la soumission aux plaisirs charnels et la souffrance provoquée par l'immolation de ce genre de plaisir. En donnant la mort à notre penchant qui nous porte vers les plaisirs sensuels, nous faisons le choix de la véritable vie. Saint Syméon le Nouveau Théologien affirme que la conscience de ses propres faiblesses conduit à penser à la mort et à réfléchir à ce qui se passe après la fin de cette vie. Quant à Saint Thalassius de Libye, il estime que la vertu et la connaissance spirituelle mènent également à l'immortalité. Selon saint Pierre de Damas, se représenter la vanité et le caractère éphémère de tout ce qui reste du monde après la mort peut également être très utile. Le cri de Qohéleth : *« Vanité des vanités – tout est vanité »* (Qo 1, 2) a été considéré dans la tradition orientale comme un avertissement à ne pas s'attacher aux choses de ce monde, car elles n'existeront plus après la mort. Les versets du Psaume 39 reflètent bien cette opinion :

> *« Vois, d'un empan tu fis mes jours, ma durée est comme rien devant toi ; rien qu'un souffle. tout homme qui se dresse, rien qu'une ombre, l'humain qui va ; rien qu'un souffle, les richesses qu'il entasse, et il ne sait qui les ramassera. »*
> (Ps 39, 6-7)

Dans quelles situations les Pères de l'Église recommandaient-ils particulièrement de penser à la mort ? Tout d'abord, dans les situations où l'on est menacé spirituellement, lorsque les démons attaquent le corps et essayent, par des désirs coupables, de mettre en ébullition le cœur de l'homme. La pensée de la mort peut alors calmer ces tentations. Il arrive que les démons ne renoncent pas à poursuivre la lutte, même lorsque l'homme se concentre sur la pensée de la mort. Ils se servent alors d'une stratégie pour influencer l'âme qui pense à la mort et l'amener à méditer sur la décadence de la nature humaine. La logique du raisonnement qu'inspirent les démons consiste à conclure que, puisque l'homme est mortel, cela signifie qu'il est sans valeur. L'arme pour lutter contre ce genre de tentation peut être d'évoquer la splendeur et la gloire du Royaume des Cieux, tout en gardant présents à l'esprit les aspects les pires et les plus effrayants du jugement. De cette manière, on peut atténuer son découragement et maîtriser l'insouciance du cœur. C'est ce qu'enseigne saint Diadoque de Photycé. Saint Antoine le Grand, lui, avertit que le danger ne vient pas seulement des attaques directes des mauvais esprits, mais également de l'apparition dans l'âme d'images sensuelles qui, par leur attractivité, peuvent éveiller des désirs coupables. Afin de ne pas succomber au plaisir illusoire de cette apparition, penser à la mort est d'une grande aide.

De quelle manière faut-il penser à la mort ? Que faire pour devenir digne du salut en pensant à la fin de sa vie terrestre ? Dans ses enseignements, saint Théodore le Grand Ascète recommandait aux moines dans leur cellule de toujours garder leur dernière heure présente à l'esprit. Selon saint Pierre de Damas, la destruction que subira alors le corps éveille la conscience. Dans ce processus, on commence à être libéré d'une énorme charge émotionnelle et à admettre que la mort résulte du péché. Évagre le Pontique encourageait à visualiser la mort de son corps. Il estimait également indispensable de méditer sur l'enfer ainsi que sur tous les châtiments qui peuvent nous menacer dans l'au-delà : « le feu éternel, le ver qui ne meurt pas, le gouffre obscur, les grincements de dents, les cauchemars et les tourments ». Ces images, qui agissent profondément sur la conscience doivent, selon Évagre, être aussi accompagnées des visions béatifiques, pleines de lumière et de joie, qui seront la part des justes, à savoir « la communauté avec Dieu le Père et Son oint, avec les anges, les archanges, les puissances et tous les saints dans le royaume ». Il est bon de lier la méditation de la mort à l'invocation constante du Nom de Jésus et à la vigilance du cœur. Si le tout est imprégné d'une profonde humilité, cela apportera une grande bénédiction – disait saint Hésychius du Sinaï.

Quant à saint Pierre de Damas, il mettait en évidence que le souvenir de la mort devait être lié à la lecture de l'Écriture Sainte. Par la Parole de Dieu, la pensée de la mort nous rapproche de Dieu. Les mises en garde évangéliques au sujet de la venue du Seigneur (cf. Mt 24, 42) inclinent à mieux s'enraciner dans la vigilance, afin d'être préparé le mieux possible à Sa venue et à sa propre mort. Lorsqu'on a réprimé ses convoitises, immolé sa volonté de pécher et remédié à son ignorance, il est alors possible de désirer la vraie vie. Saint Pierre de Damas percevait la grande valeur de la prière pour les défunts, afin qu'ils se souviennent de nous à l'heure de notre mort. Car par ce signe d'amour envers ceux qui ont déjà quitté ce monde, nous signifions que nous aussi avons besoin de prières et de soutien spirituel dans les moments difficiles, et en particulier au moment où nous partons vers la Maison du Père.

Pourquoi un chrétien devrait-il penser à la mort ? Quelles en sont les conséquences ? Dans les écrits des Pères de l'Église, on peut trouver une série de passages affirmant la grande valeur des pensées sur la mort. On peut généralement déclarer qu'elles sont salutaires. Cela signifie en pratique que la réflexion sur la mort éloigne des penchants mauvais et du péché lui-même, il devient alors possible d'examiner avec soin les attaques des mauvais esprits et d'entrer dans le combat spirituel. Pratiquer l'austérité des pensées au sujet de la mort permet de se souvenir constamment de Dieu. Dans le livre de Ben Sirac, cette vérité a été exprimée de façon encore plus radicale : *« Quoi que tu fasses, souviens-toi que ta vie a une fin, et jamais tu ne pècheras. »* (Si 7, 36) Se réjouissant de l'amour de Dieu, l'âme raisonnable réfléchit sur ce qui se passe après la mort. Cependant – comme nous le lisons dans le traité *Du caractère des personnes et de la vie vertueuse*, attribué à saint Antoine le Grand – les âmes stupides qui ne croient pas en Dieu commettent des actions impies et coupables, ne se souciant absolument pas du sort qui sera le leur après la mort. Pour les Pères de l'Église, montrer ces deux extrêmes avait pour but d'être obligé de se situer d'un côté ou d'un autre. Les encouragements à penser à la mort ainsi qu'aux horribles châtiments qui attendent les pécheurs après la mort devaient inciter à se déclarer sans ambiguïté pour Dieu. Car, ainsi, l'âme peut être fortifiée tout en restant dans l'humilité, sans succomber au désespoir ni penser qu'elle a déjà atteint un haut niveau spirituel. Saint Marc l'Ermite considérait la pensée de la mort et les tourments de l'enfer comme un remède à la dépression et aux différentes attaques du démon. Saint Pierre de Damas était du même avis. Il assurait que la méditation sur la mort et l'enfer donne du courage à ceux qui sont plongés dans la tristesse et le désespoir. En effet, la lutte contre les attaques des démons et la libération des pensées mondaines aveuglant la raison devient plus efficace. Saint Antoine le Grand compare les démons à la saleté. Selon lui, les esprits du mal s'efforcent d'adhérer à la nature humaine, comme la saleté au corps. Au moment de l'attaque, se mettre rapidement devant les yeux sa propre mort, libère de tout désir mauvais. Car en méditant sur la mort et en restant en présence de Dieu, le cœur de l'homme est purifié de tout mauvais désir. Évoquer sa propre mort aide le cœur à mieux discerner et à rejeter toutes les tentations démoniaques. Saint Syméon le Nouveau Théologien assurait cependant que si l'homme vit dans la peur de la mort, il sentira un dégoût pour toute nourriture, boisson et habillement. Alors, ses relations avec ses proches seront elles aussi transformées, car il s'efforcera de se mettre au service des autres. Selon saint Philothée du Sinaï, si le souvenir de la mort accompagne toujours l'homme, durant son sommeil et lorsqu'il est éveillé, il contribue à purifier son cœur et son corps. Il définit la pensée de la mort comme la troisième porte pour entrer dans la Jérusalem spirituelle. Selon sa terminologie, la première porte d'entrée est le recueillement, consistant en un silence volontaire, et la deuxième porte est la modération dans la nourriture et la boisson. Il s'agit donc d'inciter son âme à penser à la mort, afin de l'incliner à concentrer son cœur dispersé en se souvenant de Jésus-Christ. La pensée continuelle de la mort engendre une sorte de tristesse mêlée d'une douceur particulière et de joie. Alors, comme l'a magnifiquement compris Nicétas Stéthatos, l'Esprit Saint « commence à souffler et à verser l'eau de la contrition » et transforme la manière de penser qui, jusqu'à ce jour, était entachée de péché. Après avoir lavé ses pieds spirituels dans ces eaux, le chrétien devient digne de se promener dans les jardins du Royaume de Dieu.

3. Le souvenir du Jugement Dernier

L'incertitude liée à la mort et à ce qui se passe après représente pour chaque homme un problème très difficile à résoudre. Dans le symbole de la foi, nous professons que le Christ « viendra pour juger les vivants et les morts ». Le temps du Jugement Dernier arrivera, tout comme le temps de la fin de la vie humaine. Mais il est difficile de dire quand cela se produira.

Dans la spiritualité chrétienne, penser au Jugement Dernier et à la mort qui viendra, on ne sait quand, est une méthode pour aider à atteindre le salut. La conscience de l'inéluctabilité de sa mort – enseignait saint Jean Cassien – devrait encourager à éviter colère et haine, qui anéantissent le mérite découlant des jeûnes, veilles ou renoncements aux choses matérielles. Il faut tout faire afin de ne pas être considéré comme coupable lors du Jugement Dernier.

Afin de ne pas céder aux pulsions ou sentiments impurs qui viennent des sens, il est indiqué « de considérer l'horreur du jugement qui approche » comme le disait saint Nil d'Ancyre. Saint Thalassius de Libye estimait indispensable, rien que pour « la vie en Dieu », de méditer sur le Jugement divin qui éveille la crainte, tout en pensant parallèlement à la providence Divine. D'autre part saint Maxime le Confesseur remarque avec gravité que les personnes, au lieu de pleurer leurs péchés, se jugent et se condamnent mutuellement comme si elles étaient sans péché, alors que la Parole de Dieu contient de nombreuses invitations à ne pas juger. Le Sauveur lui-même nous met en garde : *« Ne jugez pas, afin de n'être pas jugés »* (Mt 7, 1) ; *« Ne condamnez pas et vous ne serez pas condamnés »* (Lc 6, 37). Saint Paul, se référant à l'Évangile, enseignait :

> *« Ainsi donc, ne portez pas de jugement prématuré. Laissez venir le Seigneur, c'est lui qui éclairera les secrets des ténèbres, et rendra manifestes les desseins des cœurs. »* (1 Co 4, 5)

> *« Aussi es-tu sans excuse, qui que tu sois, toi qui juges. Car en jugeant autrui, tu juges contre toi-même, puisque tu fais de même. »* (Rm 2, 1)

Car ce jugement appartient seulement au Fils de Dieu, à qui Dieu le Père a donné tout pouvoir pour juger (cf. Jn 5, 22).

Que doit donc faire l'homme pour éviter de juger les autres et de se juger lui-même ? Sur quoi doit-il concentrer son cœur et sa raison afin de purifier toutes les facultés de l'âme et de verser des larmes abondantes ? Saint Théodore le Grand Ascète recommandait d'imaginer le jour de la résurrection finale, lorsque nous nous présenterons devant Dieu, le juste Juge, pour le Jugement dernier. Essayons d'imaginer non seulement le jugement et le verdict eux-mêmes, mais aussi le châtiment mérité par les pécheurs. Si, par le cœur et la raison, nous considérons que Dieu risque de nous rejeter, que notre conscience nous condamne et que nous serons exposés à la honte, des torrents de larmes s'écouleront de nos yeux. Saint Théodore le Grand Ascète tire son enseignement sur les fins dernières des paraboles évangéliques qui parlent du feu qui ne s'éteint pas (Mc 9, 44) et des épaisses ténèbres, là où il y a des pleurs et des grincements de dents (Mt 8, 12). Si Jésus enseignait en paraboles, c'était pour une raison pédagogique, surtout pour ceux qui débutaient dans la vie spirituelle. Car, pour eux, l'amour seul ne suffit pas pour accomplir les commandements de Dieu. Selon saint Maxime le Confesseur, ils doivent souvent être incités à la lutte spirituelle par de « rudes admonitions concernant le jugement de Dieu ». Ils sont donc doublement stimulés à accomplir de bonnes actions : par l'amour, pour désirer ce qui est bon et vient de Dieu et par la peur, afin d'éviter ce qui est mal. La peur du jugement est également utile à l'âme pour se détacher du péché. La crainte de commettre le mal, l'espoir d'une récompense future, l'amour de Dieu et le réveil de la conscience peuvent eux aussi avoir le même rôle.

L'âme blessée se comporte de la même manière que le corps blessé. Si l'on néglige les plaies du corps et qu'elles ne sont pas soignées pendant longtemps, la gangrène apparaît et les médicaments donnés finalement par les médecins n'agiront pas. Mais si par contre les plaies sont rapidement nettoyées, elles réagissent aux médicaments et guérissent rapidement. De même l'âme, lorsqu'elle est négligée, est couverte de la « lèpre de l'indulgence envers soi-même », comme l'exprimait saint Diadoque de Photycé. Dans un tel état, elle ne peut pas éprouver cette crainte de Dieu qui lui serait si salutaire. Toutefois, si l'âme est avertie de la puissance du jugement divin et prend peur, alors elle commence à se purifier et à faire plus attention. C'est le début d'un processus salutaire, car aucun pécheur ne peut fuir le jugement. La purification progressive de l'âme se caractérise par le fait qu'au fur et à mesure, les craintes diminuent et l'amour grandit jusqu'à l'amour parfait, dans lequel il n'y aura plus de crainte (cf. 1 Jn 4, 18), elle sera remplacée par l'impassibilité. L'âme est alors emplie d'une force provenant de la gloire de Dieu.

Comment les auteurs ascétiques décrivaient-ils le Jugement dernier ? À juste titre, il était présenté sous forme de balance, car les actions de chaque être créé y seront pesées, et donc celles de l'ange comme de l'homme. Ce qui comptera, c'est l'attitude de l'homme dans son ensemble, c'est-à-dire s'il a orienté sa vie vers le bien ou vers le mal. Selon cette orientation, l'ange ou l'homme pourra ou ne pourra pas avoir part à la vie divine. Saint Thalassius disait pour résumer que, lors du jugement, Dieu nous questionnera sur nos pensées, nos paroles et nos actions.

Lors du Jugement Dernier, il sera décidé des sanctions pour les pécheurs et des récompenses pour les justes. À quoi ressemblera la punition pour les pécheurs, et en quoi consistera-t-elle ? Pour les pécheurs, le châtiment sera d'être séparé de Dieu. Il devra obligatoirement s'accomplir dans le lieu décrit dans les Saintes Écritures comme *« le pays des ténèbres »*, *« où la clarté ressemble à la nuit sombre »* (cf. Jb 10, 21-22). Selon saint Grégoire le Sinaïte, diverses peines seront infligées en enfer, identifié dans le Livre des Psaumes au « shéol », *« Que les impies retournent au shéol »* (Ps 9, 18) comme un *« troupeau, que l'on parque au shéol »* (Ps 49, 15). Par contre, les justes, c'est-à-dire ceux qui ont mené une vie intègre – selon saint Nil d'Ancyre – pourront s'approcher avec joie du tribunal céleste. Car ils recevront les bénédictions éternelles en récompense selon la vie qu'ils auront menée sur terre.

Dans leurs représentations du Jugement Dernier – à savoir le châtiment pour les pécheurs et les récompenses promises aux saints dans l'au-delà – les Pères de l'Église ne s'éloignaient pas de la révélation biblique. Leur enseignement devait sensibiliser les personnes pour les inciter à bien vivre le temps présent, le temps de leur vie. Ce qui nous attend dans l'au-delà dépend de la manière dont nous aurons orienté notre volonté, et par conséquent de ce que nous aurons pensé, dit et fait.

4. Le don des larmes

Les larmes de l'homme ont une grande importance, non seulement pour sa vie psychique, mais aussi pour sa vie spirituelle. Dans l'Ancien comme dans le Nouveau Testament, on peut trouver plusieurs passages, où il est question de pleurs et de larmes. Mais les larmes peuvent exprimer toutes sortes de sentiments : il y a des larmes de tristesse (Gn 37, 35), des larmes de joie (Gn 45, 1-2, 14-15), des larmes de gratitude (Lc 7, 40-44), des larmes de compassion (Jn 11, 35, Lc 19, 41), des larmes à cause des soucis du ministère (Ac 20, 31 ; Ph 3, 18, 2 Co 2, 4), des larmes à cause de la séparation (1 S 20, 41-42, Ac 20, 37-38 ; 2 Tm 1, 3-4), des larmes de peur (He 5, 7), des larmes à cause de la perte de quelque chose de précieux (He 12, 16-17), des larmes de contrition (Ps 6, 7 ; Lc 6, 21 ; Rm 5, 8) et enfin des larmes à cause d'une punition (Mt 25, 30).

Dans leurs œuvres, les Pères de l'Orient chrétien abordaient le sujet des pleurs et des larmes dans divers contextes. À quelle sorte de larmes s'intéressaient-ils en fait ? Quel lien faisaient-ils entre les larmes, la conversion de l'homme et l'expérience de Dieu ?

Saint Pierre de Damas parlait des pleurs, des larmes de souffrance, des larmes de compassion, des larmes de l'âme. Pour saint Nicétas Stéthatos, les larmes étaient un des thèmes les plus importants de la vie spirituelle. Il distinguait, quant à lui, les larmes de souffrance, en raison de la sensation douloureuse qui les accompagnait ainsi que les larmes brûlantes et joyeuses de la profonde contrition, qui coulent lorsque se produit la purification par le feu divin des « poisons et taches du péché ». Il voyait également les larmes de conversion, qu'il comparait à « un fleuve emportant tous les bastions du péché », ainsi que les larmes de contrition profonde dont la source est en Dieu et qui sont pour l'âme comme « la pluie ou la neige apportant une moisson de connaissance spirituelle ». Saint Diadoque de Photycé parlait des larmes spirituelles, qui naissent lorsque quelqu'un prie dans son cœur et qu'il est rempli de la présence de l'Esprit Saint. Ce genre de larmes conduit à un état d'émerveillement joyeux. Il peut également y avoir des « larmes douces comme le miel », qui sont trompeuses, car elles proviennent de l'oubli souvent inconscient de nos péchés, surtout lorsque nous sommes pleins de volupté ; à l'opposé, il y a les larmes amères, dont la source est l'évocation de notre ancienne manière de vivre dans le péché. Selon saint Pierre de Damas, ces larmes versées en raison de ses péchés unissent le cœur à Dieu. Les larmes de tristesse sont teintées de l'angoisse propre au pécheur qui se rend compte de tout ce qu'il a perdu. Au lieu du paradis, c'est un monde inconstant et périssable qui est devenu sa part, et au lieu d'être avec Dieu, environné d'anges, il est proche du diable et des démons de l'impureté. Saint Théognostos enseignait également que le pécheur versera certainement des larmes de contrition et de tristesse dans la vie future, quand il sera puni, s'il ne se convertit pas dans la vie présente, c'est-à-dire s'il ne se relève pas rapidement après être retombé dans son ancien état de péché ; c'est alors qu'il est bon de verser d'abondantes larmes « dans un esprit contrit ». En effet, ces larmes de tristesse permettent de voir clairement les souffrances du Sauveur et l'apaisement qui en découle. Suite à la conversion de l'homme, les larmes de douleur se transforment et se remplissent de la douceur de la parole de Dieu, la prière de supplication devient une prière d'action de grâces. Passer de la tristesse et des passions à un état de joie spirituelle, état où l'on pleure de joie, est un lent processus qui demande du temps. À ce moment le cœur, tout à la joie de la présence de Dieu, oublie les tourments et souffrances de ce monde et ne s'inquiète plus de rien. L'expérience d'être libéré de l'angoisse est une source de joie et de reconnaissance, qui augmente les dons de la grâce reçus jusqu'à ce jour et procure un grand bonheur. Dans un tel état, l'homme se réjouit et aime Dieu et toutes les personnes qu'il considère comme des bienfaiteurs.

Il devient humble et reconnaissant et sa relation à la création change, parce qu'il n'y trouve rien qui puisse le blesser ou lui faire du tort.

Les auteurs des textes ascétiques, lorsqu'ils écrivaient sur les différentes sortes de larmes, parlaient autant des yeux physiques que de ceux de l'âme et du cœur. Cela découlait probablement de leur conviction ainsi que de leur expérience personnelle, que les larmes versées par les yeux du corps sont accompagnées de larmes spirituelles.

La première condition pour qu'apparaissent des larmes de joie dans l'âme est, selon saint Pierre de Damas, d'éviter toute dissipation et de se concentrer uniquement sur « la culture des vertus de l'âme et du corps ». Il faut en même temps apaiser son cœur devant Dieu et éviter tout ce qui, dans ce que nous lisons ou écoutons, ne produit pas de bons fruits. Saint Théognostos affirme que les larmes de consolation coulent dans le cœur de l'homme purifié qui attend tranquillement la mort, lorsque sa prière est pure et sans distraction. Saint Jean de Karpathos fait observer que ces larmes emplissent de joie et de saintes pensées ceux qui, d'abord, éprouvent la souffrance et subissent des épreuves et des tentations difficiles. Et saint Pierre de Damas ajoute que les larmes de joie transforment la vision spirituelle de l'homme.

Comment les Pères de l'Église percevaient-ils la relation entre les larmes et la purification des péchés ? Pour répondre à cette question, il faudrait partir de l'observation très juste d'Évagre le Pontique que « beaucoup de personnes, versant des larmes pour leurs péchés, oublient le but de ces larmes et se fourvoient dans leur folie ». Dans cette situation paradoxale, les larmes sont certes un moyen de réagir au mal, mais uniquement sur le plan psychique, sans profonde conversion, ce qui n'aboutit à aucun changement du mode de vie. Car lorsque le cœur est entaché de péché, on peut, selon saint Hésychius du Sinaï, le purifier par les larmes, la contrition et la prière. Regretter ses péchés pendant la prière est utile, car cela permet de se rapprocher de Dieu, dont nous sommes toujours éloignés. Lorsque nous en prenons conscience, nous pleurons avec plus d'émotion.

Pour un moine qui a chuté et qui est convaincu d'être complètement perdu, pleurer de tout son cœur en regrettant ses péchés peut être l'occasion d'un nouveau départ, c'est-à-dire d'une vie spirituelle authentique. Il est cependant important, selon saint Pierre de Damas, de ne pas quitter sa cellule et de se préparer au combat contre les mauvais esprits. La conscience de notre propre faiblesse et de la puissance de la grâce divine permet de ne pas perdre tout le bénéfice des larmes qui accompagnent les regrets et la contrition et qui sont tellement agréables à Dieu. S'il nous arrive de perdre la grâce des larmes, à cause « de notre négligence ou notre infatuation passée, présente ou à venir », il faut alors mettre tout notre espoir en Dieu et le supplier avec humilité de nous redonner la grâce perdue à cause de notre chute. Il est bon cependant de se rappeler que, lorsque nous pleurons abondamment à cause de notre état de pécheur, il convient d'être très vigilant afin que les mauvaises pensées ne s'accrochent pas à nous et ne se maintiennent pas à la surface de notre conscience. Élie le Prêtre a présenté de manière imagée cette vérité profondément existentielle :

> « Lorsque le vaisseau rempli de péchés est surchargé par un déluge de larmes, les mauvaises pensées réagiront comme des personnes en train de se noyer dans les vagues et essaieront d'attraper n'importe quoi pour se maintenir à la surface de l'eau. »

Si, dans la spiritualité chrétienne, le cœur est une des réalités essentielles, il est donc indispensable d'examiner d'un peu plus près la relation entre les larmes d'une part et le cœur et la conversion d'autre part. Nicétas Stéthatos estime que, pour parvenir à l'union avec Dieu et avoir part à ses bénédictions ineffables, il faut rejeter le péché ; cela n'est possible qu'en versant des larmes sincères et en accomplissant les commandements du Christ. Saint Syméon le Nouveau Théologien affirme que les larmes et les regrets sont des conditions indispensables pour une véritable transformation intérieure de l'homme. Les larmes adoucissent le cœur endurci et permettent à l'âme d'atteindre l'humilité spirituelle. C'est de cette manière, par l'opération du Saint-Esprit, que s'opère la purification du cœur. Dans la spiritualité de l'Orient chrétien, les larmes de conversion ont toujours eu un rôle important pour la guérison de l'homme. Saint Nicétas Stéthatos se réfère également à la symbolique du feu lorsqu'il parle du « grand besoin du feu purificateur des larmes » pour celui qui est « empoisonné par le mal ». Grâce à cette grande «puissance « des larmes, il est possible de vaincre l'"indulgence envers soi-même, que l'ascèse ne fait qu'endiguer, comme les jeûnes, les veilles, la prière, coucher sur le sol, mortifier son corps et renoncer consciemment à satisfaire ses désirs. Grâce aux larmes de conversion, qui selon saint Pierre de Damas sont amères, l'âme, dans sa douleur et son agonie, renonce aux joies de ce monde et commence à voir que ses fautes sont aussi nombreuses que le sable de la mer. Cet état marque le début de l'illumination de l'âme et le signe de sa santé. Nicétas Stéthatos enseignait que les larmes de conversion purifient le cœur et nous permettent d'en expulser « le matériau brut de la passion » et de jouir de la présence du Paraclet : nous voyons Dieu dans la lumière éternelle et nous sommes vus de Lui. Par les larmes de conversion, nous progressons donc vers la pureté du cœur.

Quelle est la différence entre les larmes et la contrition ? Nicétas Stéthatos explique que certains ascètes ont identifié ces deux réalités en se basant sur leur propre expérience où ils avaient éprouvé un soulagement psychique et spirituel en se souvenant de leurs anciens péchés. Cependant, on ne peut identifier les larmes et la contrition. Ce qui les différencie essentiellement, c'est que les larmes proviennent du souvenir de ses anciennes chutes, une fois que l'on a changé son mode de vie. Par contre, la contrition profonde est un don de Dieu. Elle descend comme « la rosée divine de l'Esprit », qui console et renouvelle l'âme, l'emplissant d'un sentiment de fraîcheur et la conduisant vers « la contemplation de la lumière inaccessible ». On peut les comparer à ce qui purifie le cœur : l'eau et le feu. Cette symbolique de Nicétas Stéthatos fait référence au verset 12 du Psaume 66 : *« Nous sommes passés par le feu et par l'eau, puis tu nous as fait sortir vers l'abondance »* (Ps 66, 12). Par conséquent, la contrition naît de l'expérience de l'amour de Dieu qui pardonne et donne une vie nouvelle. Cette vie immortelle engloutit la volonté mortelle du corps (cf. 2 Co 5, 4) parce que l'Esprit Saint demeure en ceux qui aspirent réellement à la perfection et à la vertu. Il les emplit d'une joie inexprimable parce que « la source pure des larmes s'est ouverte et avec elles les torrents d'une douce contrition descendent sur eux ». Cela vaut la peine de noter que Nicétas Stéthatos lie la contrition aux larmes dans l'expression : « les larmes de la profonde contrition ». Si à cause de la justice on sème des larmes de contrition, on récolte alors une moisson de vie, la joie indicible de la connaissance de Dieu (cf. Ps 126, 5). C'est pourquoi, le moine qui a atteint l'état d'impassibilité se réjouit de verser des larmes et leur attache plus d'importance que les rois à leur gloire et leur royaume. Car pour le moine qui verse des larmes de profonde contrition, le Royaume de Dieu est déjà là.

Saint Philothée du Sinaï indiquait le lien entre le don des larmes et le souvenir de la mort. La pensée de la mort est « mère de la prière et des larmes ». Ce n'est pas seulement pour cela qu'elle joue un grand rôle dans la spiritualité de l'Orient chrétien, mais également parce qu'elle incite à entrer dans la vigilance et la garde du cœur, et à nous détacher des choses matérielles ; de plus, elle suscite l'attention et affine le discernement spirituel. Par le souvenir de la mort, des larmes bienfaisantes coulent des yeux de la chair, tandis que des yeux spirituels jaillit une fontaine de sagesse, qui fait les délices de la raison.

Les auteurs philocaliques aimaient traiter du sujet des larmes en lien avec la prière, considérant cette question comme très essentielle pour atteindre la santé spirituelle et se détacher de tout mal afin de pouvoir se tenir humblement devant Dieu. Selon Évagre le Pontique, les larmes versées durant la prière personnelle non seulement sont d'un grand secours pour confesser ses péchés et être en paix avec Dieu, mais elles sont surtout un remède à la concupiscence. Dans son livre *Theoretikonie* saint Théodore le Grand Ascète voit aussi les larmes et la prière comme un remède. La prière en lien avec les larmes aide à se tourner entièrement vers Dieu. Elle est action de grâces pour les bénédictions reçues ainsi que demande de pardon pour les chutes ; mais on peut aussi supplier Dieu de nous accorder la force de ne plus tomber à l'avenir. Car l'âme est trop faible pour accomplir le bien par ses propres forces et parvenir à l'union avec Dieu. Les larmes fortifient la prière, car elles nous obtiennent la miséricorde de Dieu ainsi que la purification des désirs charnels.

Dans les textes sur les larmes et la prière, on peut trouver toute une série de recommandations pour la vie du moine, ainsi que les avantages spirituels liés à la prière dans les larmes. Pour saint Syméon le Nouveau Théologien, elle constituait la base de la vie en cellule, avec la contrition et la persévérance dans la vigilance. Cela ne signifiait pas, bien sûr, qu'il fallait se fermer complètement à ses proches car, comme l'enseignait Nicétas Stéthatos, le commandement de l'amour est plus important et le frère dans le besoin devait être une priorité, même si l'on venait de commencer ses prières dans sa cellule. Il ne convient pas de privilégier la prière au détriment de la charité envers son frère, car un tel comportement serait infidèle à Dieu, qui désire plus l'amour et la miséricorde que le sacrifice de la prière (cf. Os 6, 6). Ainsi donc, lorsqu'un frère frappe à la porte de la cellule d'un moine en prière, celui-ci devrait interrompre sa prière et « parler avec amour » à celui qui vient le voir, car « l'amour est guérissant ». Après le départ du visiteur, il faut revenir à la prière et l'offrir avec des larmes et un cœur contrit, alors seulement le cœur sera rempli de la présence de Dieu.

Selon saint Isaïe l'Ermite, les larmes liées à la prière sont utiles pour la conversion, car elles suscitent un sentiment de dégoût et de honte pour l'amour que l'on avait auparavant pour les passions, et elles aident à prendre conscience de ses péchés. Alors, il sera possible de se détacher efficacement du mal. En outre, selon saint Thalassius de Lybie, la prière avec des larmes détruit l'orgueil si elle est accompagnée d'une attitude d'humilité, qui ne méprise personne. L'homme est toujours tenté de nourrir une confiance excessive et injustifiée en lui-même – dans ses propres forces et sa sagesse – et de se mettre au-dessus des autres. Ce n'est rien d'autre qu'une maladie découlant de l'orgueil.

Il faut prier sans cesse pour recevoir le don des larmes. Saint Marc l'Ermite rappelle que le don des larmes vient du Christ. Car c'est Lui qui, lorsqu'il touche les yeux, donne aussi bien les larmes que la vision et la clairvoyance spirituelles. Lorsque le croyant prie dans les larmes, Dieu se réjouit et accède à ses demandes. Cet enseignement d'Évagre le Pontique exprime bien cette vérité : « Prie avec des larmes et tout ce que tu demanderas sera exaucé ».

Dans des enseignements pratiques sur les veilles nocturnes, le chant des psaumes et la prière, saint Pierre de Damas rappelait que les larmes étaient un élément essentiel pour la croissance de l'âme. Les larmes, accompagnées de la prière et de la lecture de la Parole de Dieu, ont également une influence sur l'état du corps de celui qui pratique l'ascèse. Selon saint Grégoire Palamas, les larmes et le regret de ses péchés effacent de la mémoire toutes sortes de passions et de convoitises, ce qui libère la conscience de tout remords et comble l'âme de joie.

Les Pères de l'Église soulignaient également l'importance des larmes pour la purification de l'âme et du cœur. Une telle approche découle d'une compréhension globale de l'homme, considéré comme un tout, où tout ce qui affecte une partie, le corps, l'âme ou l'esprit, affecte également l'être tout entier. Il en résulte que les larmes physiques ont une influence sur l'âme et le cœur. Selon saint Syméon le Nouveau Théologien, des larmes abondantes non seulement purifient l'homme, mais l'ouvrent également à l'expérience de la lumière divine, lui permettant d'anticiper les réalités d'en haut, préparées pour le peuple des rachetés. Les larmes lavent l'âme et le cœur de l'homme et le rendent « plus blanc que neige ».

Les larmes du cœur ont également une grande influence sur le centre spirituel de l'homme. Si l'homme sème des graines de prière dans la terre de son cœur dans l'espoir qu'elles lèveront – enseigne saint Diadoque de Photycé – il peut s'attendre à moissonner dans la joie (cf. Ps 126, 5). Nicétas Stéthatos affirme que, chez l'ascète, la source des larmes peut jaillir s'il a atteint une grande humilité. Dans cet état l'homme qui est engagé dans le combat spirituel s'embrase d'amour pour Dieu et Lui est uni. Saint Syméon le Nouveau Théologien a remarqué que l'homme humble qui pleure est doublement récompensé : par Dieu qui, ému par ses larmes, a pitié de lui et par les personnes qui lui rendent un hommage qu'il n'a jamais reçu auparavant. Saint Maxime le Confesseur et saint Syméon le Nouveau

Théologien encourageaient à prier dans les larmes, car ils estimaient qu'une telle prière est très efficace dans la lutte contre les démons.

Quel rôle jouent les larmes dans le salut et l'union à Dieu ? Dans la spiritualité de l'Orient chrétien, les larmes sont sans aucun doute très utiles pour le salut. Leur abondance, qui témoigne de l'intensité du processus de purification et de guérison de l'homme, était considérée comme le signe que l'homme se trouve sur le chemin resserré qui conduit au salut (cf. Mt 7, 13-14). Cependant, s'il arrive que quelqu'un gaspille son énergie et ne l'oriente pas vers Dieu, ses larmes se tarissent – avertissait Élie le Prêtre. Celui qui combat un adversaire a besoin d'alliés, avec l'aide desquels son cœur déprimé implorera l'aide de Dieu. Ces alliés sont : l'humilité de l'âme, les épreuves et tous les efforts ascétiques en lien avec la prière et les larmes. Saint Théodore le Grand Ascète recommandait d'imiter l'attitude du roi David qui, lit-on dans les Psaumes, criait vers Dieu, implorant le pardon de ses péchés (cf. Ps 25, 18), et lui demandant d'être sensible à ses larmes et d'exaucer ses prières (cf. Ps 39, 13). Car pour David, les larmes sont devenues *« son pain, le jour et la nuit »* (Ps 42, 4). David a tellement pleuré qu'il a avoué dans le Psaume 102 : *« La cendre est le pain que je mange, je mêle à ma boisson mes larmes »* (Ps 102, 10). Saint Théognostos affirmait qu'il est bon de pleurer lorsque l'on expérimente la descente de la grâce divine en nous. Saint Syméon le Nouveau Théologien estimait qu'il ne faudrait jamais accéder à la Sainte Communion sans larmes. Ce Mystère est une manière toute particulière de rencontrer Dieu qui descend dans le cœur humain et le purifie par le feu de l'Esprit Saint.

Les larmes versées continuellement et abondamment sont en rapport direct avec l'expérience de la lumière divine. Voici un extrait de la description d'une expérience de ce genre, qu'a vécue saint Syméon le Nouveau Théologien :

> « Bien qu'il verse sans cesse des larmes qui lui apportent un certain soulagement, la flamme de son désir s'embrase toujours plus. Ensuite, ses larmes coulent encore plus abondamment, et étant purifié par celles-ci, il devient encore plus resplendissant. Lorsqu'il est complètement enflammé, il devient comme une lumière. »

Ce texte décrit l'union de l'homme avec Dieu. Une fois lavé par des larmes assez étranges, l'homme expérimente la lumière de Dieu qui le pénètre entièrement et le conduit dans un état qui est déjà le germe de salut, dès cette terre. Il convient toutefois de garder à l'esprit qu'il faut demeurer dans une profonde humilité pour parvenir à l'union avec Dieu, sans pour autant être assuré de faire l'expérience de la lumière divine. C'est pour cette raison que le don des larmes était considéré par les Pères de l'Église comme un critère concret permettant d'évaluer la profondeur du regret, car le regret sincère agit sur tout le corps. Les larmes de regret jaillissent du cœur, c'est-à-dire des profondeurs de l'homme, qui est si souvent rempli de fausseté, d'angoisse et de peur de la mort. Le désir intérieur de conversion était perçu par les Pères comme des larmes spirituelles[6], qui trouvent leur expression dans celles du corps. En ce sens, les larmes étaient pour eux le signe que le processus de transformation de l'homme, saisi par la bonté de Dieu, avait bien commencé. Cette rencontre personnelle avec Dieu, suscitée par une vive et authentique contrition, permet à l'homme de trouver sa véritable identité et ouvre la source des larmes qui se mettent alors à couler, manifestant ainsi ce qui se passe au cœur même de l'être humain. Regarder en toute vérité à l'intérieur de son être, observer et reconnaître que l'on est malade spirituellement et désirer guérir : tout cela conduit à verser des larmes. Il en est ainsi grâce à l'humilité que Dieu accorde pour se pencher sur son cœur et qui permet de regretter cet état d'esclavage, dans lequel se trouve non seulement chaque personne en particulier, mais aussi toute la race humaine.

***

Pour être efficace, une thérapie hésychaste doit prendre en compte de nombreuses conditions permettant de se tourner radicalement vers Dieu et de s'ouvrir à Sa Présence. Les Pères philocaliques insistaient particulièrement sur la nécessité d'une profonde contrition, car c'est dans cet état d'esprit que le croyant découvre en lui-même la capacité, provenant de l'Esprit Saint, à se préparer consciemment à sa propre mort ainsi qu'à penser au Jugement Dernier. Le processus de purification spirituelle est intensifié par le don des larmes, grâce auquel se produit la libération des sentiments bloqués et qui rend possible le miracle de se pardonner à soi-même et aux autres.

6. Les larmes spirituelles sont un désir intérieur de conversion et la nostalgie de la présence de Dieu.

Chapitre V

LE DÉSIR D'EXPÉRIMENTER LA PRÉSENCE DE DIEU

Les indications sur la manière de combattre tout ce qui provoque les diverses maladies spirituelles font partie intégrante de toute thérapie chrétienne, cependant sans la prière il serait impossible de la mener à bien, car la prière est source de guérison. Les saints ascètes y accordaient une attention particulière, car grâce à elle le chrétien entre dans une relation personnelle avec Dieu et fait sans cesse mémoire de Lui.

Deux sortes de prières, à savoir le chant psalmodié et la prière de Jésus, sont particulièrement recommandées dans la thérapie proposée par les saints Pères de l'Orient chrétien. La psalmodie est utile pour exprimer les états de son cœur devant Dieu, que ce soit par la supplication, l'action de grâces ou la louange, tant dans une dimension communautaire que personnelle. Elle a un rapport direct avec la prière liturgique de l'Église et prépare magnifiquement le cœur à persévérer dans la présence de Dieu, par la prière de Jésus. La prière peut s'intensifier grâce à une attitude adéquate du corps, qui exprime l'état d'esprit et la relation avec les proches, tout en se recueillant davantage en Dieu.

1. La fonction relationnelle du corps humain

L'attitude du corps est un élément indispensable de la prière. L'homme, ayant un corps, adopte toujours une certaine attitude pour prier. Dans son livre *Ni yoga ni Zen, La méditation chrétienne des profondeurs*, le carme belge, Wilfrid Stinissen, affirme que nous sommes appelés à prier, non seulement toujours et partout, mais également avec tout notre être ; pas seulement avec l'âme, mais aussi avec le corps. Il nous est impossible durant notre séjour sur terre de faire abstraction de notre corps. Il restera toujours un élément essentiel pour exprimer l'état de notre âme. Nous pouvons d'ailleurs constater que la position de notre corps peut également l'influencer. Ainsi, par une attitude ou un mouvement, nous pouvons exprimer l'état de notre cœur et faire en sorte qu'il s'ouvre davantage à Dieu. Déjà les plus anciens traités sur la prière donnaient des conseils concernant l'attitude du corps pour aider le chrétien à se recueillir et à ouvrir tout son être au Sauveur.

Dans la spiritualité de l'Orient chrétien, on trouve des indications concrètes sur le rôle du corps dans la prière. Les Pères philocaliques, dans la mesure de leur connaissance de la physiologie de l'homme, ainsi que par une réflexion plus approfondie sur les conséquences de l'Incarnation, recommandaient des positions et des mouvements du corps durant la prière, qui peuvent être utiles dans l'expérience de Dieu. Bien sûr, ces indications avaient un caractère secondaire. Il ne faudrait pas les prendre pour des moyens nous assurant la guérison et le salut par nos propres forces et par des pratiques ascétiques. C'était plutôt un conseil pour nous ouvrir de tout notre être à la présence du Sauveur qui guérit.

Pour aider à se purifier du péché, on attribuait une grande importance à la pratique des métanies[7] qui constituaient une partie des règles de la prière. Habituellement, elles étaient faites dans le secret par le moine et aussi par l'homme vivant dans le monde. Le meilleur moment pour les faire était le soir et la nuit, après toutes les prières communes. Saint Syméon le Nouveau Théologien témoigne qu'il accomplissait volontairement et sans hésiter ce que lui disait la voix de sa conscience, particulièrement le soir, à savoir de faire davantage de prosternations, de réciter des psaumes et d'invoquer la miséricorde de Dieu en criant : « Seigneur, prends pitié ». On peut déduire de son témoignage, qu'il avait commencé ces pratiques dès son plus jeune âge, bien avant d'embrasser la vie monastique. Il est important de garder à l'esprit qu'il agissait ainsi parce qu'il était, comme il l'a lui-même déclaré, « blessé d'amour et de désir pour le Seigneur ». Il versait alors d'abondantes larmes et se prosternait souvent, la face contre terre et les pieds joints. Il le faisait avec ferveur et dévotion, comme si le Seigneur était là physiquement présent. Il se prosternait devant « Ses

7. La métanie est un geste pénitentiel qui accompagne souvent la prière, notamment chez les chrétiens d'Orient. Le terme provient du grec *metanoia* qui signifie « conversion ».

pieds les plus purs » et, les yeux fermés, implorait sa miséricorde et priait pour que les yeux de son âme s'ouvrent. Durant ces soirées de prière, il atteignait un tel recueillement qu'il ne succombait pas à la fatigue ni ne cédait à la paresse.

Saint Pierre de Damas affirmait qu'il fallait conformer l'attitude de son corps au contenu de sa prière. C'est utile pour orienter ses pensées vers Dieu. Les attitudes qu'il préconisait étaient la prosternation ainsi que la position debout, les bras levés, en récitant des versets bibliques ou en invoquant le Nom de Jésus. Les prosternations expriment l'humilité devant Dieu, et la position debout appelle Sa présence salvifique ; c'est exactement l'attitude qu'adoptaient les chrétiens des premiers siècles, lorsqu'ils criaient « *Maranatha*, Viens Seigneur Jésus ». Elle exprimait l'attente de la venue en gloire du Seigneur. Elle manifestait la nostalgie du Ressuscité ainsi que l'ouverture de toute la personne humaine à Sa présence. Le cycle « humilité-appel » décrit ci-dessus devait être répété plusieurs fois. Le changement constant de position qui le caractérise protégeait de la dissipation et aidait le cœur à entrer dans une relation plus profonde avec Dieu. En outre, cette alternance de positions contribuait certainement à passer de l'expérience linéaire du temps à l'expérience du temps de la grâce, compris comme *kairos*, c'est-à-dire le moment opportun.

Selon saint Pierre de Damas, l'agenouillement exprime l'attitude du serviteur vis-à-vis de Dieu. La personne qui s'incline devant Dieu rappelle l'attitude du publicain, qui se considérait comme le dernier de tous, indigne de lever les yeux vers le ciel (cf. Lc 18, 11-13). Dans les milieux monastiques, la prosternation avait une autre signification en dehors de la prière, elle était aussi utilisée dans la relation entre les moines. Elle était liée à l'obéissance envers le supérieur du monastère, ainsi qu'envers tous les frères. Saint Syméon le Nouveau Théologien préconisait de s'incliner jusqu'au sol pour demander pardon lorsqu'on était dans l'incapacité d'accomplir la tâche imposée. Selon Theoliptos, métropolite de Philadelphie, se prosterner jusqu'à terre exprime que l'on reconnaît son état de pécheur et que l'on avoue son péché ; par contre, se relever de la prosternation marque la contrition et la promesse de vivre dans la vertu. Il est bon de savoir que la prosternation peut nous obtenir la grâce de Dieu, car elle est le signe que l'on s'humilie devant Lui, avec son corps et son âme. C'est pour cela qu'il est indispensable d'accompagner les prosternations de l'invocation mentale du nom de Jésus. Saint Pierre de Damas recommandait de les unir au chant des psaumes dans le but de maîtriser son corps et d'humilier son âme. Cette forme de prière est une arme efficace dans la lutte contre les démons qui, ne pouvant la supporter, s'enfuient ; elle sert également à inviter les bons anges qui sont les alliés de l'homme. Ce n'est pas le nombre de prosternations qui compte, mais la disposition du cœur avec laquelle on les effectue. Une seule prosternation, faite dans un esprit de repentir, suffira pour entrer dans une profonde contrition. Selon l'enseignement du Christ (cf. Mc 11, 25) la rencontre de Dieu dans la prière doit se fonder sur l'amour du prochain et le regret de ses fautes. Saint Pierre de Damas déclarait que, sans la contrition et sans une conversion profonde, c'est-à-dire une transformation de sa manière de penser, rien ne pourra changer l'homme, pas même l'exécution de mille prosternations.

L'attitude du corps durant la prière traduit celle de l'esprit. L'humilité dans la rencontre avec Dieu, exprimée par des prosternations, est également très importante pour les relations interpersonnelles dans un monastère. On peut dire que la volonté d'une sincère humilité envers un frère, à qui on a fait du tort ou qui a besoin de soutien spirituel, a une grande incidence sur la qualité de sa prière personnelle dans la solitude avec Dieu. Dans la spiritualité de l'Orient chrétien, les prosternations sont considérées comme un des remèdes pour le traitement des affections spirituelles.

2. Le jeûne comme arme pour lutter contre les démons

De nos jours, on peut remarquer que les chrétiens observent de moins en moins la pratique ascétique du jeûne. La promotion de la consommation à un niveau mondial contribue à perdre la faculté de discerner ce qui est inutile de ce qui est réellement utile pour l'homme. Les diverses sortes de grèves de la faim ou de régime deviennent de plus en plus un objet de commerce et n'ont plus aucun lien avec la vie spirituelle. Cependant, s'abstenir de nourriture est l'un des éléments essentiels des pratiques religieuses orientales, particulièrement dans le bouddhisme ou l'islam. Il est important d'indiquer que, dans la conception chrétienne, le jeûne est la réponse de la personne tout entière à la grâce prévenante de Dieu qui vient vers l'homme pour le guérir et le sauver. Par une abstinence temporaire de nourriture ou en restreignant la quantité absorbée, l'homme devient capable de se concentrer davantage sur Dieu fait Homme. Grâce à l'Incarnation, le corps humain est devenu capable de se laisser configurer au Corps du Christ. Le jeûne, qui contribue au renouvellement physiologique du corps, est, dans la perspective chrétienne, intimement lié à la prière, parce que Dieu désire toujours transformer, guérir et sauver toute la personne humaine. Autant le jeûne affecte le corps, autant la prière, tirant sa force de la Parole de Dieu, constitue une thérapie pour l'esprit de l'homme.

Cependant, le jeûne ne devrait pas être considéré comme une pratique ascétique concernant uniquement le corps, mais plutôt comme une action intimement liée à la sphère spirituelle de l'être humain. Le jeûne agit sur la relation à Dieu, aux mauvais esprits et aux autres, comme à soi-même et au milieu environnant. Il soutient la prière et a une action thérapeutique sur le cœur, l'âme et le corps. C'est une activité de l'homme mais également un don de Dieu. Son respect strict nous oblige à un effort parfois douloureux et exige un certain degré d'abnégation. Il faut donc prier afin que Dieu nous motive à faire du jeûne une pratique régulière de notre vie.

Il est universellement connu que l'abstention de nourriture influence très positivement la condition physiologique de l'homme. Il ressort d'études cliniques que la pratique du jeûne est très utile dans le traitement de nombreuses maladies chroniques, telles que les allergies, l'arthrite, l'asthme, le diabète, les maladies cardiaques et les maladies des voies digestives. Le résultat de la privation d'aliment est que l'énergie, généralement utilisée par le corps pour la digestion, est redirigée vers le système immunitaire, ce qui entraîne un renforcement de la résistance aux menaces provenant du milieu extérieur. Les substances toxiques, dangereuses pour l'organisme et conservées dans la graisse, sont libérées et rejetées de l'organisme. De plus, outre qu'il provoque une perte de poids rapide, sûre et durable, le jeûne permet la purification des reins, du foie, du sang, et améliore même la vision.

Le jeûne n'influence pas seulement positivement la physiologie de l'homme, mais il est également utile dans le traitement de certaines maladies psychiques, en particulier de la dépression. S'abstenir de consommer des aliments renforce la volonté de la personne humaine, lui permettant de prendre une décision plus consciente, et ainsi de surmonter ses peurs et d'améliorer ses relations interhumaines.

Le jeûne ne change pas Dieu, mais c'est nous qu'il change. Il n'est d'aucune utilité pour Dieu, mais c'est à nous qu'il est utile. Le jeûne est en quelque sorte la collaboration de l'homme à l'œuvre de Dieu.

En pratiquant le jeûne, nous apprenons à nous comporter de manière appropriée envers notre corps, afin de mieux comprendre ses besoins et d'orienter ses instincts de manière plus adéquate. Le but du jeûne n'est pas tellement de dompter le corps mais de le transformer par la thérapie. Car priver le corps de nourriture durant un certain temps n'est pas un combat contre le corps, mais pour le corps. Par cette ascèse, nous affirmons la matérialité de notre corps, mais en même temps, nous nous efforçons de la spiritualiser.

Il est également important de remarquer que le jeûne est la clé d'un réveil spirituel profond, ce qui s'exprime dans la prière par un désir croissant d'adorer Dieu. Le jeûne aiguise l'ouïe spirituelle, qui nous permet d'entendre la voix de Dieu, de discerner Sa volonté et de prendre les bonnes décisions. Nous lisons dans les Actes des Apôtres que les prophètes et les docteurs n'ont entendu la voix de l'Esprit Saint qu'après avoir jeûné et célébré le culte (cf. Ac 13, 1-3) pour discerner comment se poursuivrait la mission de Barnabé et de Saul. Par le jeûne, lié au regret des péchés, l'homme croyant atteint un état de profonde contrition (gr. *katanyksis*). Déjà à l'époque de l'Ancienne Alliance, Dieu, par l'intermédiaire du prophète Joël, demande au Peuple Élu de se convertir à Lui *« de tout son cœur, dans le jeûne, les pleurs et les cris de deuil »* (Jl 2, 12). Ainsi, par le jeûne et la contrition du cœur, la conversion (gr. *metanoïa*) peut s'opérer beaucoup plus rapidement chez le chrétien qui se met à l'écoute de la Parole de Dieu. Grâce au jeûne, on peut entrer plus profondément dans le mystère de sa propre humanité. Non seulement il procure un sentiment de légèreté au niveau physiologique, mais il permet aussi d'augmenter l'attention et la vigilance. On comprend pourquoi Jésus nous donne le commandement de l'amour de soi (cf. Mt 22, 39).

Nous apprenons par l'Évangile que les Apôtres ne pouvaient pas expulser le mauvais esprit d'un homme souffrant d'épilepsie. Quand ils ont demandé à Jésus pourquoi ils n'y étaient pas parvenus, Il leur a répondu que ce genre de démons ne pouvait être expulsé que par la prière et par le jeûne (cf. Mc 9, 14-29). Dans ce contexte, la question se pose donc de savoir pourquoi le jeûne, lié à la prière, est tellement efficace pour chasser les ennemis spirituels de l'homme. Pour répondre à cette question, il faut faire appel aux fondements de l'anthropologie chrétienne, c'est-à-dire au fait que l'homme est une réalité à la fois physiologique et spirituelle. En tant que personne, il est une unité indivisible, composée d'une âme et d'un corps. Si l'être tout entier – c'est-à-dire l'âme qui prie et le corps qui jeûne – se tourne vers Dieu pour demander de l'aide dans la lutte contre les démons, Dieu expulsera ces mauvais esprits, car ils n'auront plus de soutien dans l'homme. Dieu, qui est le meilleur des Pères, prend tout particulièrement soin de Ses enfants qui se confient en Lui et s'occupe de leur esprit comme de leur corps.

Le jeûne rend l'homme plus confiant dans la Providence de Dieu. Par le jeûne, le chrétien se dépouille de toutes ses sécurités, afin de s'unir avec confiance à son Seigneur. En expérimentant l'immense puissance de Dieu qui se manifeste dans sa faiblesse humaine (cf. 2 Co 2, 10), le chrétien devient véritablement humble. En effet, le jeûne fait entrer dans la voie de l'humilité et du pardon. Selon le Lévitique, le jeûne sert à humilier son âme (Lv 16, 29-31). Lorsque Saul s'est converti, il est resté à Damas *« pendant trois jours* [...] *sans manger ni boire »* (Ac 9, 9). Plus tard durant sa vie, il a tellement éprouvé en lui l'impuissance et l'humiliation qu'il se considérait lui-même comme le plus petit de tous les apôtres, un blasphémateur, un persécuteur, un calomniateur et même un avorton (1 Co 15, 9 ; 1 Tm 1, 12 ; 1 Co 15, 5-8). En d'autres termes, saint Paul était dans la vérité sur lui-même, conscient que, malgré son intimité avec le Christ, il restait pécheur. C'est justement ce qui témoigne de son humilité. Car c'est l'humilité que les démons craignent le plus, parce qu'elle touche le cœur de Dieu qui accorde à l'homme Sa miséricorde, Son pardon et Sa compassion.

En outre, le jeûne fortifie le chrétien dans le combat spirituel et l'aide à se concentrer sur la Parole de Dieu qui est guérissante et qui, *« comme une épée à double tranchant »* (He 4, 12), combat tous les arguments des démons qui apparaissent dans notre conscience sous forme de pensées concupiscentes. La lutte de Jésus contre les démons, durant quarante jours de jeûne et de prière dans le désert, témoigne de la difficulté à les vaincre (cf. Lc 4, 1-13). L'apôtre Jean en témoigne lorsqu'il affirme que *« le Fils de Dieu est apparu pour détruire les œuvres du diable »* (1 Jn 3, 8). Et s'il en est ainsi, on peut dire que l'œuvre la plus importante dans la mission salvifique du Christ était de libérer l'homme des liens qui l'entravent et de lui rendre sa liberté originelle. Alors, l'homme peut entrer avec joie dans une relation d'amour avec Dieu et avec les autres. Rappelons également que la Très Sainte Vierge Marie, partout où elle apparaît dans le monde entier, ne cesse d'encourager à lier la prière fervente à la pratique du jeûne.

3. Les Psaumes – prière de l'homme tout entier

Dans le christianisme, la psalmodie est très importante, tant dans la prière communautaire que personnelle. Cela vient de ce qu'elle est considérée, selon les paroles d'Antoni Tronina, comme le « Livre de la prière du Christ et avec le Christ ». Les Psaumes étaient considérés comme des chants inspirés de la tradition sémitique, comme une prophétie que l'on ne peut comprendre entièrement qu'à la lumière du mystère pascal du Christ. Ce principe herméneutique a été donné par le Sauveur lui-même :

> *« Il faut que s'accomplisse tout ce qui est écrit de moi dans la Loi de Moïse, les Prophètes et les Psaumes. Alors il leur ouvrit l'esprit à intelligence des Écritures. »* (Lc 24, 44-45)

Dès les temps apostoliques, les fidèles percevaient dans les Psaumes l'annonce du salut qui s'accomplissait dans la Nouvelle Alliance et ils en ont donné une interprétation plus profonde que la compréhension strictement littérale. Dans l'approche chrétienne, les psaumes se sont donc enrichis d'une expérience de prière, découlant de la rencontre de l'homme avec Dieu, qui s'est exprimée par la demande, la supplication, la reconnaissance et la louange ; ils ont ainsi contribué à mieux comprendre le sens et le but de la vie humaine. Car l'espérance chantée par le psalmiste devenait réalité.

Dès le début de la vie monastique, les psaumes constituaient la partie essentielle de la prière commune et personnelle. Les plus anciens documents concernant le monachisme en Égypte, en Palestine, en Anatolie, en Mésopotamie et en Syrie le confirment. Qu'est-ce que les psaumes et quelle est leur signification dans la spiritualité de l'Orient chrétien ? Pourquoi le chant et la récitation silencieuse des psaumes demeurent-ils depuis des siècles un des fondements de la prière monastique ? Quelle valeur les psaumes possèdent-ils dans l'expérience thérapeutique de Dieu ? On trouve des réponses à ces questions et à beaucoup d'autres dans les œuvres des Pères de l'Église.

La profonde conviction de saint Jean de Karpathos que Dieu nous appelle à prier et à réciter les psaumes, et donc que cette prière est un don, témoigne de la grande force de la psalmodie. Si quelqu'un a des difficultés pour prier avec les psaumes, ou qu'il ne sait pas comment faire, ou que pour une raison quelconque il ne le peut pas, il doit, selon Évagre le Pontique, demander inlassablement ce don, et Dieu le lui accordera.

Saint Grégoire le Sinaïte affirme que vivre et prier les psaumes trouve son fondement dans l'amour de Dieu. La psalmodie est l'une des trois pratiques qui attirent les bénédictions de Dieu. Elle est complétée par la prière et l'étude de la Parole de Dieu. En s'émerveillant devant les œuvres de Dieu et en le louant pour son infinie bonté, comme c'est le cas dans les Psaumes – en particulier dans le Psaume 104 – l'homme s'unit à toute la création : les anges et toutes les puissances invisibles ainsi que tous les animaux du ciel et de la terre. Les psaumes glorifient ceux qui luttent contre les convoitises, et surtout ceux qui les combattent dès qu'elles commencent à se manifester. C'est l'interprétation que saint Nil d'Ancyre a donnée au dernier verset du Psaume 137 : « *Heureux qui saisira et brisera tes petits contre le roc* » (Ps 137, 9). Lorsqu'un jour un frère demanda à Abba Philémon pourquoi il tirait des psaumes plus de joie que de tout autre livre de l'Écriture, il s'est entendu répondre que les psaumes ont une force qui agit dans l'âme. Ceux qui les prient font la même expérience que David. Quant à saint Jean de Karpathos, il déclare :

> « Heureux l'homme qui souffre constamment de la faim de la connaissance de la Parole de Dieu et qui fait des psaumes sa nourriture et sa boisson. Lorsque l'on voit la gloire de Dieu dans les Saintes Écritures, on se renforce spirituellement. »

Par cet enseignement et cette prière des psaumes, le chrétien loue et glorifie continuellement son Seigneur Jésus-Christ. Quant à saint Pierre de Damas, il estimait que la psalmodie, en tant qu'activité physique, avait pour but de purifier le cœur. Il y voyait un moyen de discipliner le corps.

Les psaumes, les hymnes et les cantiques spirituels étaient considérés par les Pères de l'Église comme une arme indispensable pour dominer la convoitise ainsi que le mal qui est en soi. La psalmodie servait pour ainsi dire de fouet pour combattre les mauvais esprits qui distrayaient le moine durant la prière et l'incitaient à changer d'attitude. En outre, saint Maxime le Confesseur affirme que tous les démons sans exception détestent le chant des psaumes, surtout lorsqu'il est prié par quelqu'un qui vit en harmonie avec Dieu.

Que nous apprennent les psaumes ? De quelle manière peuvent-ils aider à approfondir notre connaissance de l'Écriture ? Les Pères philocaliques aimaient citer des versets de psaumes, car ils les considéraient comme faisant autorité pour confirmer la vérité qu'ils proclamaient. À leur avis, les psaumes apprennent, entre autres, la louange (cf. Ps 62, 5), la pauvreté (cf. Ps 67, 10-11) ou la haine parfaite des démons (cf. Ps 139, 22).

En scrutant attentivement le contenu du texte psalmodié, on prend alors conscience de son ignorance des choses de Dieu. Les psaumes mettent également en garde ceux qui sont tentés par le plaisir, la colère ou la vanité, afin qu'ils puissent échapper aux traits enflammés de l'ennemi. Les psaumes éveillent le désir de la contemplation et de la connaissance de Dieu. Ils facilitent également la compréhension des contradictions apparentes de l'Écriture Sainte, que le novice encore inexpérimenté n'arrive pas à saisir.

À quoi encouragent les psaumes ? Tout d'abord, à prier sans cesse et avec attention, afin que notre prière soit entendue par le Seigneur (cf. Ps 34, 18). Ils sont également utiles pour lutter contre les pensées impies qui assaillent l'âme ainsi que pour combattre les convoitises de la chair. Elles incitent à mener une vie vertueuse et à approfondir sa connaissance de Dieu dans l'attente de la venue du Seigneur (cf. Ps 101, 1-2).

À qui sont destinés les psaumes ? Quel est leur rôle à chaque étape de la vie spirituelle ? Ont-ils alors toujours le même sens, quel que soit le stade atteint dans la voie d'union à Dieu ? Les psaumes ont quelque chose de particulier, car ils sont destinés à nous faire entrer dans une relation personnelle avec Dieu. Le contact avec le Seigneur en tant que Personne facilite la concentration et permet d'orienter son cœur vers Lui. La prière des psaumes aide au recueillement, mais exige aussi un effort si l'on veut prier plus longtemps, sans distractions et avec attention. Dans ce contexte, la remarque d'Élie le Prêtre est très intéressante. Il affirmait que celui qui est dissipé dans la prière et ne fait pas tout pour parvenir au recueillement et à l'attention, trouve les psaumes bizarres. Une piété authentique naît de la foi, de l'espérance et de l'amour. Grâce à la vraie foi se réveille chez le chrétien le désir d'approfondir la Parole de Dieu et de louer Dieu avec les psaumes. Élie le Prêtre constate que la répétition des psaumes est particulièrement recommandée pour ceux qui débutent sur le chemin spirituel, car leur cœur n'est pas capable de s'astreindre à de longues prières. En outre, les psaumes sont un remède très efficace pour eux, particulièrement s'ils tombent dans la vanité. Les prier dans la solitude permet de dialoguer avec Dieu et par là même de se laisser façonner et fortifier. De plus, selon Nicétas Stéthatos, la prière des psaumes dilate le cœur de l'homme et le rend plus responsable vis-à-vis de l'Église.

Ces paroles d'encouragement sont adressées à tous ceux qui n'ont pas encore été jugés dignes d'entrer dans la contemplation et la connaissance spirituelle, afin qu'ils laissent les psaumes envahir leur cœur. Car c'est de cette manière qu'ils seront initiés à la méditation qu'ils pourront pratiquer à tout moment, même en faisant des travaux manuels. Il est bien connu que les moines apprenaient les psaumes par cœur. Ils les chantaient ou les récitaient en travaillant et en voyageant. Lors de la récitation, il est bon de veiller sur son cœur afin que les passions n'y règnent pas. Car il n'est pas possible de chanter un cantique au Seigneur sur une terre étrangère (cf. Ps 137, 4), c'est-à-dire avec le cœur dominé par la passion. À un stade plus avancé de l'itinéraire spirituel, saint Grégoire le Sinaïte préconisait de diminuer la psalmodie, qui venait en complément de la prière silencieuse. Si la fatigue provoquée par le combat spirituel déprime le cœur, alors il est bon de lui accorder un peu de repos et de détente, en reprenant les psaumes. Le chant des psaumes constitue donc un excellent remède pour le cœur fatigué.

Comment prier les psaumes ? Quelles méthodes enseignaient les Pères philocaliques ? Quand, à quelle fréquence, dans quelle position du corps doit se faire le dialogue avec Dieu par l'intermédiaire des psaumes ? La réponse à ces questions permet un examen plus approfondi de la psalmodie par rapport à la tradition de la prière continuelle, essentielle pour la spiritualité de l'Orient chrétien.

Nicétas Stéthatos enseignait que la récitation des psaumes devrait être aussi longue que possible, car elle a une grande importance pour la vie spirituelle. Mais la qualité est essentielle, car c'est grâce à elle que l'âme devient féconde. En priant les psaumes, il faut prendre conscience du sens caché des Écritures, ce qui remplit le cœur de magnifiques pensées sur Dieu et de la puissance du Saint-Esprit. Il se peut alors que la présence de l'Esprit Saint dans l'homme modifie la quantité des psaumes à réciter, car Il incite à vénérer Dieu toujours plus parfaitement.

Depuis des temps immémoriaux, dans la tradition monastique des Églises chrétiennes d'Orient, les psaumes étaient chantés debout. Les Apophtegmes des Pères du désert en témoignent, ainsi que la littérature philocalique au sens large. Pour définir l'« engagement dans la prière », saint Jean Climaque donne cette explication claire dans *L'Échelle* : c'est « se tenir debout et chanter les psaumes ».

« Dois-je lire et chanter les psaumes uniquement avec la bouche ? » – demandait saint Pierre de Damas, soulignant ainsi que le but de la psalmodie ne consistait pas seulement à chanter la gloire de Dieu par la parole. Le Métropolite Théoliptos enseignait que les richesses des Psaumes devaient descendre dans les profondeurs du cœur de l'homme. Pour que ce soit possible, il faut avoir un cœur entièrement recueilli et attentif, et s'efforcer de comprendre le plus possible la signification de chaque verset chanté. En cas d'inattention faisant perdre le sens du verset, il est bon d'y revenir et de le répéter autant de fois que nécessaire jusqu'à ce que le cœur en saisisse la signification. En chantant les psaumes, il faut parallèlement penser à Dieu et se recueillir en Lui. Il arrive souvent aux novices que, pendant le chant des psaumes, la langue prononce les paroles des versets, tandis que le cœur est distrait par des pensées passionnées et concupiscentes. Il s'ensuit qu'ils ne comprennent rien aux paroles des psaumes chantés et ne peuvent se concentrer sur Dieu. Dès qu'on se rend compte, durant la récitation ou le chant des psaumes, que le cœur est dissipé, il faut arrêter la récitation ou le chant, quel que soit le moment où cela se produit : au début, au milieu ou à la fin du psaume, et le recommencer, mais cette fois sans distraction. Nicétas Stéthatos recommande de répéter ce processus aussi souvent que nécessaire, pour que le psaume soit chanté ou récité avec attention et soit compris.

Les Pères de l'Église s'accordent à penser que les démons ont tout intérêt à distraire le cœur de la prière. Par toutes sortes de ruses, ils tentent donc d'agir sur l'attention de l'âme, afin de changer les versets de psaumes en blasphèmes. Le résultat de la perte d'attention est qu'on en arrive à exprimer des paroles que nous ne devrions pas dire ou à omettre des versets ; il se peut que la conscience s'obscurcisse momentanément durant la lecture du psaume si bien qu'on ne se souvient plus du dernier verset lu. En cédant aux pièges du démon, l'homme devient négligent et apathique. Selon les Pères de l'Église, pour se protéger contre tous ces dangers il est nécessaire de persévérer et de se concentrer sur les paroles des psaumes chantés ou dits lentement. Car de cette manière on peut tirer profit de la psalmodie et laisser la lumière de l'Esprit Saint envahir son âme. Apprendre à persévérer dans la prière des psaumes est possible grâce à une méditation attentive de leur contenu, afin qu'ils deviennent compréhensibles pour le cœur.

La psalmodie a une influence bénéfique sur le sommeil nocturne. Lorsqu'un jour un frère avoua à Abba Philémon que, pendant son sommeil, il avait beaucoup de fantasmes, ce vieil homme expérimenté lui a conseillé d'aller dormir après la récitation et la méditation des psaumes. Les psaumes souvent répétés, tout comme la prière de Jésus, descendent dans le cœur. Il faut cependant se concentrer, que l'on soit endormi ou éveillé, indépendamment de ce que l'on fait. Faire pénétrer les psaumes dans le cœur exige non seulement de les chanter avec la bouche, mais également d'en scruter le sens. Élever de temps en temps ses yeux physiques et spirituels vers le ciel peut être d'une grande utilité.

Le Métropolite Théoliptos de Philadelphie écrivait à propos de la prière des psaumes :

> « Lorsque, au nom de Dieu, tu rencontreras tes frères durant la prière, présente-toi à Dieu avec ton corps et offre-Lui les psaumes chantés avec ta bouche. De même, que ton cœur soit concentré sur les paroles prononcées et sur Dieu Lui-même. Sois conscient vers Qui se tourne ton cœur et Qui il prie instamment. Lorsque l'esprit se consacre activement à la prière pure, le cœur est comblé d'une paix et d'une joie inexprimables, qui ne peuvent être reprises. »

Les Pères de l'Église établissaient une corrélation entre la manière de prier les psaumes et ce qui se passe à l'intérieur de l'homme. Saint Pierre de Damas affirme que ce genre de chant et de mélodie agit sur l'esprit, l'éveillant à la tristesse ou à la nostalgie, à la contrition ou à la joie. Les psaumes sont conçus fondamentalement pour être chantés à pleine voix ou à mi-voix. Dans les milieux monastiques orientaux, la psalmodie est toujours populaire, elle est faite généralement d'une voix grave. Le but de la thérapie chrétienne est donc d'amener la prière des psaumes dans le cœur, afin de les y chanter avec joie et dans la paix, pour glorifier Dieu de cette manière. Selon Saint Diadoque de Photycé, le chant des psaumes à voix haute est typique de celui qui est heureux de vivre, en raison du succès et de la prospérité dont il jouit. Si quelqu'un est rempli de la puissance du Saint-Esprit, alors il chantera les psaumes avec une joie spirituelle et une paix profonde et priera uniquement dans son cœur. Dans cet état, il expérimentera d'abord les larmes spirituelles, et ensuite l'apaisement intérieur. En gardant le silence et en méditant la parole, le cœur est alors embrasé d'amour pour Dieu. Avec la grâce de Dieu, le chant des psaumes à haute voix peut faire sortir d'une profonde dépression.

Certains staretz, comme Abba Filomen, chantaient tout le Psautier à mi-voix durant la nuit, prononçant les paroles comme s'ils parlaient à quelqu'un. Ils ne considéraient donc pas les psaumes seulement comme une méthode grâce à laquelle la guérison intérieure et la purification du cœur sont possibles, mais comme un dialogue avec un Dieu personnel. Il était donc important de comprendre ce que l'on chantait (cf. Ps 48, 10).

De quoi protège le chant des psaumes et que guérit-il ? Le chant des psaumes protège avant tout du vain bavardage qui empêche de se recueillir en Dieu. De plus, la psalmodie liée à la lecture de la Parole de Dieu et aux veilles, protège le cœur de la déception qui provient des convoitises. Le chant et la récitation des psaumes sont un remède très efficace contre le pouvoir impulsif de l'âme. Parce qu'ils utilisaient le psautier quotidiennement, c'était le livre de toute l'Écriture Sainte que les moines connaissaient le mieux. La psalmodie a un effet curatif sur l'âme. C'est un remède très efficace contre l'acédie et la colère, ainsi que contre l'agressivité, quelle qu'en soit l'origine. Lorsque les psaumes sont priés de manière adéquate, c'est-à-dire en les disant ou en les chantant attentivement, sans aucune distraction, cette prière calme les passions, aide à maîtriser les mouvements déréglés du corps et fortifie spirituellement le cœur fatigué.

Comment peut-on résumer le rôle des psaumes dans la spiritualité de l'Orient chrétien ? Que peut-on obtenir grâce à cette méthode de prière ? Les Pères philocaliques enseignaient que la psalmodie est particulièrement utile au début de la vie spirituelle. Elle facilite le détachement des choses matérielles, ainsi que la libération des pensées concupiscentes. Si quelqu'un aime sincèrement Dieu, il peut, grâce à la psalmodie, être libéré des convoitises qui le harcèlent. La prière des psaumes aide à trouver un certain équilibre physique et psychologique. Si on la complète par la lecture spirituelle, elle permet d'atteindre rapidement la pureté de cœur. Car la prière continuelle achemine les paroles des psaumes vers le cœur, où commencera à éclore toute une série de fleurs spirituelles. La pratique régulière et intensive de la psalmodie éveille dans le cœur le désir d'une relation intime avec Dieu, qui l'aidera à rejeter plus facilement tout ce qui le distrait.

4. L'invocation du Nom de Jésus

La spiritualité de l'Orient chrétien s'est toujours caractérisée par la pratique de la présence de Dieu en invoquant Son Nom. Le Nom de Dieu, et surtout le Nom de Jésus-Christ, Dieu fait homme, revêt une importance particulière parce que ce Nom signifie le salut pour les chrétiens.

La formule brève « Seigneur Jésus-Christ, Fils de Dieu, prends pitié de moi, pécheur » renferme une double vérité : l'homme est faible et malade d'une part, Dieu veut le guérir et lui apporter le salut d'autre part. La première partie de la prière de Jésus se base sur la foi au Fils de Dieu Incarné ; la seconde implore la miséricorde de Dieu, indispensable à notre condition de pécheur. Grâce à la pratique continuelle de la prière de Jésus, avec le soutien de l'Esprit Saint, il est possible de s'ouvrir de plus en plus à la présence guérissante du Seigneur.

Cette méthode psychosomatique de prière diffère radicalement, malgré des similitudes apparentes, de toutes les techniques de méditation utilisées dans d'autres religions, parce que son centre est la personne du Christ dans son Incarnation. Par conséquent, l'essentiel est de se concentrer intérieurement sur Dieu, la position du corps ou le contrôle de la respiration n'est là que pour y aider. Prononcer la prière de Jésus en l'unissant à la respiration permet de se libérer plus facilement des tentations venant des démons et du mal sous toutes ses formes.

Selon les auteurs philocaliques, la prière de Jésus aide à rejeter les représentations démoniaques, à lutter contre les mauvaises pensées, à se libérer des convoitises et à guérir l'âme et l'esprit. Le but de la psalmodie et de la prière de Jésus est de parvenir à un recueillement toujours plus grand, que l'on appelle la mémoire de Dieu. Grâce à elle, le cœur retrouve la ferveur du premier amour ; il devient alors capable d'entrer dans une contemplation de plus en plus intense de la personne du Seigneur et de jouir de sa présence ; il guérit également de tout ce qui le déprime et le distrait ; il expérimente alors la crainte de Dieu, grandit dans la vertu et atteint l'illumination.

La prière de Jésus est le cœur du christianisme oriental. Pour comprendre son importance, il faut se rappeler que Dieu s'est fait homme afin que l'homme devienne Dieu. Par l'Incarnation de la Deuxième Personne de la Trinité, la voie vers la transformation non seulement de l'esprit (gr. *metanoia*), mais aussi du corps, s'est ouverte à l'homme. Le Dieu éternel et infini a pris un corps humain afin de permettre à l'homme d'être divinisé et de ressusciter. La pratique de la prière de Jésus engage autant le cœur de l'homme que son corps, parce que, par la respiration, elle influe sur toute sa physiologie. Ainsi, exprimer la prière de Jésus en l'unissant à la respiration est une forme de méditation chrétienne qui peut se faire à tout moment de la vie. De grands ascètes témoignent qu'après un certain temps de pratique de la prière de Jésus, elle devient inextricablement liée à chaque respiration. C'est alors que les paroles du Psalmiste prennent tout leur sens : *« Mon cœur et ma chair crient de joie vers le Dieu vivant »* (Ps 84, 3).

La prière de Jésus n'est pas seulement une thérapie spirituelle, mais la thérapie de toute la personne humaine. En prononçant avec recueillement cette prière, qui résume tout le mystère du salut, le chrétien expérimente qu'il est enfant de Dieu le Père. Appelant la présence de Jésus-Christ par des paroles, et exprimant par sa respiration le désir de s'unir au souffle de l'Esprit Saint, il s'ouvre, tant au niveau spirituel qu'au niveau physiologique, à la puissance guérissante et à l'action salvifique de Dieu. Le nom de Jésus-Christ dissipe les ténèbres du cœur et l'emplit de la Lumière Divine qui éclaire l'âme et le corps. Ce genre de thérapie n'est pas une méthode pour atteindre le salut par ses propres forces. Elle est tout simplement une aide pour s'ouvrir le plus possible à la présence guérissante, divinisante et salvatrice de Dieu Trinité. Car Lui seul est le Médecin et le Sauveur du genre humain.

5. L'Évangile – fondement de la foi

Jésus a commencé son ministère en proclamant la Bonne Nouvelle du Royaume de Dieu :

> *« Les temps sont accomplis : le règne de Dieu est tout proche. Convertissez-vous et croyez à l'Évangile. »* (Mc 1, 14-15)

De cette manière, il désirait persuader les gens de changer de vie. De même, les apôtres dans leur activité missionnaire sont partis de l'annonce que Jésus-Christ est le Seigneur et le Sauveur ressuscité, vainqueur de la mort et de la corruption, dispensateur de la lumière et de la vie (cf. Ac 2, 22-36). Dès le début, l'Église primitive a annoncé le Christ et Son royaume de vérité et de grâce, d'amour et de pardon, de guérison et de réconciliation, d'espoir et de joie. L'Évangile ne proclame pas une quelconque vérité théologique abstraite et ne parle pas seulement d'un événement passé, important certes, mais il est la proclamation du Verbe incarné, liée à la présence active de l'Esprit Saint. C'est également pour cette raison que saint Paul écrivait dans sa lettre aux Romains que l'Évangile est *« une force de Dieu pour le salut de tout homme qui croit »* (Rm 1, 16).

Il faut se rappeler que ce qui a permis au christianisme de se propager de manière spectaculaire dans les premiers siècles de notre ère fut précisément l'annonce de l'Évangile, qui découlait d'une expérience personnelle du Seigneur ressuscité. Annoncer la Bonne Nouvelle revenait à proclamer une nouvelle manière de vivre dans une communauté d'amour, c'est-à-dire dans l'Église. Le partage de l'Évangile découlait de la joyeuse conviction que le Christ est vivant et que le Saint-Esprit remplit de sa présence la communauté des croyants. Le christianisme des origines était un mouvement spirituel, une sorte d'explosion d'un dynamisme spirituel extraordinaire, qui trouvait son accomplissement dans la mission, c'est-à-dire dans le témoignage auprès des autres de la vraie vie avec Dieu. La puissance de l'Évangile n'a pas enflammé seulement le cœur des apôtres ou des Pères de l'Église, mais aussi celui de nombreux disciples et martyrs. Dans son œuvre *De l'Incarnation du Verbe*, saint Athanase le Grand a comparé l'expansion de l'Évangile chez les différents peuples à l'œuvre même du Christ ressuscité :

> « Le Sauveur travaille avec force parmi les hommes. Chaque jour, de manière invisible, il convainc les peuples dans le monde entier. Face à ce fait, quelqu'un peut-il encore douter qu'Il est ressuscité et vivant, ou plutôt qu'Il est Lui-même la Vie ? »

L'Esprit Saint n'a cessé d'agir à travers l'Évangile tout au long des siècles. L'Évangile contient toute la tradition liturgique de l'Église. Pour l'Orient chrétien, l'écriture sainte est l'icône de Dieu lui-même. La Bible est la Parole de Dieu écrite pour tous, expression la plus parfaite de la révélation de Dieu. Elle révèle la vérité sur les Trois Personnes de la Sainte Trinité ainsi que sur le Royaume de Dieu. Elle constitue le fondement de la vie liturgique des chrétiens. Tous les offices orthodoxes sont tissés de versets bibliques, provenant tant de l'Ancien que du Nouveau Testament. La Bonne Nouvelle possède une grande force salvatrice en raison de la présence de l'Esprit Saint.

> *« Mais le Paraclet, l'Esprit Saint, que le Père enverra en mon nom, lui, vous enseignera tout et vous rappellera tout ce que je vous ai dit. »* (Jn 14, 26)

> *« Mais quand il viendra, lui, l'Esprit de vérité, il vous introduira dans la vérité tout entière. »* (Jn 16, 13)

> *« Lui me glorifiera, car c'est de mon bien qu'il recevra et il vous le dévoilera. »* (Jn 16, 14)

Ces trois versets de l'Évangile de saint Jean constituent, selon le Père Jean Breck, le fondement de l'interprétation biblique, puisqu'ils présentent l'Évangile comme étant la Parole vivante et vivifiante de Dieu. L'Évangile est, dans son essence, une seule et même réalité, même s'il est constitué de quatre livres, qui reflètent la personnalité de leurs auteurs dans la manière de présenter la personne et l'œuvre de Jésus-Christ. Le Seigneur y est à la fois le divin Maître, celui qui fait des miracles et des guérisons, le Crucifié et le Ressuscité, vrai Dieu et vrai Homme. Les premiers exégètes lisaient non seulement les quatre évangiles dans le texte, mais ils en connaissaient également les différentes interprétations, richesse inépuisable de la Révélation Divine, avec leurs variantes, toutes aussi géniales et passionnantes les unes que les autres.

Toute l'Écriture – surtout l'Évangile – est très importante dans la piété personnelle et communautaire des chrétiens. Dans l'expérience chrétienne, la Bible est autant un livre qui donne la vie qu'un livre sur la vie. On sait, par l'enseignement des Pères de l'Église, que l'interprétation orthodoxe de la Bonne Nouvelle n'a de sens que dans la mesure où on en vit. Afin d'écouter véritablement la Parole de Dieu, il faut persévérer dans une communion vivante avec Celui qui est la Parole. Tel est le sens du verset quelque peu énigmatique de l'évangile selon saint Marc, dans lequel il parle de l'enseignement de Jésus :

> *« À vous le mystère du Royaume de Dieu a été donné ; mais à ceux-là qui sont dehors, tout arrive en paraboles. »* (Mc 4, 11)

Afin d'approfondir ce mystère, aucune connaissance particulière n'est requise, et il n'est nul besoin d'être spécialement choisi. Le mystère du Royaume de Dieu, qui est au cœur de l'Évangile, est donné à tous sans exception, comme cette *« eau vive »* que celui qui croit au Christ comme Sauveur du monde peut puiser gratuitement (cf. Ap 22, 17).

L'Évangile est la Parole de Dieu, d'abord et avant tout parce qu'il se réfère au Logos éternel, la Deuxième Personne de la Trinité, qui s'est fait homme. La Parole de Dieu ne peut être correctement comprise et interprétée que dans la perspective trinitaire. La Très Sainte Trinité, Père, Fils et Saint-Esprit, a une volonté et une action communes dans l'œuvre de création et de rédemption. Le Saint-Esprit nous révèle Jésus-Christ comme source de la vérité éternelle et de la vie. Le lieu spécifique pour interpréter la Parole de Dieu est l'Église. C'est pour cette raison que toute réflexion personnelle sur la Parole de Dieu devrait se conformer à l'esprit et au sens donné par l'Église (gr. *phronema ekklesias*), et donc se rapporter à l'enseignement doctrinal et moral de la sainte Tradition. Toute l'Écriture Sainte, Ancien et Nouveau Testament, est une unité indivisible qui témoigne de toute l'histoire du salut : l'un en est l'annonce et l'autre l'accomplissement.

Aimer Jésus exige de garder ses enseignements, c'est-à-dire de persévérer dans la Bonne Nouvelle (cf. Jn 14, 23). Afin d'éprouver la puissance infinie de la Parole de Dieu, il convient d'en vivre. Comment comprendre cela ? Tout d'abord, vivre de la Parole de Dieu n'est rien d'autre que de vivre en Celui qui est la Parole, c'est-à-dire vivre en Jésus-Christ. La vie dans le Christ est possible si l'on écoute la Bonne Nouvelle et si l'on se soumet à son action jusqu'au point de pouvoir affirmer avec saint Paul :

> « *Ce n'est plus moi qui vis, mais le Christ qui vit en moi. Ma vie présente dans la chair, je la vis dans la foi au Fils de Dieu qui m'a aimé et s'est livré pour moi.* » (Ga 2, 20)

L'écoute de l'Évangile est le fondement de la foi, car, comme l'enseignait l'Apôtre des Gentils : « [...] *Ainsi la foi naît de la prédication et la prédication se fait par la parole du Christ* » (Rm 10, 17). Dans le langage biblique, écouter la Parole signifie obéir à cette Parole, c'est-à-dire à la fois la garder dans son cœur et mettre en pratique le contenu du message de Jésus. Écouter la Parole de Dieu réveille non seulement la relation à Dieu par la prière, mais il apporte des changements importants dans les relations humaines. Par sa Parole, Dieu se révèle aux croyants dans la liturgie ainsi que dans la prière personnelle. Selon John Behr, « l'Écriture Sainte n'est pas seulement l'histoire de notre recherche de Dieu, mais plutôt celle de l'activité de Dieu à la recherche des personnes, ou plus exactement, elle est elle-même cette recherche, car Dieu agit à travers Sa Parole ».

La puissance de la Parole de Dieu se manifeste dans l'Église – Corps du Christ – par les célébrations liturgiques, ainsi que dans la lecture personnelle de chaque croyant. Dans leur activité missionnaire, les chrétiens expérimentent aussi la force transformante de la Parole de Dieu. En écoutant la Parole de Dieu, on n'acquiert pas seulement des connaissances sur Dieu, mais surtout on entre dans une relation personnelle avec Celui qui est le Créateur et le Sauveur de l'homme. La Parole de Dieu transforme l'esprit de l'homme. Les différents passages de l'Évangile façonnent la conscience et pénètrent le subconscient. En écoutant continuellement la Parole de Dieu dans l'Eucharistie et les célébrations liturgiques, ainsi que dans le cadre de pratiques personnelles, familiales ou monastiques, les chrétiens entrent dans une relation intime avec cette Parole.

Dans la tradition spirituelle du christianisme oriental, on trouve de nombreux encouragements à une lecture continue et à une écoute de la Parole de Dieu, surtout de l'Évangile. Elles sont adressées autant aux moines qu'aux laïcs. Il est curieux qu'il y ait si peu d'indications sur la manière de lire les Saintes Écritures dans les enseignements des grandes autorités spirituelles de l'Église ; cela permettrait d'en retirer le plus grand bénéfice spirituel et d'en être éclairé. Les Pères de l'Église soulignaient que ces grâces sont un don de Dieu. La sagesse et la grâce découlant de l'écoute de la Parole de Dieu ne s'obtiennent pas par une analyse rationnelle du texte biblique, mais par l'action de l'Esprit Saint. Écouter la Parole de Dieu signifie s'en nourrir. C'est par l'écoute et la mémorisation que le cœur de l'homme peut intérioriser la Parole. Les Pères de l'Église étaient convaincus que la Parole de Dieu est indissolublement liée à l'Esprit Saint. Il s'ensuit que la lecture spirituelle de l'Écriture Sainte consiste à lire les écrits bibliques dans l'Esprit Saint. Dans l'œuvre philocalique *Des trois méthodes de prière* attribuée à saint Syméon le Nouveau Théologien, il recommande d'écouter la Parole de Dieu en priant debout, les mains levées, les yeux dirigés vers le haut, et en se concentrant sur ce que l'on entend. Il est bon de lier cette écoute attentive de la Bonne Nouvelle au désir de Dieu et au don purificateur des larmes. Un autre auteur hésychaste, saint Diadoque de Photycé, enseignait que la sagesse ne peut être atteinte que par l'humble méditation de l'Écriture Sainte, qui est avant tout une grâce donnée par Dieu. Selon saint Jean Chrysostome, on ne peut pas avoir une foi vivante si l'on n'a pas lu de larges extraits de l'Écriture Sainte. Car, le fait de se concentrer uniquement sur de courts passages de la Bible peut faire tomber dans l'hérésie. Il n'est donc pas étonnant de trouver dans le christianisme oriental une pratique restée populaire jusque récemment, qui consiste à lire à haute voix l'ensemble de l'Écriture Sainte, surtout l'Évangile. On sait que dans l'orthodoxie russe, saint Séraphin de Sarov (1759-1833) l'encourageait et lui-même lisait chaque jour un des Évangiles à haute voix en restant debout. Dans le célèbre ouvrage anonyme, encourageant la pratique de la prière de Jésus, intitulé *Récits d'un pèlerin russe*, la lecture à haute voix d'une partie de l'Évangile était considérée comme une thérapie utile pour lutter contre la dépendance à l'alcool. Certains chrétiens orthodoxes avaient l'habitude, et l'ont peut-être encore, de lire l'Évangile à haute voix auprès des malades et des mourants, afin de réveiller leur foi en Dieu. De même, un passage de l'Évangile est lu par le prêtre orthodoxe lors d'un exorcisme sur une personne possédée.

Invoquer la présence de l'Esprit Saint avant d'écouter la Parole de Dieu a pour but d'aider les croyants à découvrir le sens spirituel et la signification des différentes péricopes et de certains versets bibliques. L'Esprit Saint peut donner une inspiration, grâce à laquelle celui qui écoute la Parole de Dieu peut non seulement découvrir le sens littéral ou historique des événements décrits, mais aussi élever son cœur vers la contemplation des réalités spirituelles. Car finalement, c'est l'Esprit Saint qui révèle la signification eschatologique des vérités bibliques, afin que l'auditeur puisse aller de la compréhension littérale vers la compréhension spirituelle de la Bonne Nouvelle du salut.

6. L'Eucharistie – source de vie et de guérison

L'Eucharistie est un don de Dieu, elle est source de vie et de guérison spirituelle pour les chrétiens. Par l'Eucharistie, les croyants entrent dans la réalité du Royaume de Dieu, expérimentant dans leur cœur ce que Dieu a préparé pour ceux qui l'aiment (cf. 1 Co 2, 9). L'Eucharistie est un don et un devoir pour chaque chrétien et pour toute la communauté de l'Église. Synthèse de toute la foi de l'Église, de son expérience et de son enseignement, elle n'est pas seulement sacrifice, mais également banquet pascal, sacrement du Royaume à venir, mémorial de l'Incarnation, de la Mort et de la Résurrection du Christ, par l'invocation de l'Esprit Saint. Dans l'Eucharistie, l'Église donne le témoignage de sa foi en la Sainte Trinité et fait participer par anticipation le monde présent à la vie divino-humaine du Christ ressuscité et glorifié. Les fidèles, qui se rassemblent lors de la célébration de l'unique sacrifice du Christ, offert une fois pour toutes pour les péchés du monde entier, ont la possibilité de s'unir à Dieu qui est Amour et d'accueillir dans leur cœur Sa présence guérissante, divinisante et salvifique.

Durant l'Eucharistie, les dons offerts, le pain et le vin, sont transformés en Corps et Sang du Christ, afin que les fidèles « puissent se nourrir pour la vie éternelle ». La Sainte Communion est donc le « levain de l'immortalité », qui transforme et guérit les croyants. Dans l'assemblée eucharistique, un rôle particulier revient à l'Esprit Saint, qui est signe et auteur de la réconciliation de l'humanité pécheresse avec Dieu. L'Église fondée par Jésus-Christ est également l'Église du Saint-Esprit. C'est pour cette raison que chaque Eucharistie est le prolongement de la Pentecôte. Du début à la fin, la présence de l'Esprit Saint est invoquée, lui qui transforme tout ce qui s'y accomplit. Cette vérité apparaît particulièrement dans la célébration orientale de l'Eucharistie, appelée la Divine Liturgie. Au nom de toute l'assemblée liturgique, le prêtre adresse à Dieu les paroles de l'épiclèse :

> « Nous t'offrons encore ce culte spirituel et non sanglant et nous t'invoquons, nous te supplions et nous te prions : Envoie ton Esprit Saint sur nous et sur les dons ici présents. »

Il faut noter que l'ordre dans lequel les fidèles demandent le don du Saint-Esprit n'est pas le fruit du hasard. Ils demandent d'abord que l'Esprit Saint descende sur eux, car c'est lorsque l'on est ouvert à l'Esprit

Saint, que l'on peut reconnaître dans les saintes espèces le Corps et le Sang du Seigneur Ressuscité, et alors l'Esprit de Dieu peut descendre sur les offrandes. Le but de l'Eucharistie n'est pas tant la transformation du pain et du vin que la communion des croyants dans le Christ, qui est pour eux nourriture et vie. Telle est la logique de Dieu, qui consiste à nous réunir tous et toujours dans le Christ et à nous emplir tous et partout de l'Esprit Saint. Chaque Eucharistie doit contribuer à la sanctification des fidèles par leur amour mutuel, par le partage de leurs biens, par le respect mutuel et le sentiment de la présence Vivante du Christ en chacun d'eux. C'est pour cela que prient ceux qui sont réunis pour la « fraction du pain » (cf. Ac 2, 42), se souvenant que le Christ est présent là où tous les biens sont mis en commun et où tous sont égaux et se complètent. La foi en la présence réelle du Christ dans l'Eucharistie est, dans son essence, la foi dans l'accomplissement eschatologique du Royaume de Dieu, dont la condition devrait être un amour vivant entre les membres de l'Église. La transformation des saintes espèces s'effectue non par quelque force miraculeuse laissée par le Christ à certaines personnes, mais parce que les fidèles, c'est-à-dire l'Église, ne font qu'un dans le Christ (cf. Ga 3, 28). Durant l'Eucharistie se réalise ce que Jésus avait annoncé, à savoir que ses disciples mangeront et boiront à Sa table dans Son Royaume (cf. Lc 22, 30). C'est du Christ, qui est le Royaume, que provient la Vie Divine, accordée aux fidèles durant ce festin céleste. Dans « ce monde », où le Royaume de Dieu est encore à venir, le pain reste pain et le vin reste vin ; par contre dans la réalité du Royaume de Dieu, se manifestant dans l'Église, les saintes espèces transformées sont véritablement le Corps et le Sang du Christ. En les recevant, les fidèles entrent en communion avec les Trois Personnes de la Trinité. En ce sens, l'Eucharistie est une vie en communion avec le Père, le Fils et le Saint-Esprit. Le Christ intercède de toute éternité pour le monde entier. Avoir une part avec Lui signifie être rempli du même amour qui englobe toute la création. Les fidèles, se tenant devant l'Agneau qui enlève les péchés du monde, ressentent un profond besoin d'intercéder pour les innombrables témoins de la vie nouvelle, parce que le Christ est « leur Vie, leur Prêtre et leur Gloire ». L'Eucharistie, qui est communion avec la Trinité, est en même temps la révélation la plus parfaite de la « communion des saints » ainsi que l'unité et l'interdépendance de tous les membres du Corps du Christ.

Par l'Eucharistie, l'Église se révèle comme une communauté d'amour, parce que c'est le lieu approprié où l'homme peut recevoir en toute liberté la grâce guérissante, transformante et salvatrice de Dieu. La puissance guérissante de l'Eucharistie touche l'homme tout entier, c'est-à-dire son esprit, son âme et son corps. Commentant la dernière Cène dans l'évangile de saint Jean (cf. Jn 13, 21-30), saint Ephrem le Syrien parle de l'Eucharistie comme du « remède de la vie ». Les chrétiens doivent se nourrir du Corps et du Sang du Seigneur pour obtenir la guérison, le pardon des péchés et se préserver de la mort éternelle. Pour saint Ephrem, l'Eucharistie est le « moyen concret » d'entrer dans une relation très personnelle avec le Christ et de « parvenir à la véritable santé ». Tout comme le Christ a rendu la parole au muet et la vue à l'aveugle, il désire également offrir aux chrétiens la « vie véritable » et la « santé véritable ». En donnant la vie et la santé, l'Eucharistie est présence de l'Esprit Saint. Saint Ephrem le Syrien a présenté sa puissance cachée par l'image du « Feu et de l'Esprit ». Les saintes espèces transfigurées sont une réalité qui n'appartient déjà plus au monde créé :

> « Dans Ton Pain est caché l'Esprit, qui ne se mange pas.
> Dans Ton Vin réside le Feu, qui ne se boit pas.
> L'Esprit dans Ton Pain, le Feu dans Ton Vin.
> Merveille sublime que nos lèvres ont reçue. »

La présence de l'Esprit de Dieu et du Christ transforme la Sainte Communion en un feu purifiant et sanctifiant. Elle est un mystère qui enflamme l'homme et l'illumine de l'intérieur par la lumière du Christ et de l'Esprit Saint. Le don du Corps et du Sang du Christ est un don de la grâce de Dieu, qui désire s'unir à la volonté libre de la personne humaine. Dans cet acte de synergie Dieu, qui est infiniment grand, descend, dans un acte d'humilité infinie, dans les limites de la liberté créée, afin de guérir, de renforcer et de renouveler notre identité d'enfants de Dieu. Dans ce contexte, il est important de se rappeler les paroles de saint Paul :

> *« Et si l'Esprit de Celui qui a ressuscité Jésus d'entre les morts habite en vous, Celui qui a ressuscité le Christ Jésus d'entre les morts donnera aussi la vie à vos corps mortels par son Esprit qui habite en vous. »* (Rm 8, 11)

Grâce à l'Esprit Saint, qui est envoyé dans nos cœurs (cf. Ga 4, 6), et à la participation au saint mystère par la présentation du pain et du vin, nous pouvons nous approcher de la plénitude du Royaume de Dieu. La rencontre avec Dieu dans la Trinité des Très Saintes Personnes est un grand mystère dont nous prenons conscience en même temps que nous restons conscients de notre propre indignité et de notre état de pécheur. Pour que nous osions accueillir dans notre cœur la source divine de la vie et la grâce de la guérison, il faut une foi découlant de l'écoute de l'Évangile. Étant conscients de notre péché, il nous est difficile d'aller à la rencontre de Celui qui est un « *Feu dévorant* » (He 12, 29). C'est certainement pour cette raison que saint Hésychius le Prêtre enseignait :

> « Lorsque nous nous approchons, avec crainte et appréhension, avec le sentiment de notre indignité, pour recevoir les Mystères Divins et immaculés du Christ, notre Roi et notre Dieu, nous devrions persister dans un état de grande vigilance et garder nos cœurs, afin que le Feu Divin, le Corps de notre Seigneur Jésus-Christ, puisse consumer nos péchés et nos impuretés, les grands comme les petits. Car, lorsque ce Feu accède à notre intérieur, il rejette immédiatement du cœur les mauvais esprits et pardonne les péchés que nous avons commis précédemment. »

Il n'est pas toujours facile de déterminer quels péchés nous empêchent d'accéder à la Sainte Communion. Nous nous souvenons certainement des paroles de Jésus dans l'Évangile selon saint Matthieu :

> « *Le sang de l'alliance qui va être répandu pour une multitude en rémission des péchés.* » (Mt 26, 28)

Mais nous ne devrions cependant pas oublier l'avertissement de saint Paul :

> « [...] *Ainsi donc, quiconque mange le pain ou boit la coupe du Seigneur indignement aura à répondre du corps et du sang du Seigneur. Que chacun donc s'éprouve soi-même, et qu'ainsi il mange de ce pain et boive à cette coupe ; Car celui qui mange et boit, mange et boit sa propre condamnation, s'il ne discerne le Corps. Voilà pourquoi il y a parmi vous beaucoup de malades et d'infirmes, et que bon nombre sont morts.* » (1 Co 11, 27-30)

Dans l'Église, dès les premiers siècles, on pouvait déjà remarquer la tension entre la conviction que la participation au Corps et au Sang du Christ « est pour le pardon des péchés » et la pratique canonique d'exclure certains de l'Eucharistie, à cause d'un péché commis. De là le rôle important du sacrement de pénitence, appelé aussi sacrement de réconciliation, ou plus simplement confession, dans la vie spirituelle des fidèles,

Pour les chrétiens, le désir d'approfondir la communion avec le Saint-Esprit par l'Eucharistie devrait être essentiel. Saint Pierre de Damas y encourageait.

> « Nous prions pour que nous puissions, par le sacrement, entrer en communion avec l'Esprit Saint, parce que dans ce monde et dans le monde à venir, le Paraclet lui-même console ceux qui sont emplis d'une bonne tristesse

(cf. Mt 5, 4), ainsi que ceux qui, versant des larmes, invoquent son aide par ces paroles : "Roi du Ciel, Consolateur, Esprit de Vérité". »

Dans le banquet eucharistique et messianique, le Saint-Esprit non seulement unit les croyants avec Dieu, mais les réunit également dans le Corps du Christ. En recevant le Corps et le Sang du Christ, le croyant devrait avoir le désir de voir se réaliser en lui une transformation, qui ne concerne pas seulement sa sphère spirituelle, mais également sa sphère psychique et corporelle. En devenant homme, Dieu a ouvert à l'homme la voie vers la divinisation. Par le mystère pascal, l'homme a été entièrement racheté. Dans l'Eucharistie, qui est un mémorial du mystère pascal, Dieu introduit la personne humaine dans un moment particulier de grâce, durant lequel il veut le guérir de toutes ses maladies et esclavages. Telle était la conscience de l'Église des premiers siècles. Saint Sérapion de Thmuis, qui a vécu au IVe siècle, en témoigne, car pour lui la Sainte Communion peut guérir de toute maladie :

> « Que vienne, Dieu de vérité, Ta sainte Parole sur ce pain, afin que le pain devienne le Corps de la Parole, et sur cette coupe, afin que cette coupe devienne Sang de Vérité, et fais que tous ceux qui y participent, reçoivent le remède de vie qui guérit toute maladie [...]. Reçois également l'actions de grâces que Te présente le peuple et bénis tous ceux qui te présentent l'offrande et l'action de grâces, et accorde-leur la santé, l'incorruptibilité et la joie, ainsi que tous les progrès de l'âme et du corps de tout Ton peuple, par Ton Fils Unique Jésus-Christ, dans le Saint-Esprit, comme Il était, qu'Il est, et qu'Il sera de génération en génération et pour les siècles des siècles. Amen. »

L'Eucharistie est un don de la « Lumière de Vérité », grâce à laquelle les chrétiens trouvent la « foi véritable » et aussi le « lieu » où se réalisent les paroles prononcées par le Sauveur : « Crois seulement et tu seras guéri ». En recevant le Corps et le Sang du Christ, les croyants ont accès à la source intarissable de l'Amour guérissant de Dieu, dans la Sainte Trinité des Personnes.

****

La thérapie chrétienne doit être considérée comme un ensemble englobant divers moyens pour lutter contre les maladies du corps, de l'âme et de l'esprit. Leur utilisation dépend en grande partie du désir d'être avec Dieu et de dominer les mauvaises pensées, afin de lutter contre la difficulté de prier sans cesse et de tout son être, y compris par une attitude appropriée du corps.

Les Saints Pères de la chrétienté Orientale préconisaient la psalmodie, pratiquée aussi bien en commun, dans le cadre de la prière liturgique de l'Église, qu'individuellement, comme un moyen privilégié pour vaincre la séduction des désirs, pour maîtriser tous les domaines de sa vie et se mettre en présence de Dieu. En ce sens, les psaumes, chantés et récités, introduisaient et préparaient à la prière de Jésus, qui était considérée comme la prière guérissante par excellence. Grâce à l'invocation continuelle du Nom de Dieu, à la position adéquate du corps, au contrôle de la respiration, il devient possible d'engager la lutte contre toutes les formes de mal spirituel et d'atteindre un recueillement toujours plus profond dans la prière, afin de se souvenir sans cesse de Dieu.

Comme les Saints Pères, nous considérons qu'une thérapie chrétienne sera plus efficace dans un milieu de personnes croyantes, ce qui bien sûr ne signifie pas que l'action de Dieu se limite à ce milieu. La psalmodie, unie à la lecture de la Sainte Écriture, et surtout les Évangiles, ainsi qu'à la pratique du jeûne au sens large, introduit dans une relation profonde et personnelle avec le Sauveur. Même dans les *Philocaliques*, on ne trouve qu'une seule allusion à la dimension sacramentelle pour la guérison de l'homme. Pour les Pères de l'Église, c'était absolument évident, comme l'air que nous respirons ou l'eau que nous buvons. Le processus de guérison par la participation aux saints mystères fait partie des grands courants de la Tradition vivante de l'Église. La thérapie chrétienne présentée ne fait que compléter le traitement par la vie sacramentelle. Son objectif est d'aider à établir un diagnostic correct de l'état spirituel et, à partir de là, d'adapter la thérapie aux besoins de la personne.

De nos jours, certains psychothérapeutes et psychiatres prennent conscience des racines spirituelles de nombreuses maladies et affections psychiques. C'est de là que naît la nécessité de compléter les thérapies utilisées par des moyens en lien avec la religion du patient. Cependant, les spécialistes en psychothérapie et psychiatrie ne connaissent généralement pas les méthodes spirituelles spécifiques à chaque religion. Il est donc nécessaire de proposer des formations appropriées pour les thérapeutes, afin qu'ils comprennent mieux l'origine spirituelle de certaines maladies psychiques et qu'ils puissent collaborer avec des prêtres et des experts en spiritualité qui soient préparés à ce genre de ministère. Il existe de nombreuses raisons de croire qu'il est indispensable, pour un chrétien, de prendre en compte l'étape de sa vie spirituelle pour traiter les troubles de sa vie psychique et ainsi intensifier le processus thérapeutique. Cela lui permettrait de revenir à une juste hiérarchie des valeurs : Dieu, soi-même et les autres.

CONCLUSION

De nos jours, être en parfaite santé est beaucoup plus important qu'autrefois. C'est lié au désir d'atteindre une meilleure qualité de vie et un sentiment de bonheur plus intense. Bien que le souci de la santé soit un phénomène général, on peut toutefois observer que le concept de santé est souvent réduit au niveau de la vie biologique et psychique. La santé de l'homme se réduit-elle seulement à la bonne condition physique et au bon fonctionnement du psychisme ? D'un point de vue chrétien, la question de la santé se rapporte aussi, et peut-être même surtout, à la sphère spirituelle de l'homme, car elle est intimement liée à sa vie psychique et physiologique. Par conséquent, la notion de santé dépend essentiellement de la conception anthropologique, selon que l'on considère la personne humaine comme un « animal raisonnable » dépourvu de sphère spirituelle ou comme un « être personnel composé d'un corps, d'une âme et d'un esprit ».

Dans ce livre, nous avons présenté de manière succincte une thérapie de l'homme, élaborée dans les milieux monastiques de l'Orient chrétien entre les IVe et XIVe siècles. Elle a parfaitement fonctionné entre les XIIIe et XIVe siècles au Mont Athos et dans les milieux monastiques des pays slaves qui étaient en lien avec lui. Elle permettait d'entrer dans une profonde expérience de la présence de Dieu. Ceux qui l'ont pratiquée ont expérimenté les multiples effets thérapeutiques au niveau du corps, de l'âme et de l'esprit, et sont donc devenus les témoins de l'action guérissante par la grâce de Dieu. Les auteurs philocaliques soulignaient que cette thérapie spirituelle, sous la direction d'un guide spirituel expérimenté, devrait être liée à la vie liturgique et sacramentelle de l'Église. Le milieu le meilleur et le plus ecclésial pour la pratique de cette méthode s'est avéré être le milieu monastique. C'est de lui que proviennent tous les auteurs des œuvres philocaliques. Des personnes laïques s'y engageaient également, afin de se familiariser avec cette thérapie et d'apprendre à la pratiquer dans la mesure de leurs possibilités. Les pèlerinages dans les monastères constituaient, et constituent encore, un élément très important de la vie ecclésiale des croyants dans le christianisme oriental. Actuellement, on peut observer, également dans le christianisme occidental, une renaissance de la fréquentation des communautés monastiques par les laïcs. De plus en plus de personnes viennent dans les monastères, durant le week-end ou les vacances, afin de « fuir » l'agitation mondaine et le chaos et, en présence de personnes consacrées, vivre des retraites ou des journées de récollection. On recherche également dans les monastères un père spirituel ou une mère spirituelle expérimenté qui puisse aider à résoudre les problèmes existentiels et indiquer des moyens appropriés pour changer de vie et mieux s'unir à Dieu.

La thérapie chrétienne est une réalité ouverte et universelle, qui ne se limite pas à un milieu religieux, historique ou culturel choisi, mais qui s'adresse à chaque chrétien en cas de besoin, indifféremment de l'époque ou du lieu où il lui est donné de vivre. La découverte de cette vérité a permis d'espérer que cette méthode puisse être utilisée également à notre époque. Il suffit que l'homme déchu, pécheur et malade, veuille bien collaborer de tout son cœur avec son Médecin. La guérison n'est pas possible pour ceux qui ne ressentent pas le besoin d'un traitement ou qui refusent de coopérer activement avec la grâce guérissante de Dieu. Il est cependant nécessaire d'ajouter qu'il faut également tenir compte des nombreux problèmes que l'homme rencontre, suite à des maladies liées ou identifiées à des convoitises, pour jouir pleinement de sa liberté et rechercher le bien de manière consciente et cohérente. C'est souvent lié à l'expérience de sa propre impuissance et du vide intérieur, et pour les surmonter, il est indispensable de reconstruire l'intérieur de l'homme en profondeur, par une ouverture de tout son être à l'action guérissante de la grâce de Dieu.

Dans toute thérapie chrétienne l'homme est invité à collaborer (gr. *synergeia*) avec Dieu. Par conséquent, ni Dieu ni l'homme n'agissent seuls. Un traitement efficace exige la coopération de l'homme avec la grâce guérissante de Dieu. L'idée d'auto-rédemption de l'homme est donc étrangère à la thérapie chrétienne. Une telle approche est sans doute justifiée par la logique même de l'histoire du salut, dans laquelle Dieu a toujours l'initiative, car c'est Lui qui appelle ceux qui sont plongés dans les ténèbres du péché. L'union avec Dieu n'est possible que dans la mesure où l'homme revient vers la Vérité. Il est invité à participer à la vie même de Dieu, grâce à l'union hypostatique des deux natures dans le Christ : la nature Divine et la nature Humaine.

Pour bien comprendre la spécificité de la thérapie chrétienne, il convient d'ajouter une observation importante. Ainsi, le concept de « guérison » se superpose largement au concept de « salut », de même qu'à celui de « divinisation ». On peut assurer généralement que le but de la thérapie chrétienne est la guérison de l'homme, en tenant compte de toutes les dimensions de son être physiologique, psychologique et spirituel. Dans ce sens, on peut dire que c'est un processus qui commence dans cette vie et se prolonge dans l'éternité, car son essence est une ressemblance toujours plus parfaite de la personne humaine, c'est-à-dire de la créature, au Créateur. Les concepts de guérison, de divinisation, de salut ont toujours un caractère dynamique.

L'homme contemporain désire ardemment la santé et subordonne les autres aspects de sa vie à ce seul désir. L'homme se demande constamment ce qu'il doit faire et quel chemin suivre afin d'atteindre la pleine santé. Les moines de l'Orient chrétien, qui ont guéri durant des siècles des chrétiens ayant des désirs semblables à ceux d'aujourd'hui, savaient comment faire, afin que les chrétiens malades recouvrent la santé. Comme point de départ, ils acceptaient la vérité que tout chrétien est en quelque sorte malade. Il est malade tant qu'il est harcelé par des images et des pensées destructrices, tourmenté par les convoitises et qu'il subit les influences des mauvais esprits. Si l'on transpose cela dans le langage de la psychologie contemporaine, on peut dire que nous avons affaire à des perturbations dans le fonctionnement de l'homme, tant que celui-ci ne se maîtrise pas pleinement et reste dépendant de passions concupiscentes qui le tiraillent, de désirs et sentiments contradictoires, ainsi que d'un état de conscience pathologique. On peut donc établir de nombreux parallèles entre la thérapie chrétienne et les courants psychologiques, psychiatriques et psychothérapeutiques contemporains.

L'actualité de la méthode thérapeutique présentée dans ce livre est évidente lorsque nous la confrontons aux affirmations contenues dans les guides psychologiques ou psychothérapeutiques contemporains. On peut y trouver de nombreux conseils pour renforcer l'identité de l'homme. Leur but est d'aider l'homme à découvrir qui il est et à lui faire prendre conscience de ce qui détermine son comportement. Ils n'enseignent pas à tout contrôler, mais à comprendre le monde qui nous entoure et son fonctionnement, afin d'aller toujours de l'avant, malgré les échecs de la vie et le sentiment de sa propre imperfection.

La thérapie chrétienne peut aider à se comprendre soi-même. L'utiliser résolument donne un sentiment de s'unifier soi-même et de trouver un sens à sa vie. Son point de départ est la connaissance profonde de l'homme afin de le conduire de manière adéquate vers son accomplissement. Cette thérapie, élaborée par les Pères de l'Église, est un outil concret qui, malgré les siècles écoulés, n'a rien perdu de son actualité.

Dans de nombreux pays se développe tout un réseau de centres spirituels C'est un signe des temps et un besoin du moment. Il est cependant intéressant de se demander pourquoi le chrétien devrait utiliser l'aide d'un psychologue ou d'un psychothérapeute, dont le métier se limite au psychisme, si à l'intérieur du christianisme se trouvent les outils appropriés, utiles à la thérapie ? Pourquoi ne pas rendre ces outils accessibles et donner ainsi au chrétien la possibilité d'un traitement intégral, tout en approfondissant sa « qualité de chrétien », son contact avec Dieu ?

Les éléments essentiels de la thérapie chrétienne, qui sont présentés dans ce livre, peuvent être utiles à ceux qui recherchent la pleine santé. Rien ne nous empêche de pouvoir déjà maintenant accueillir avec gratitude l'expérience et la connaissance des Pères de l'Église, qui les ont pratiqués durant des siècles, et qui ont expérimenté toujours plus la présence guérissante de Dieu dans les Trois Personnes de la Très Sainte Trinité, qui *« désire que tous soient sauvés et parviennent à la connaissance de la vérité »* (1 Tm 2, 4).

TABLE DES MATIÈRES

Achevé d'imprimer le 16 novembre 2016
sur les presses de
La Manufacture - Imprimeur – 52200 Langres
Tél. : (33) 325 845 892

N° imprimeur : 161164 - Dépôt légal : novembre 2016
Imprimé en France

Composition et mise en pages réalisées par
EDL - 41100 - Vendôme
Octobre 2016